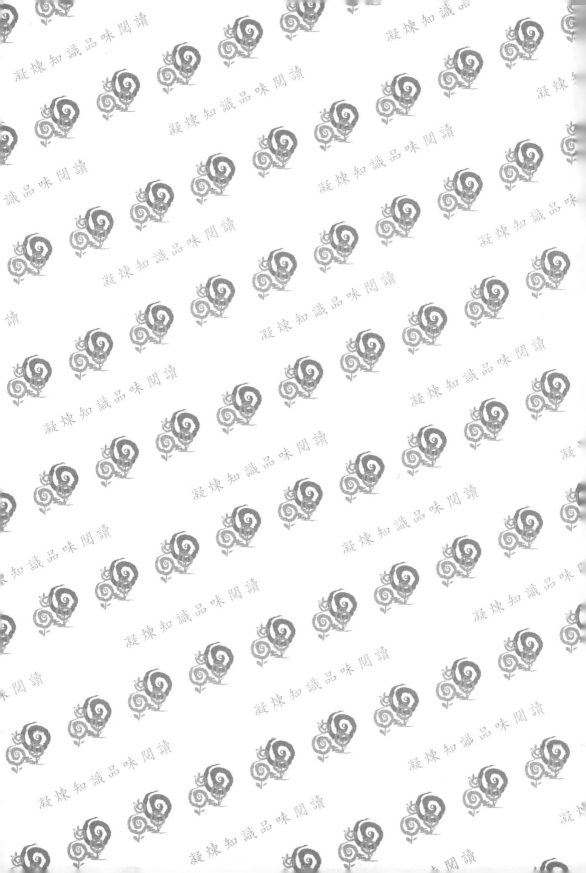

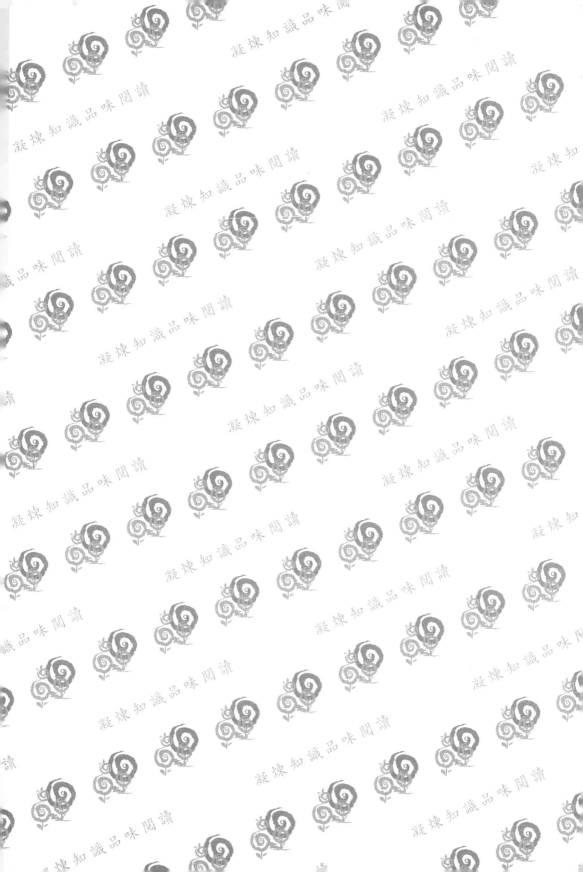

社會福利服務
—輸送及倡導

林勝義　著

五南圖書出版公司 印行

自 序

在撰寫本書之前，我已有明確的目標，要為社工系學生、社會福利實務工作者、國考「社會福利服務」一科的考生，撰寫一本有用的新書。

為了兌現自我的承諾，曾蒐集相關新書、論述及調查報告，經長時間的閱讀、思索、沉澱、提煉，書寫，完成本書。這本書定義社會福利服務為：個人的社會服務，其服務對象聚焦於經濟／社會的弱勢者，包括：兒童及少年、婦女、老人、身心障礙者、原住民、新移民、退伍軍人，這些，都是現行社會福利政策綱領「福利服務」項下的照顧對象。另外，我也從社會救助相關服務的對象之中，選取貧窮者、特殊境遇者、災民、遊民，合併為其他弱勢者，列入探討。

至於本書探討的內容，前三章為基礎知識，其後各章都鎖定兩個主軸；一個主軸是「服務輸送」，即供需問題，先評估服務對象的需求，再據以提供或輸送所需項目；另一個主軸是「權益倡導」，針對各類服務對象的權益，採借Cox, Tice, & Long等人提出的「動態倡導模式」（A Model for Dynamic Advocacy），從四個面向：經濟與社會正義、支持的環境、人類權利與需求、政治人物的接近，為維護服務對象的福利權益，提出倡導策略。另外，第四章至第十章各選一個關鍵性議題，包括：未成年父母、親密關係暴力、長照2.0、反障礙歧視、縮短原漢差距、新二代、榮民之家，分別深入討論，藉明其所需服務的重中之重。第十二章福利服務執行績效考核，是針對2021年中央社福考核的指標加以解讀，以利實務界超前部署，有所因應。

回歸撰寫本書的初衷，我很想對本書的潛在使用者提出個人淺見，敬請參酌。

如果您是社工學生，選修「社會福利概論」（有些學系開「社

會福利服務」）課程，它可能著重理論及制度，本書是社會福利的實務，不妨相互對照，批判思考，將有不同的洞見，而且社工實習的領域，也可能有更多的選擇。

如果您是實務工作者，本書涉及多元的服務對象、服務需求、服務項目、權益倡導，如果您在實務工作遇到瓶頸，不妨參考本書，多元思考，多結合其他資源，或可觸類旁通，至少走出不同的路。

如果您參加國考，有「社會福利服務」考科，本書取材還算新穎，而且專門討論福利服務，至少可節省您備考時間和心力，不必再從「社會政策與社會立法」之類書刊，去尋找特定族群福利的問題／需求、服務內容。如您所知，社會福利服務一科全部申論題，最佳答案要有：前言、重點、結語，而且一般所見略同，須有創意或新知，才有亮點，否則差那一、二分，功虧一簣，徒喚奈何。本書的書寫格式，已提供示範，每一大段、小段，都有前言、結語，重點內容也有標號、標題、申論。

在此，必須向五南圖書出版公司楊發行人榮川先生、楊總經理士清先生、陳副總編輯念祖先生、李責編敏華小姐及校對小姐們，表示敬意及謝意，有您的關照及支持，真好。同時，我要向讀者表白，我真心想把這本書寫好一點，然而資質魯鈍，黔驢技窮，只好以這樣的面目呈現在您面前，請多多指教，修正時照辦。

林勝義 謹誌 於青田街的家

目　錄

第一章

社會福利服務的基本概念

社會福利服務（social welfare service）一詞，涵蓋「社會福利」（social welfare）與「服務」（service）兩個概念。顧名思義，社會福利服務是在社會福利領域，提供各種服務措施；或者是採取各種服務措施，藉以增進社會福利。也可視爲：社會福利的實務。

論及社會福利與服務的關係，簡單地說，「社會福利」可爲服務而提供指引，而「服務」可爲社會福利而付諸實施，兩者之間，如同鳥之雙翼，車之兩輪，必須相輔相成，始能相得益彰。否則，社會福利沒有實施，如同紙上談兵，無濟於事；而服務脫離了社會福利，也就不是社會福利的服務。例如，裝路燈、修馬路、舉辦青少年街舞活動，是否屬於社會福利服務？有待商榷。

至於社會福利的目的，主要在爲弱勢者謀取最大的福利，或者是爲弱勢者去除最大的痛苦。連帶著，社會福利服務也是以弱勢者爲對象，並採取適當的服務措施，以協助弱勢者獲得最佳福利。所謂「福利」（welfare），就是一種身體健康（physical health）、心理安逸（emotional comfort）、經濟安全（economic security）的情境（Barker, 2014: 454）。

質言之，社會福利服務是社會福利領域的一環，如何爲弱勢者提供有效的服務措施，乃是社會福利服務人員（尤其是社會工作者）責無旁貸的任務。本章先扼要說明社會福利服務的涵義、目的、範圍、相關名詞，作爲後續章節探討的基礎。

📖 第一節　社會福利服務的涵義

有關社會福利領域的服務措施，在臺灣，習慣上稱爲社會福利服務（social welfare services），簡稱福利服務（welfare service）。在其他國家，也有類似福利服務的名詞，例如，英國，稱爲：個人的社會服務（personal social service）；美國、瑞典、丹麥、芬蘭，則稱

為：社會服務（social service）。

　　然而，檢視相關文獻，臺灣或美國出版的社會工作辭典，並未收錄「社會福利服務」一詞。因此，我們試著從社會福利、個人的社會服務、社會服務等相關名詞的扼要分析，藉以了解社會福利服務涵義的梗概。

一、從社會福利定義分析

　　就臺灣而言，最近幾年出版的社會福利專書，幾乎都列有「福利服務」專章（李易駿，2019：291-328；林萬億，2016：338-451；張世雄等，2010：75-97）。這似乎意味著福利服務是從社會福利衍生出來的，至少顯示它與社會福利有某種關聯性存在。

　　那麼，社會福利（social welfare）的意義為何？依據美國《社會工作辭典》（*The Social Work Dictionary*）的解釋（Barker, 2014: 402）：

> 社會福利是一個國家的方案（programs）、福利的給付（benefits）及服務（services）的體系，藉以協助人民滿足其社會、經濟、教育與健康的需求，並作為社會維持（maintenance of society）的基礎。同時也是一個社會或社區的整體福祉（collective well-being）的狀態。

　　分析這個定義，可得知幾個重點：在性質上，社會福利隸屬於國家福利或公共福利；在架構上，社會福利是一套有系統的福利措施；在功能上，社會福利有助於維持社會的正常運作；在目的上，社會福利在於滿足人民的福利需求，增進社會整體人群的福祉。

　　這些社會福利定義的重點，對於福利服務意涵的界定，至少可帶來兩方面的啟示：首先，社會福利領域，通常包括社會保險、社會救

助、福利服務三大部分，其中社會保險與社會救助著重經濟生活的保障，福利服務則比較重視精神生活的提升。其次，社會福利是一套系統或制度，福利服務則是實施社會福利的一些方案、給付和服務。

　　就此而言，福利服務可視爲社會福利制度的一部分，係透過適當的方案、給付和服務，協同社會保險與社會救助兩個部分，共同滿足人民的需求，增進社會的福祉。

二、從個人的社會服務分析

　　在英國，「個人的社會服務」（personal social service）一詞，係源自於1968年的「西蒙報告書」（Seebohm Report）。該報告書曾經檢視1940年代（1942、1944、1948）的貝佛里奇報告書（Beveridge Report），發現貝佛里奇的主張，過於偏愛集體主義（例如，國民保險、國民救助），相對忽略了個人的福利需求，因此在西蒙報告書之中大聲疾呼，認爲英國的社會服務組織，必須由中央下放，普及於地方，以便爲有需要的個人，提供更有效的服務，並且將個人的社會服務，定位爲地方政府的工作（Adams, 1996: 3）。

　　事實上，藕斷絲連，換湯不換藥。即使從1942年貝佛里奇（Beveridge）提出報告書之後，到1994年鮑利（Borrie）發表他們的報告書爲止，長達五十年之間，個人的社會服務對於「使用者」（user）的觀念，已由案主（clients）轉爲消費者（consumer），再轉變爲充權的市民（empower citizen），但是個人的社會服務，仍然秉持其一脈相承的性質（Adams, 1996: 9-10）：

　　1. 服務（services）：個人的社會服務認爲提供一種服務（a service），更勝於一種產品（a product），它有別於經濟的、商業的部門，那種純粹以物質爲基礎，以炫耀產品爲導向的活動。

　　2. 個人的（personal）：個人的社會服務傾向於協助那些身體遭受損傷者、處於風險中的兒童、有困擾問題的家庭成員、逐漸變爲

虛弱的老人，並且針對他們的個別需求，適度增加服務的資源。

3. 社會的（social）：個人的社會服務之主要標的，不僅要滿足個人的需求，而且兼顧這些需求的社會面向。有時候，社會服務的對象在社會情境中，可能遭到不平等的汙名化。例如，行動不便的人使用輪椅，可能遭到社會歧視，甚至排除他們參加某些活動。因此，個人的社會服務必須強調：不能忽略個人需求所呈現的社會意義，而且要透過「充權」（empowering）、「倡導」（advocating）等策略，在一種以平等為基礎的實務之中，積極地推動反歧視、反壓迫，藉以矯正社會的不公不義。

分析這些個人社會服務的性質，可得知幾個重點：在對象上，個人的社會服務是以那些處於社會不利地位的個人為主；在型態上，個人的社會服務強調具體的服務或實務；在目的上，個人的社會服務除了滿足個人的需求，也關注社會面向對於個人的挑戰，並且要有適當的因應策略。

這些個人社會服務的重點，對於福利服務意涵的界定，也可帶來兩方面的啟示；第一，有關於服務型態的選擇，除了具體的服務或實務之外，有時也不能完全排除現金給付、實物給付或其他給付，只要不是純粹物質給付即可。第二，為了達成福利服務的目的，除了透過各種服務措施以滿足個人的需求之外，必要時還可以採取充權、倡導等策略，致力於經濟與社會正義的實現。

抑有進者，將這兩方面的啟示，拿來對照美國《社會工作辭典》有關「個人的社會服務」（personal social service）之解釋：「個人的社會服務有別於所得維持的措施，而是著重於諮商和輔導、發展自助團體、家庭計畫，以及對老人、對兒童的服務」（Barker, 2014: 320），更可以得到一個明確的答案，那就是：個人的社會服務，有別於所得維持的措施。

就此而言，福利服務是針對特定的人群，例如，兒童、老人及其

他處於不利地位的個人，而提供實質服務及其他相關措施，以滿足其需求，增進其福祉。

三、從社會服務定義分析

在美國，有一段時間曾使用「福利服務」（welfare service）一詞。直到1979年，在中央成立衛生與人群服務部（Department of Health and Human Services, DHHS），替代了原有的衛生教育福利部（Department of Health, Education and Welfare），才認爲「福利」（welfare）一詞含有負面意義，一個新的組織必須使用新的名稱，以便擴大影響層面，於是以「社會服務」（social service）取代了「福利服務」，使用迄今（Barker, 2014: 201）。不過，有關於社會服務的內容，仍然延續1935年社會安全法案（Social Security Act）的傳統，著重於老人、障礙者（早期以盲人爲主）、婦女、兒童、失業者等人群的服務。

何謂「社會服務」（social service）？依據美國《社會工作辭典》的解釋（Barker, 2014: 401）：

> 社會服務是人群服務中個別的活動，目的在於協助人們成為更加自給自足（self-sufficient）；預防依賴；強化家庭關係；成功地恢復個人、家庭、團體或社區的社會功能。其特定類別的社會服務，包括：協助人們為他們的需求取得適當的財務資源（financial resources）、評估人們照顧兒童或其他依賴者的能力、提供諮商與心理治療服務、提供轉介與傳送訊息的管道、為社會事務充當調解者與倡導者、形成他們對個人盡義務的組織、促進健康照顧的提供、連結案主於資源。

　　分析這個定義，可得知幾個重點：在性質上，社會服務是人群服務之中一種個別的服務；在對象上，社會服務係以兒童及其他依賴者（例如，社會安全法案所列的老人、婦女、障礙者、失業者）為主要對象；在方法上，社會服務相當多元，包括：(1)事前預防、事後治療，(2)提供服務、轉介、調解或倡導，(3)協助他們成立自助性組織，連結服務對象與可用資源，甚至協助他們取得財務資源；在目的上，社會服務是為了協助服務對象脫離依賴的情境，以便恢復社會功能，增進健康和福祉。

　　這些社會服務的重點，對於福利服務意涵的界定，可帶來三方面啟示：第一，福利服務的提供者，需要專業社會工作者的參與，始能發揮預防、治療、恢復、連結資源等功能；第二，福利服務的方法，必須審視服務對象的特定需求，以提供直接的服務（例如，介入、處遇）及／或間接的服務（例如，轉介、倡導）。第三，福利服務的實施，應該有更積極的作為，除了提供必要服務之外，可進一步激勵服務對象自立自強。例如，協助他們組成自助團體、主動取得服務資源，以期早日脫離依賴的情境，可以自給自足、自立生活。

　　就此而言，福利服務可視為針對特定的人口群，透過直接的服務輸送與間接的倡導工作，藉以協助他們發揮社會功能，增進健康及福祉。

　　討論到這裡，我們可以歸納上述社會福利、個人的社會服務、社會服務等定義的分析結果，提出社會福利服務應有的重點：

　　1. 性質上：以服務為主，強調實務。有時也涉及現金或物品給付的相關服務。

　　2. 對象上：以兒童、老人等弱勢者為主要對象，必要時也擴及其他特殊人群。

　　3. 工作者：以社會工作者為主，有時鄰近專業人員或志工也參與提供服務。

4. 方法上：依服務對象的需求，提供直接的服務輸送與間接的倡導工作。

5. 目的上：協助特定的弱勢族群，以滿足其基本需求，增進其健康及福祉。

也許，我們也可以為社會福利服務下一個綜合性的定義：社會福利服務是社會福利制度的一環，由專業社會工作者結合其他福利人員，針對特定的弱勢族群，提供直接或間接的服務，以增進社會福利的一種過程。

📖 第二節　社會福利服務的目的

當今世界，舉凡重視社會福利的國家，都已建立某種型態的社會福利制度，而其主要構成要素包括：社會保險、社會救助、福利服務等三大部分。

也許，有人質疑：為什麼在社會保險與社會救助之外，還要有福利服務？這不是一個容易回答的問題。簡單地說，大概有三方面的理由：(1)社會保險與社會救助著重於經濟安全的保障，但是人類除了需要經濟生活的保障之外，也需要福利服務提供精神生活的保障，以期物質生活不虞匱乏，精神生活沒有恐懼。(2)社會保險必須繳納保險費，但是有些人繳不起保險費，無法得到保障；社會救助必須通過資產調查（means test），有些人雖然有一些資產，但是臨時遭受重大事故，以致生活陷入困境，這些處於困境的特定族群，需要福利服務提供另一種保障。(3)社會保險與社會救助也需要輔以福利服務，才能達到經濟保障的目的，例如，社會保險之中的失業給付，必須連結就業服務，始能達到充分就業的目的；而社會救助之中的生活補助，也必須連結脫貧方案，始能達到自立生活的目的。

職是以觀，在社會福利制度之中，福利服務不但有其存在的理

由，也有其存在的目的。茲就相關文獻所載，歸納福利服務的主要目的如下：

一、滿足弱勢者的基本需求

社會福利服務的存在，主要在處理「人類需求」（human need）的問題。人類的基本需求，大致上可分為三類：普遍的需求、特殊的需求、社會因素引起的需求（Macarow著，官有垣譯，2002：29-33）。

首先，就普遍的需求而言，它是一般人應該擁有的需求，弱勢者當然也不例外。依據馬斯洛（Maslow）有關「人類需求層次」（hierarchy of human needs）的觀點，由下而上，依序為：生理的需求（physiological needs）、安全的需求（safety needs）、社會的需求（social needs）、自尊的需求（esteem needs）、自我實現的需求（self-actualization needs）。

其次，就特殊的需求而言，弱勢者與一般人比較，相對處於不利的地位，容易出現大衛‧麥克羅夫（David Macarow）所揭示的下列五種類型，因而衍生一些特殊的需求：

1. 能力不足者（the incapable）：有些弱勢者由於身心發展受到限制，缺乏謀生的能力。例如，兒童、重度的身心障礙者、失能的老人，因為缺乏自立生活的能力，而有政府或民間提供保護服務、照顧服務等類需求。

2. 準備未臻妥當者（the unprepared）：有些弱勢者雖有謀生能力，但尚未準備妥當。例如，未成年的父母，尚未準備擔任父母就意外懷孕、生子，而有兒童托育、寄養服務、收養服務等類需求。

3. 災害受害者（disaster victims）：有些弱勢者雖有謀生能力，也能適應正常生活，卻因意外遭到重大災害。例如，地震、颱風、水災、氣爆、SASR、新冠肺炎（COVID-19），而有健康及醫

療服務、生活重建服務等類需求。

4. 不願循規蹈矩者（the unconforming）：有些弱勢者雖有謀生能力，也能適應正常生活，並未遭受災害侵襲，卻是嚴重違反社會規範者。例如，酗酒、藥物濫用，而有保健服務、轉介戒治服務等類需求。

5. 缺乏動機者（the unmotived）：有些弱勢者雖然沒有出現前面四種類型，但是對於有意義或必要的活動，缺乏參與動機，也沒有付諸行動。例如，遊民對於轉介簡易的工作沒有動機，因而有收容安置、關懷訪視等類需求。

最後，就社會因素引起的需求而言，弱勢者也可能遭受某些外在社會因素的衝擊，而引發其他的需求。例如，原住民原本受僱於建築業者，從事搭鷹架或模板訂製，以維持家庭生計，後來因為政府引進外勞，減少了他們的工作機會，收入也呈現不穩定狀態，而有申請紓困補助、就業協助的需求。

由此可知，弱勢者並非固定的一群人，而是在社會變遷的脈絡中，基本需求（如食衣住行、醫療照護）與次級需求（如自信自尊、社會參與）無法獲得及時與適當滿足的人。這些人之所以被稱為弱勢者，是因為他們的生存空間較一般人狹隘，基本人權常被忽略（萬育維，2007：108-109）。因此，福利服務機構及其工作者，必須針對服務對象的個別需求，量身打造，精心規劃，提供適切的服務，始能真正落實其滿足弱勢者基本需求的目的。

二、保障弱勢者的基本權利

人權（human rights），是人類與生俱來擁有的基本權利。雖然福利服務的實施對象多數屬於弱勢者，但是他們都是獨立的個體，理論上也應該擁有基本人權，事實上，他們的人權卻經常被忽視、壓抑，甚至被剝奪、迫害，而必須有適當的措施加以保障。社會福利機構為

弱勢者提供福利服務措施，其目的之一即在保障弱勢者的基本權利。

依據馬歇爾（Marshall, 1964）對於權利的分類，包括：公民權（civil right）、政治權（political right）、社會權（social right）。其中，公民權強調人身保護、言論、思想、信仰的自由，以及接受司法公平審判的權利。政治權包括選舉與被選舉權，以及對國會議員的督促權。社會權就是福利權（welfare rights），包括：接受教育、年金福利、健康照護與社會安全保障等權利。

抑有進者，就福利權而言，獲得公共救助及其他社會服務，是任何一個國家的人民被賦予的權利，並需符合下列原則（Baeker, 2014: 454）：

1. 保密（confidentiality）：舉凡社會福利調查人員（welfare investigators）從福利權接受者取得的個人資料，必須加以保密。

2. 可用性（availability）：對於誰有資格得到福利給付，必須為他們更提供多有用的資訊（例如，列舉申請的條件）。

3. 可近性（accessibility）：增加福利辦公場所的可近性（例如，比較接近於交通路線、開放較長的時間、較多的窗口、縮短等候的邊線）。

4. 公平性（equitable）：對於服務項目與補助款，必須更加公平地配置。

上述公民權、政治權，是每一個公民應有的權利，弱勢者也不例外，而社會權（福利權），對於弱勢者更加重要，更應得到保障，這是福利服務不容忽視的一個目的。

三、增進弱勢者的生活福祉

福利服務是社會福利體系的一環，且以弱勢者為主要服務對象，並透過各種福利措施的直接輸送或倡導工作，增進他們的生活福祉。這些福祉包括兩方面：

1. 人生各階段的福祉：政府與民間提供各種福利服務，無非在於增進兒童、少年、成年（尤其是婦女）、老人等人生主要階段的福祉。正如我國《禮運‧大同篇》所言：使幼有所長（例如，兒童托育服務）、壯有所用（例如，婦女二度就業服務）、老有所安（例如，獨居老人社區照顧）。

2. 生活各層面的福祉：政府與民間提供各種福利服務，乃在於增進人民，尤其是弱勢者的食、衣、住、行、育、樂等重要生活層面的福祉。例如，低收入獨居老人送餐服務、舊衣回收救救老弱殘、優先配置社會住宅、提供復康巴士、發給幼兒教育券、辦理長青文康活動。

必須補充說明的是，上述兩種福祉，並非各自存在，而是具有連動關係。而且，福利服務是以人為核心的服務，生活各層面的福祉，必須附隨於人生的各階段，才有作用。例如，復康巴士是為身心障礙者而提供的服務；社會住宅依《住宅法》第4條之規定，出租予經濟或社會弱勢者，包括：低收入戶或中低收入戶、特殊境遇家庭、65歲以上老人、身心障礙者、感染HIV或罹患AIDS者、身心障礙者、原住民、災民、遊民等。

簡言之，福利服務的目的，不僅在於照顧特殊人群，而且在於維護他們的家庭生活圓滿，使弱勢者的生活福祉，得以持續提升。

四、促進社會正義的實現

社會正義（social justice）是一種理想的情境，在這種情境裡，社會的所有成員具有相同之基本的權利、保障、機會、義務與社會給付。這種概念，隱含著歷史上有不平等的現象，我們必須承認，並且透過特定的措施，加以補救（Barker, 2014: 398）。

據此申言，我們也必須承認弱勢者經常必須面對歧視、壓抑和制度上的不平等，而國家也有責任採取必要的福利服務，用以促進社會

正義。

例如，英國中央政府的社會正義委員會（Commission on Social Justice, CSJ）於1994年提出報告，揭示1997-2010年期間政府對於社會正義願景，以及四個關鍵性原則，以提升他們實現社會正義的理念（Dwyer & Shaw, 2013: 21）。這些原則包括：

1. 一個自由開放的社會，是所有市民平等的世界（the equal world of all citizens）之基礎。

2. 作為一個市民，每一個人被賦予一種公民的權利（a right of citizenship），且能滿足他們的基本需求。

3. 對自尊（self-respect）與個人自立（personal autonomy）等權利，需要盡其可能擴大得到這些權利的機會。

4. 不是所有不平等都是不正當的，但是不正當的不平等（unjust inequalities）必須減少，並且盡可能加以消除。例如，在經濟市場中，不同的活動，有不同的報酬，這是正當的，但是在報酬上有性別或身心障礙的歧視，則是不正當的。

簡言之，福利服務的目的，在於盡其所能，提供弱勢者平等的機會，以獲得公民應有的權利，最後能夠實現社會正義的理想境界。

📖 第三節　社會福利服務的範圍

社會福利服務，常因一個國家的政治型態、經濟發展、社會（人口）結構、文化特質，而有不同的實施範圍。

例如，在英國，個人的社會服務傾向於協助那些身體損傷者、處於風險中的兒童、有困擾問題的家庭成員、逐漸變為虛弱的老人。在美國，社會服務係以社會安全法案所列舉的老人、婦女、障礙者（尤其是視覺功能障礙者）、失業者為服務的主要對象。這些情況，在前述福利服務定義的分析過程，已經提及。

　　至於在臺灣的情況，檢視最近幾年出版的三本「社會福利服務」中文書籍，由於作者不同，對於福利服務範圍的界定，異同互見。論其相同之處，都著重於兒童、老人、身心障礙者的福利服務；至於不同之處，有的書列有勞工的福利服務、有的書列有經濟安全、就業安全、醫療照護、住宅與社會福利、中途輟學青少年福利服務；有的書列有環境保育、健康保險、醫療社工、護理工作等服務。當然，立基於言論、著作、出版的自由，應受到尊重，而學術界與實務界也自有公評。

　　至於我們的構想，則準備參考前一節次有關英國個人的社會服務、美國社會服務等定義之分析，將焦點放在弱勢者個人的福利服務。同時，爲了使福利服務的範圍更加明確，此處再根據中央政府最近公布的兩種文獻，進行比較與整合，以作爲本書福利服務探討的範圍。

一、就社會福利政策綱領分析

　　行政院於1994年訂頒社會福利政策綱領，2004年曾經修正。2012年再度修正，並以「邁向公平、包容與正義之新社會」爲主軸，作爲建國一百年社會福利政策實施的願景。

　　2012年的社會福利政策綱領係參酌國際慣例，並考量我國社會福利政策的歷史傳承與實施現況，將社會福利內容區分爲：社會救助與津貼、社會保險、福利服務、健康與醫療照護、就業安全、居住正義與社區營造等六大項目、七十一個小項。其中福利服務項下涵蓋二十個小項，數量最多，其重要性不言可喻。有關福利服務的範圍，可歸納爲兩個面向：

1. 人生主要階段的福利服務：

(1)兒童及少年福利服務：含三之(四)、(六)、(七)、(八)、(九)，例如，提供適當之照顧或安置資源、兒童早期療育服務、學齡兒童課

後服務。

(2)婦女福利服務：含三之(四)、(十五)、(十六)、(十七)，例如，提供家庭支持服務的措施、消除性別歧視、建構反性別暴力之安全網。

(3)老人福利服務：含三之(四)、(十二)、(十三)、(十四)，例如，保障老人尊嚴自主與健康安全、鼓勵老人社會參與、提供教育學習機會。

2. 特定人群的福利服務：

(1)身心障礙者福利服務：含三之(四)、(十)、(十一)、(十四)，例如，推動無歧視與無障礙之環境、接受教育、就業、居住及醫療、提供其支持服務。

(2)原住民福利服務：含三之(四)、(十八)，例如，建立因地制宜之福利服務措施，提升福利服務輸送效能、確保原住民族生活福祉之公平正義。

(3)婚姻移民福利服務：含三之(四)，例如，對經濟弱勢之婚姻移民家庭，提供適切協助，以提升生活品質。

(4)退伍軍人福利服務：含三之(十九)，例如，對清寒之退除役官兵及其眷屬、遺族，應予輔（濟）助，改善其生活品質。

除此之外，在社會救助項下，也含有福利相關服務。例如，社會救助一之(八)，政府應結合民間資源提供補充性之社會救助或福利服務，讓無法納入救助體系的弱勢者得到適時協助。

二、就社會福利績效實地考核計畫分析

衛生福利部為了確認地方政府使用中央補助款及公益彩券盈餘分配款的實際情形，訂定「中央對直轄市、縣（市）政府執行社會福利績效實地考核計畫」，作為實施考核的依據。此項社會福利績效考核，每兩年辦理一次，其考核計畫或多或少都有一切修訂。以2021

年度中央社福考核為例，包括十個考核分組。茲各舉一個考核項目及其考核指標，以見一斑：

1. 社會救助業務：例如，考核項目五，遊民輔導措施之推動，其考核指標4：辦理遊民生活重建服務之成效。

2. 兒童及少年福利服務：例如，考核項目十一，弱勢兒少及家庭福利服務，其考核指標1：弱勢家庭兒童及少年社區照顧服務（含課後照顧）辦理情形。

3. 婦女福利及家庭支持服務：例如，考核項目二，辦理婦女福利服務情形，其考核指標2：運用婦女團體盤點及資料分析結果，辦理婦女福利服務／方案及參與婦權會。

4. 老人福利服務：例如，考核項目六，社會參與，其考核指標3：長青學苑課程內容融入在地特色。

5. 身心障礙福利服務：例如，考核項目四，個人照顧服務（含居家照顧、日間照顧、自立生活支持服務），其考核指標4：服務受益成效。

6. 社區發展工作：例如，考核項目五，推動福利社區化、辦理社區發展工作項目及資源運用績效，其考核指標1：輔導社區發展協會辦理福利社區化之相關績效。

7. 志願服務制度：例如，考核項目十，志願服務工作具特色、研發與創新作為，其考核指標：推動具特色、研發與創新志願服務措施及施行成效。

8. 社會工作專業制度：例如，考核項目三，個案服務品質，其考核指標4：兒童少年性剝削防制案件處理情形。

9. 保護服務業務：例如，考核項目四，建構社會工作專業督導制度，其考核指標4：督導制度及執行品質之完整性。

10.公益彩券盈餘分配運用及管理：例如，考核項目八，專款專用情形，其考核指標2：年度公益彩券盈餘歲出預算優先辦理照顧弱

勢福利服務。

　　在上述十個考核分組之中，兒童及少年福利服務、婦女福利及家庭支持服務、老人福利服務、身心障礙福利服務、保護服務業務等六個分組，直接與福利服務相關，可歸納為「服務面向」的組別；至於公彩盈餘運用及管理、社會工作專業制度、志願服務制度、社區發展工作等四個分組，著重於資源運用，以支持「服務面向」各組的服務，可歸納為「資源面向」的組別。

三、整合後社會福利服務探討的範圍

　　茲依據前述社會福利政策綱領與社會福利績效實地考核計畫之分析結果，加以整合，如表1-1：

表1-1　政策綱領與績效考核計畫有關福利服務項目之整合

	社會福利政策綱領項目	社會福利績效考核組別	整合後福利服務探討範圍
人生重要階段	兒童及少年	兒童及少年福利服務	兒童及少年福利服務
	婦女	婦女福利與家庭支持服務	婦女福利服務
	老人	老人福利服務	老人福利服務
特殊人口群	身心障礙者	身心障礙者福利服務	身心障礙者福利服務
	原住民		原住民福利服務
	婚姻移民		新住民福利服務
	退伍軍人		退伍軍人福利服務
其他弱勢者	社會救助相關福利服務		其他弱勢者福利服務（貧窮者、特殊境遇者、災民、遊民之福利服務）
		保護服務業務	（分散列入兒少、婦女、老人、障礙者福利服務中之保護服務）

	社會福利政策綱領項目	社會福利績效考核組別	整合後福利服務探討範圍
相關議題		社會工作專業制度	社工專業、志工制度、公彩盈餘分配款、社區發展，列入社會福利績效考核資源運用面（另有業務服務面）
		志願服務制度	
		公益彩券盈餘分配運用及管理	
		社區發展工作	

資料來源：自行整理。

由表1-1可知，社會福利政策綱領的福利服務項目，與社會福利績效實地考核計畫的實施領域，兩相整合之後，形成社會福利服務的三個面向，也就是福利服務的範圍：

1. 人生重要階段的福利服務：包括：兒童及少年福利服務、婦女福利服務、老人福利服務。

2. 特殊人口群的福利服務：包括：身心障礙者福利服務、原住民福利服務、新住民福利服務、退伍軍人福利服務。

3. 其他弱勢者的福利服務：包括：貧窮者、特殊境遇者、災民、遊民等福利服務（將合併在一起，進行綜合探討）。

這三個面向，將作為本書探討的主要範圍。至於「相關議題」（包括：社工專業、志工制度、公彩盈餘分配款、社區發展），除了融入相關福利服務項下一併討論之外，將列入社會福利績效考核的「資源面向」中討論。

📖 第四節　社會福利服務與相關名詞

前面討論社會福利服務的意涵、目的及範圍時，曾提及社會保險、社會救助、社會福利、社會工作、社會政策與社會立法等名詞。

顯然這些名詞，與福利服務有所關聯，但有時也容易混淆，甚至被「不當」使用。

例如，臺灣有些「社會工作概論」的教科書，列有「身心障礙服務」一章，而不是身心障礙社會工作；有些「社會福利服務」的教科書，在勞工福利服務項下，列有「工業社會工作」一節；有些「社會福利概論」的教科書，在兒童福利服務項下，列有「我國的兒童福利政策與法規」一節。這些情形是否適當，似乎有待商榷。至於補教業者出版的「社會政策與社會立法」參考書，以副標題註明「含社會福利服務」，而且標榜「準備一科，可考兩科」，但是其內容卻無任何社會福利服務，那是商業促銷手法，不予置評。

為了釐清社會福利服務與相關名詞之間的關係，並試著為社會福利服務找到一個合理的定位。以下以簡單的圖示，略加說明。

一、社會保險、社會救助、福利服務

一般國家，社會福利制度的結構，包括社會保險、社會救助、福利服務等三個要素。其中，社會保險立基於「權利」（盡繳交保費義務、享領取給付權利），社會救助立基於「需求」（滿足生活需求）（Kirst-Ashman, 2017: 358），福利服務則立基於「補充」（彌補社會保險與社會救助之不足）。不過，各國對於這三個要素的重視程度不一，因而構成不同的福利類型。以臺灣而言，社會福利制度的結構，可繪製如圖1-1（見次頁）。

由圖1-1可知，在臺灣的社會福利制度之中，社會救助與社會保險是基本的福利措施，福利服務在於補充社會救助與社會保險之不足。換個角度來說，在臺灣，社會救助是社會安全的第一道防線，社會保險是第二道防線，福利服務是第三道防線。

這樣的排序，因素很多。簡單的說，臺灣沿襲中華文化「仁愛」的傳統，仍存有「德政」的觀念，遇有天災人禍，首先想到的就

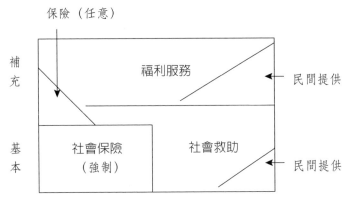

圖1-1　臺灣社會福利制度的類型

資料來源：筆者繪製。

是救濟或救急，現在稱爲「撒錢」。至於社會保險，早期依「保險對象」區分爲勞保、軍保、公保、農保，後來又依「保險功能」區分爲全民健保、職業災害保險（含在勞保內）、就業保險、國民年金保險，兩者之間迄未整合，顯示政府不用心，人民也缺乏信心。而福利服務，則以慈善服務居多，政府的福利服務，項目雖多，預算有限，較諸救助或保險的經費，微不足道，尚有相當大的改善空間。

二、社會政策、社會立法、福利服務

　　社會工作實務的運作，通常一本「問題─政策─立法─服務」的邏輯，循序漸進，周而復始。就社會政策、社會立法、福利服務三者而言，其間的關係，可繪製如圖1-2（見次頁）。

　　由圖1-2可知，社會政策與社會立法，是社會福利單位輸送福利服務的主要依據，正如前述社會福利政策綱領，不僅是新訂或修正社會法規的指引，也是當前規劃及實施福利服務的南針。回過頭來說，將福利服務輸送給案主或服務對象的過程，如果發現有所不足或嚴重缺失，亦可透過倡導或其他適當策略，促使決策者或立法者作成修正

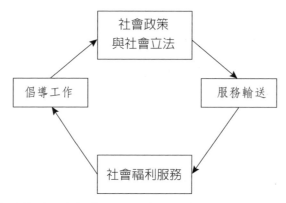

圖1-2　社會政策（立法）與福利服務之間的關係
資料來源：筆者繪製。

政策或立法之決定。

　　就此而言，在探討福利服務時，必須顧及它與社會政策及立法的關聯性。此外，在探討「社會政策與社會立法」時，應以直接有關政策與立法的議題爲主軸，必要時再旁及福利服務。相對的，在探討「社會福利服務」時，也應以直接有關福利服務的議題爲主軸，必要時再引用政策或法規，作爲佐證或進行倡導。苟能如此，或可避免政策、立法、服務之間，混淆不清，無所適從，也可協助社會福利服務，正本清源，還我本來面目。

三、社會福利、福利服務、社會工作

　　無論社會工作專業的學習，或者社會工作實務的操作，經常同時提到社會福利、福利服務（或社會服務）、社會工作的名詞，有時是相提並論，有時是交互使用，但是這三者之間有何關聯性？圖1-3（見次頁）也許可以解答這個問題。

　　由圖1-3可知，在性質上，三者之間，有所不同。社會福利是一種制度，或一種政策，例如，建立社會福利制度、訂定社會福利政策

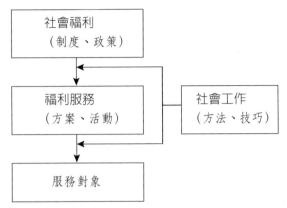

圖1-3　社會福利、福利服務、社會工作之間的關係

資料來源：筆者繪製。

綱領。而福利服務是一種方案，或一種活動，例如，實施身心障礙者
自主生活方案、辦理老人文康活動。至於社會工作，則是一種方法，
或一種技巧，例如，採用個案工作方法、運用自我揭露技巧。這是三
者之間的不同之處。

　　然而，在實務上，三者之間，彼此連動。社會福利制度或政
策，必須經由社會工作者，運用適當的方法（例如，方案設計），
或適當的技巧（例如，腦力激盪），轉換為具體的福利服務方案或活
動，以便於執行。同時，社會福利服務方案或活動，也必須透過社會
工作者，運用專業的方法或技巧，將服務輸送給有關的服務對象。

　　質言之，社會福利服務恰似社會福利與服務對象之間的一座橋
梁，具有承上（福利政策）啟下（服務對象）的作用，而負責橋接的
工作，則有賴專業社會工作者的努力。

　　歸結地說，社會福利服務的定位已相當明確。在社會福利制度
中，福利服務是社會安全的第三道防線；面對社會政策與社會立法，
福利服務居中轉化，依政策立法而輸送服務、倡導政策立法的變革；

在社會福利與服務對象之間，福利服務如同一座橋梁，橋接兩者，一則滿足服務對象的需求，另則促進社會整體的福利。然而，福利服務要在這些位置上發光發熱，必須借重社會工作者的專業方法與技巧，直接進行服務輸送或／與間接進行倡導工作，始克有功，以抵於成。

第二章

社會福利服務輸送的規劃

　　由前一章次有關社會福利服務與相關學科的討論，我們得知福利服務比其他學科更重視實務。通常，社會福利服務是透過方案設計或辦理活動，來輸送服務的項目，以滿足服務對象的需求，達到福利服務的目的。

　　因此，有關社會福利服務輸送的規劃，常以服務對象（案主）為核心，作為優先考量，並且涉及幾個重要問題：誰（whom）有資格得到服務？由誰（who）來提供服務？提供什麼（what）服務項目？如何（how）有效提供服務？

　　為了回答這些問題，這一章將針對服務對象的資格要件、服務輸送的主要單位、服務輸送項目的主要類型、服務輸送體系的整合，擇要說明。

📖 第一節　服務對象的資格要件

　　對於誰有資格得到福利服務，有許多不同的觀點。早期，大多數人採用選擇式（selective）與普及式（universal）作為決定的原則或指標。

　　英國學者提默思（Titmuss, 1968）指出，選擇式服務，是以個人資產多寡作為提供服務的資格要件，社會福利給付只提供經過資產調查（means-test）之後，被認定有需求的人們。至於普及式服務，則是以需求的類屬，作為提供服務的基礎，只要同一類屬，例如，兒童、老人、身心障礙者，就可以得到（那個類屬）相同的服務（林萬億，2010：21）。

　　將這種類層的概念運用於篩選服務對象的資格，則選擇式資格（selective eligibility）是以那些特定人口分類為服務對象，例如為兒童、母親、老年人提供服務，而且重視其需求（Barker, 2014: 112）。相對的，普及式資格（eligibility universal）是以全部市民或

一個國家的居民為服務對象，提供相同比例的社會服務或給付，而非重視他們特殊的需求、經濟地位或處境（Barker, 2014: 443）。

這種選擇式與普及式的二分法，用來篩選服務對象的資格，各有優缺點。選擇式的優點是：切合服務對象的需求、可節省服務的成本；缺點是：篩選資格的行政成本較高、服務對象容易被汙名化。普及式的優點是：節省選擇資格的行政成本、服務對象沒有汙名化問題；缺點是：沒有需求的人也可能得到服務，容易造成資源浪費。

況且，在社會配置（social allocation）的基礎上，也就是一個社會願意提供多少社會福利服務給有需要的個人或團體，相當錯綜複雜，在篩選的分類上，對於那些缺乏資源的團體或社區而設計資產調查，在意識上顯得較為狹窄。其實，提默思（Titmuss, 1968）自己也指出，選擇式服務可能立基於各種不同的需求，並非僅以資產調查作為必要條件，還可能包含非經濟（資產）的情況，如同大學入學許可的資格要件，有其他比財力（means）更受學校偏愛的基準。

吉爾伯特與特里羅（Gilbert & Ttrrell, 2010: 109-110）也認為擴大服務對象資格要件的抉擇範圍，將可更接近受益者的實際需求，並將抉擇的原則或指標區分為四類：屬性的需求（attributed need）、補償（compensation）、診斷的區別（diagnostic differentiation）、資產調查的需求（means-tested need）。以下舉例說明並略予評論。

一、依據人口屬性的需求

這是由人口屬性的需求，來界定服務對象的資格，將條件放在那些未能從既有社會或經濟配置得到滿足的團體成員。在這個原則之下，服務對象的界定，著重於那些有共同需求的人口群。例如，針對職業婦女，提供兒童照顧服務；針對鄰里中的低下階層，提供社區福利服務；針對語文不夠熟練的兒童，提供課後輔導，都是以人口屬性的需求作為資格要件。治理這種原則或指標，有兩個要件：一是群體

導向（group-oriented）的配置，二是立基於規範性基準（normative criteria）的需求。

　　這種以人口屬性的需求，來決定服務對象，具有簡便性的優點，然而這是一種大型的分類，難免過於粗疏。以疾病為例，屬於這一類的人口群（病人），都有醫療服務的需求，但是疾病還有不同的類別，病人也有不同的處境，應有不同的需求與服務。例如，愛滋病（AIDS）不同於帕金森氏症（Parkinson's disease），愛滋病是一種罕見疾病（exceptional disease），必須由專門化的機構設計特殊的方案，提供一系列支持性服務，從醫療處置，到居家照顧、租屋諮商、健康資訊服務。如果愛滋病患者同時是低收入者，也可能是社會救助相關服務的對象。因此，在社會人口屬性的需求之外，對於服務對象的抉擇，可能需要更多的考量。

二、依據社會補償的需求

　　這是立基於補償的需求，來界定服務對象的資格，將條件放在那些曾經對社會與經濟有特殊貢獻的團體成員，例如，退伍軍人、社會保險的被保險人；或者曾在「社會的支配」（hands of society）之下遭受不公平傷害的群體，例如，種族主義或性別歧視的受害者。在這個原則之下，服務對象的界定，著重於那些有特殊貢獻或遭受社會制度傷害的群體。例如，對於退伍軍人提供就學服務之中，有一項升學考試成績按其服役年資比例加分；對於公教人員保險的被保險人，加保滿三十年之後，免繳保險費；對於「228事件」無辜受害者，提供補償金，並恢復其名譽。治理這種原則或指標，也有兩個要件：一是群體導向（group-oriented）的配置，二是立基於規範性基準（normative criteria）的公平性（equity）。

　　這種以社會補償的需求，來決定服務對象，固然有助於促使相關單位及人員在政策決定過程中，更重視公平原則，避免傷及無辜。但

是，以補償爲基礎的方案中，如果採取「贊助性行動」（affirmative action），以機會均等爲目標，而擴大僱用女性及少數族群，則已涉及性別或族群的偏愛，相對排除來自正常管道的接近與機會。這種贊助性行動，在公共服務的配置，經常引起爭議。例如，民意代表選舉有婦女保障名額、原住民地區的公共工程應僱用一定比例的原住民，其受益者往往是中產階級的女性與少數族群，而不是在社會上或經濟上遭受嚴重困境者。正常的努力管道，應該是進一步增加女性與少數族群接近教育、工作和公共契約（承包）的機會，藉以充權自我，提高競爭力，才是實質的公平。

三、依據專業診斷的區別

這是立基於診斷所作區別的需求，來界定服務對象的資格，將條件放在專業人員對個別情況的判斷，也就是一個人在身體或心智受到損傷的情況，可能就有特殊財貨（現金、實物）或服務的需求。例如，公立學校的特殊教育對象，聚焦於身心障礙的分類，包括：心智缺陷、自閉症、視覺或聽覺的功能損傷、嚴重情緒障礙，以及特定的學習障礙。對於特殊教育的資格條件，是經由具有權威之專業人員的診斷而決定。治理這種原則或指標，通常有兩個要件：一是立基於個人導向（individual-oriented）的配置，二是立基於技術性診斷基準（technical diagnostic criteria）的需求。

這種以專業診斷區別的需求，來決定服務對象，是建立在專業知識和能力的基礎上，比較容易受到社會大眾的認可及接受。但是，社會福利服務指涉的範圍甚廣，有時候需求緊迫，不一定有近便的專業人員，可及時進行診斷或判斷。例如，國際人道救援服務，對於那些處於飢餓狀態者提供救濟時，可能只是救援工作者依據自己所知的營養學，進行需求上的技術性診斷，來爲食物的配置設定優先順序。一種典型的取向，是由一個人的體重、高矮、皮膚皺紋（胖瘦）等身

體外觀，據以區別他們立即性營養攝取的最大需求。這樣的專業診斷是否切合服務對象的實際需求，有待商榷。因此，基於專業診斷的需求，無論專業層次的提升，或者專業團隊的組成，都必須深思熟慮，謹慎選擇。

四、依據資產調查的需求

這是立基於資產調查的需求，來界定服務對象的資格，將條件放在證明一個人確實沒有購買基本生活所需食物或／及服務的能力。也就是一個人的經濟處於不利情境，而使他接受社會福利的機會受到限制，因此需要提供補助或服務。例如，經過低收入調查，對於符合低收入標準的對象，提供生活補助、醫療補助、脫貧方案。治理這個原則或指標，有兩個要件：一是個人導向（individual-oriented）的配置，二是立基於經濟性基準（economic criteria）的需求。

這種以資產調查的需求，來決定服務對象，在許多國家已行之多年，優點是資產調查採量化處理，基準明確，爭議較少。而且，以此基準的增減比例，可作為不同福利提供的考量。例如，以資產調查結果，核定低收入戶資格，提供一定額度的補助之外，可再根據低收入戶的標準，訂定中低收入戶或低收入邊緣戶的標準，分別增減提供補助的額度。然而，透過資產調查來決定，只有家庭經濟狀況低於社會所認定的「貧窮標準」者，才有享受福利服務的資格，對受助者含有「接受福利是一種恥辱」的汙名（stigma），結果使許多有需要者裹足不前（李易駿，2019：182-183）。因此，資產調查並非決定服務對象的唯一指標，必要時，尚可兼採其他決定指標，相輔相成，以求周延。

討論到這裡，我們綜合觀察上述四種篩選服務對象的原則或指標，顯示社會人口類屬的需求、社會補償的需求兩者，屬於規範性的基準，在資源配置上依據政府的規範（或制度）及群體的需求而提供

服務，比較接近於制度式福利的性質；相對的，專業診斷的區別、資產調查的需求兩者，分別屬於技術性、經濟性的基準，在資源配置上依據個人的特定需求而提供服務，比較接近殘補式福利的性質。同時，這四種指標不只是類別的，也是順序的，可就其資源配置的原則，排成一種連續性的光譜，如圖2-1：

圖2-1　福利服務資源配置於服務對象的原則

資料來源：Gilbert & Terrell, 2010, p.111.

　　嚴格地說，上述四種原則或指標，比較側重於選擇式服務一端，相對另外一端的普及式服務，也不容忽視。這種普及式服務，源自於英國學者馬歇爾（Marshall, 1964: 84；林萬億，2014：290）所提出的概念，他認為作為一個現代公民，應該依據社會普遍的標準，擁有一定程度的經濟福利與經濟安全，完整地分享社會遺產，以及生活在文明社會的水準。這是人類擁有公民權（civil right）、政治權（political right）之後的第三種權利，也稱為社會權（social right）。這種「社會權」，聚焦於社會福利，人人可自由接受教育、年金福利、健康照護與社會安全的保障（Pierson, 2008: 21）。舉例言之，我國的全民健康保險、英國的國民救助、美國的社會安全，都是以全民為服務對象，屬於一種普及式服務。

📖 第二節　服務輸送的主要單位

當人們有福利需求時，由誰來提供必要服務？概括地說，早期農業社會，多數人依靠自給自足，至於少數需要協助的人，係由熱心人士提供個人的慈善服務。進入工業化與都市化時期，遭受工作傷害、失業、貧窮的人數增多，必須由政府與／或民間團體提供有組織的服務。到了1970年代，福利多元主義興起，主張結合政府、企業、非營利，以及非正式等部門，爲有需要者提供有制度的服務。

時至今日，在社會福利服務領域，已有多元的服務對象，也有多元的服務需求，因而服務輸送的單位也日趨多元。如果從制度的觀點來分析，在現代社會裡，投入福利服務輸送的主要單位，可歸納爲六種，如表2-1：

表2-1　福利服務輸送的主要單位

社會制度	主要組織型態	組織的基本功能	社會福利服務的功能
親屬系統	家庭、家族	生育、社會化、保護、親密關係、情感支持	對依賴者提供照顧（dependent care）、家人之間的財務支持
宗教組織	教會、寺廟	精神的成長	以信仰爲基礎的健康服務、教育、社會服務
工作場所	辦公處所、工廠、農場等	財貨（goods）與勞務（service）的生產	員工給付及相關服務
經濟市場	生產者（企業）與消費者（家戶）	以金錢交換財貨與勞務	商業式社會福利產品與服務

社會制度	主要組織型態	組織的基本功能	社會福利服務的功能
互助團體	支持性團體、志願性機構、共同基金會	互相援助、慈善行為、社區支持，慈善事業團體	自助（self-heap）、志願服務、非營利社會服務
政府組織	中央政府、地方政府	為公共目的籌措及分配資源	反貧窮、經濟安全、健康、教育、社會服務

資料來源：Gilbert & Ttrrell, 2010, p.3.

　　茲根據表2-1所示，對於福利服務輸送的主要單位，略作說明：

一、親屬系統（kinship systems）

　　家庭經常是提供社會、經濟、情緒支持的一種社會制度，也是社會化的重要媒介，將生活的知識、價值及行為模式，從一個世代傳遞到另一個世代。在社會福利制度中，家庭立基於血緣與相互依附的關係，構成一種援助的網絡（networks of assessment）。例如，父母「投資」（invest）於他們孩子的未來，提供他們孩子的健康、教育和生活福祉。在社會中，親屬之間對於照顧與保護有相互協助的義務，而且在福利服務領域也扮演重要角色（Gilbert & Ttrrell, 2010: 2-5）：

　　1. 照顧年長與身心障礙的親屬：這些親屬的家庭照顧者，多數集中於婦女（母親、女兒、妻子）的身上。對於有工作的家庭成員而言，照顧年長的父母是一種沉重的負擔，不但沒有薪資報酬，而且幾乎全年無休，常需平衡照顧提供與工作義務。另外，對於身體或心智遭受嚴重挑戰，或者有發展性障礙的親屬，往往由父母長期繼續照顧他們，從兒童到成人，而且常有照顧技術的需求，例如，協助他們吃飯、洗澡、睡覺、維持通風、監視動靜，有時配合醫療復健，實施複雜的養生之道。

2. 照顧孫子女：在雙生涯家庭中，有些父母無法全天照顧他們的孩子，祖父母常需在白天負責照顧孫子女；另外也有少數父母涉及藥物濫用問題，或者違反兒童福利相關法規，必須將他們的孩子暫時安置於寄養家庭，在親屬寄養優先考量之下，有些祖父母也成爲孫子女的寄養照顧者。通常，兒童與祖父母一起生活，可減少作爲寄養兒童的烙印，獲得擴大家庭的照顧服務，可協助兒童保持他們的族群文化與家庭認同。不過，由祖父母照顧孫子女，也可能有隔代教養的問題需要處理。

3. 提供經濟支持：近年來，家庭在協助單親媽媽從福利依賴轉銜爲有工作收入，已扮演重要角色。有些貧困的母親，對於照顧孩子、交通運輸及日常生活的開銷，捉襟見肘，無以爲繼，必須依靠她的母親或其他親屬的財務支持、情緒支持及家務協助。此外，由家庭提供經濟支持的形式，也可能是由子女協助老年父母支付護理或醫療照顧的費用，或者是由父母協助子女購買實物、處理財務上較爲急切的問題。

4. 提供緊急狀況的協助：親屬系統在回應自然災害或其他任何災害的緊急事件方面，可及時提供實際有用的資源，包括：食物、飲用水、衣服、被褥、臨時住所，以及其他必要的生活用品，藉以協助親屬成員度過難關，重建家園。簡言之，當不幸事故發生時，家庭往往是第一線的服務輸送單位。

無論如何，家庭是社會的基本組織，而且普遍存在，家人或親屬可說是福利服務的「天生好幫手」。

二、宗教組織（religious organization）

宗教制度是人類重要的精神支柱，透過宗教儀式，提供信眾精神上的慰藉或成長。許多教會或寺廟也贊助社會福利服務，提供非正式的支持性服務，從宗教諮商、現金或實物的濟助，到健康、教育及其

他社會服務方案。

在美國，有些教會有自己的福利農場（welfare farms），爲窮人而實施多種食品生產方案，製作蔬果罐頭及肉品加工，每天供應教會的貧困會友。在臺灣，有些大型寺廟或宗祠有自己的「學產」（善人捐地，以生產或出租的收入，獎勵人們完成學業），設置基金，孳生利息，提供清寒家庭子女獎助學金，或提供急難救助，這也是一種廣義的福利服務。

當然，天主教、猶太教、穆斯林、基督教等宗教組織，也經常透過專業化的機構，或者透過神職人員的非正式諮商，提供相關的福利服務方案。臺灣有些寺廟，由廟祝爲信眾解讀「籤詩」，也有類似非正式諮商的意味。

最近幾年，有些基督教會推出家庭牧師（family ministries）與家庭生命教育（family life education）的方案，聚焦於已婚配偶及其子女、婚前及單身、面對離婚或酒癮問題等類服務對象，提供一種以宗教爲基礎的服務，包括：婚姻協談、戒酒匿名團體（Alcoholics Anonymous, AA）、轉介職業訓練。

一言以蔽之，宗教是人類的精神資源，可協助人們回應生命的問題，使生活過得更有意義（meaningful），更有福祉（well-being）。

三、工作場所（workplace sites）

在社會制度中，工作的場所，包括：工廠、農場、各級學校、公務機關、社會服務機構，以及其他協力單位，通常藉由提供工作相關的財貨與勞務，連同定期給付的薪資，來增進他們員工的福利。

從事有薪資報酬的工作，可能是許多人財務的單一來源，一方面藉由工作收入來提供每日生活之所需，另一方面依附於工作而得到一些福利配置。這種附加於職業的給付，就是一般所知的職業福利

（occupational welfare）。

例如，在健康保險的對象之中，有一定雇主的被保險人，其保險費由雇主分擔一定的比率，但最後是被保險人領取給付。又如，許多企業因應員工的需求，提供急病補助、父母喪葬補助、子女學雜費補助、搬家費用補助、運動設施、法律服務。這些都是因為職業而附加的福利服務。

有時候，企業也附設幼兒園，為員工的孩子提供照顧服務，或者撥款贊助員工協助方案（Employee Assistance Programs, EAPs），提供酒精與藥物戒斷、諮商、情緒支持等類服務。

簡言之，在工作領域之中，職場是福利服務輸送的重要單位，而雇主就是福利服務的提供者之一。

四、經濟市場（economic market）

理論上，對於財貨與勞務的生產及分配，在集權國家是一種控制的系統，而在自由經濟制度之下，則是透過市場機制，進行生產者與消費者的交易，以滿足雙方的需求。那隻「看不見的手」（invisible hand）也根據購買者與銷售者相互的需求和想望，進行社會資源的適當配置。

在市場經濟中，人類的許多基本需求，包括：食物、衣服、住宅、交通，幾乎都可從營利組織得到滿足。而且，最近幾年，營利組織也大量投入社會福利服務領域，包括：兒童照顧服務、日間照顧服務。甚至，傳統上由政府或非營利組織主導的兒童福利機構、住宿式安養機構、健康照顧機構，也有許多營利組織投資經營。例如，私立幼兒園、兒童課後輔導中心（俗稱安親班）、老人自費安養中心、私立護理之家。這些私人實務的福利服務，並不是完全以營利為目的，也有一些組織是立基於企業的社會責任，而將一部分利潤回饋社會。

無論如何，福利服務商業化，或者購買服務、使用者付費之類概

念，已成為現代社會的一種趨勢。就此而言，福利服務領域可增加一種輸送的單位，而服務對象也多了一種選擇的機會，何樂而不為？問題是如何適當地選擇？

五、互助團體（mutual assistance arrangement）

在現代社會，人與人之間相互援助的安排，也是社會福利服務常見的活動。互助團體有一些類似的特徵，例如，慈善（charity）、利他行為（philanthropy）、社會支持（social support）、非正式協助（informal help）。在福利多元主義中，習慣上將互助活動，稱為非正式部門，包括：朋友、鄰里、同儕的協助。這些互助的安排，表示社會有互助的需求，有互賴（interdependence）的認知，想要促進社區的福祉，想要協助運氣比較不好的人。

互助活動是否被視為一種自我利益（self-interest），見仁見智，尚無定論。但是，互相協助對於福利服務的輸送，仍然具有實質的意義。有時候，透過互助活動，就近協助鄰居照顧病人、身心障礙者、獨居老人，或者協助有需要的家庭，照顧嬰兒（babysitter）、分擔家事服務，甚至由朋友提供借貸、緊急的生活安排，都有助於減少政府或其他單位服務輸送的負荷。

進而言之，當前的互助安排，大多數已透過有組織的互助團體來輸送服務。無論是身心障礙者、老年、病人、單親，都已組成自助團體。例如，障礙兒童家長總會、老人會、康復之友會、截肢病人之友會、單親媽媽成長團體。這些互助團體，是在非營利的基礎上，由團體成員提供非正式的支持性服務，以回應團體成員的福利需求。

此外，現代社會有越來越多的非正式支持，是由志工組成的團隊所提供。許多互助團體的成員，也以志工的身分提供服務。而其他大型的福利機構，幾乎都有志工團隊，為兒童、老人、身心障礙者，以及其他有特殊需求的人群，提供必要服務，在廣義上也含有互助的性

質。其中，有些志工是由服務接受者，轉換為服務提供者。

綜言之，互助活動、互助團體、志工團隊，都可視為一種互助的安排，也都是福利服務輸送的重要提供者。不過，在服務資源的配置上，一般將互助活動與互助團體劃歸非正式部門，而將志工團隊劃歸非營利部門或第三部門。

六、政府組織（government organization）

在政治制度中，政府的組織，包括中央政府與地方政府，是處理社會配置的主要勢力，透過內部與外部的管控，為各式各樣的目的，完成資源的配置。

在現代國家的許多目的（例如，安全、秩序、自由、正義、福利）之中，政府為了達成社會福利的目的，而募集和配置資源，也成為福利服務輸送的主要單位。

姜森（Johnson, 2003，引自李易駿，2019：259）在論及國家涉入福利提供的形式時，曾指出政府有四種可能的角色：(1)政府決定政策藍圖，(2)國家直接提供給付和服務，(3)國家在福利輸送上扮演計畫與監督的角色，(4)政府作為管制者的角色。

再者，現代的國家，時常定義為福利國家（welfare state）。所謂「福利國家」，是指一個國家認為它本身的責任，在於滿足國民的基本教育、健康照顧與社會安全的需求（Baeker, 2014: 454）。因此，現代的政體，至少在工業國家，通常透過政府的組織，致力於促進經濟繁榮與社會穩定，尤其是確保人們的收入安全，維持最低標準的健康、教育、住宅，並且保護現代生活可能面臨妨礙人們福祉的變數。

質言之，現代國家無不透過政府組織，全面支持社會福利，從而成為福利服務輸送相當重要的一個單位，但不是唯一的單位。

這裡必須補充說明，有關於福利服務輸送單位的分類方式，除了

上述六種分類之外，另有依據福利多元主義（welfare pluralism）、
福利混合經濟（mixed economic of welfare）、社會福利分工模式
（林萬億，2010：6-7）等概念，進行服務輸送單位的分類，茲簡單
比較，如表2-2：

表2-2　福利服務輸送單位不同分類之比較

服務輸送主要單位	福利多元主義	福利混合經濟	福利分工模式
政府組織	政府部門	政府	國家主義模式
經濟市場	企業部門	市場	個人主義模式
工作場所			
宗教組織	非營利部門	服務交換	社區主義模式
互助團體	非正式部門		
親屬系統		家庭	家族主義模式

資料來源：立基於前述六種單位，並參考李易駿，2019，pp.258-261；
　　　　　林萬億，2010，pp.6-7，整理而成。

　　由表2-2顯示，無論根據何種概念進行福利服務輸送單位的分
類，其所涵蓋的單位，雖然數量不一，但是彼此相容。另外也有某一
輸送單位，實質上橫跨兩種單位，表示有些服務輸送的項目，需要兩
種或兩種以上輸送單位，分工合作，始能完成。例如，使用者付費的
健康服務，需由工作場所提供員工薪資，員工再以薪資向市場購買其
所提供的健康服務。

📖 第三節　服務輸送項目的類型

　　福利服務輸送單位的主要功能，在於因應各種服務對象的需
求，提供或輸送適當的服務項目。

　　傳統上，服務輸送的項目有兩種基本類型：一種是現金給付（in cash），另外一種是實物給付（in kind）。最近幾年，福利服務對象日趨多元，逐漸擺脫現金與實物的二元分類，而擴大服務對象選擇的範圍，增加服務輸送的形式，合計為六種類型（Gilbert & Ttrrell, 2010: 135-136）。其中，原有的實物給付區分為「服務」與「物品」兩種。以下略述這六種類的意涵及其轉移的價值（transfer value）。

一、機會（opportunities）

　　機會，有助於鼓勵及引誘受雇者達成其所想要的目的。雖然在直接輸送的項目之中，機會這一項並不明確，但不是不重要，因為許多福利服務政策都涉及「機會」的創造與配置。例如，創造職業訓練的機會，配置受完訓練者優先輔導就業的名額。

　　機會，不像實物與服務那麼具體。機會的給與，是一種公民權的提供，或者是一種「外加的機率」（extra chance）。有時候，這種外加的機率被建入社會配置的基礎之中，在依據公民權提供服務時，對於有足夠經驗的老手，提供外加的點數。例如，退伍軍人參加升學考試，按其服役年資，在原始分數上，外加一定比率的分數，可鼓勵軍人退伍後繼續充實知識技能，增加就業的機會。

　　在轉移的價值方面，機會不能立即轉移，因為機會這一項必須運用於被賦予的脈絡裡。例如，退伍軍人升學加分，只能用在升學的脈絡中，不能轉移到申請配置社會住宅也比照辦理，外加點數。換言之，機會A的接受者，不能用來交換機會B，也不能用來交換物品、服務或其他項目。

二、服務（services）

　　服務，是為了服務對象的利益而實施的活動，例如，居家服

務、個別諮商、個案管理、工作訓練。

就轉移的價值而言，上面列舉的這一些項目，對於接受者在接受服務期間，有立即性市場價值，不能轉移。例如，老人居家服務，是針對特定的老人提供服務，不能將這項服務，轉移給這個老人以外的其他家人。

三、物品（goods）

經濟市場的全部產品，大致上可區分爲財貨（goods）與勞務（service）兩種。其中，財貨（goods）相當於福利領域的實物給付（in-kind）。物品，是具體的日常生活用品，例如，食品、衣服、住宅、交通工具。

就轉移的價值而言，上面列舉的物品項目，其轉移的價值都有一定的限度。通常，經過交換的管道，都有一些差價。例如，當鋪（pawnshops）、跳蚤市場（flea markets），或者非正式的以物易物（informal barter），必須低於市場原本的價格，始能將物品轉移出去。

四、抵用券與抵稅額（vouchers and tax credits）

在抵用券方面，美國於1964年開始採用食物券（food stamp），作爲協助將資源提供那些符合資格的貧困家庭的一種方式。後來，食物券改爲食物聯票（food coupon），目前也採用電子支付信用卡（debit card），都可用來換取各式各樣食物產品（Barker, 2014: 165）。

臺灣有些縣市設置實物（食物）銀行、學童愛心代用餐券，也具有抵用券的功能。至於有些社區組織或善心人士自行設置「社區冰箱」，存放蔬菜、水果、食物、日常用品，提供有需要者自由取用，屬於「惜食」或「慈善」的概念，不同於抵用券。

在抵稅額方面，美國於1975年實施工作所得稅額抵減（Earned
Income Tax Credit, EITC），後來經過多次修正，係針對符合資格的
低收入工作者，而實施的一種以工作爲導向的反貧窮方案，當他們整
理年度所得稅檔案時，即使負債而不必繳交所得稅，都可獲得退稅。
實質上，工作所得稅額抵減（EITC）是一種所得補充方案，在於鼓
勵低收入的工作者，尤其是有兒童的工作者，以協助他們保有就業的
勞動力（Barker, 2014: 165）。

臺灣在申報年度綜合所得稅，對於身心障礙者、扶養65歲以上
老人者，提供特別扣除額，也有類似工作所得稅額抵減（EITC）的
功能。

就轉移的價值而言，抵用券與抵稅額具有結構性的交換價值，而
且可能在稍具雛型的部門中，轉移爲一種資源。

五、現金（cash）

現金給付，是直接提供金錢給社會福利服務對象。例如，社會救
助、兒童津貼、社會保險等方案，是直接提供現金，也不約束他們購
買物品或服務的權力。而且，任何稅收（含社會安全稅）的準備，在
於使個人與家庭能保持更多的收入，以及更好的生活品質。

就轉移的價值而言，現金給付當然有普及性的交換價值，爲消費
者（服務對象）的選擇，賦予更大幅度的允許範圍。

六、權力（power）

權力，涉及重分配實物與資源的整個控制過程之影響力。通
常，權力可透過政策運作，將決策權威（policymaking authority）轉
移給特定群體而達成影響。例如，社區照顧關懷據點對於老人服務的
形式，是提供80元餐盒或給予同值的抵用券，授權社區老人票選決
定其中一種形式，則老人擁有老人服務形式的決策權威，就具有決定

性的影響力。

就轉移的價值而言，即使權力不像現金或抵稅額會被「使用竟盡」（spent），但是權力對於指引服務對象有關社會和經濟的選擇，提供一種重要層級的容許範圍。簡言之，決策的權力可由上而下轉移給服務對象，讓服務對象有權參與決策，也是一種服務輸送項目的類型。

除了上述六種類型之外，吉爾伯特與特里羅（Gilbert & Ttrrell, 2010: 136）認為工具的提供（instrumental provisions），例如，撥款補助、修正政策，都有助於鼓勵社會福利機構致力於發展新的服務方案，安排更有效率和效益的福利服務。這種間接的社會介入，也可視為服務輸送項目的第七種類型。另外，社會帳戶（social account）也逐漸被視為一種福利服務的項目（Barker, 2014: 395）。例如，臺灣於2018年實施兒童及少年未來教育與發展帳戶，是結合現金、抵用券、抵稅額的類型，由低收入家庭的家長為兒童及少年開立帳戶，按月自存一定金額，政府相對撥款存入帳戶（類似現金給付），並以儲蓄存款利率計算，利息免納所得稅（類似抵稅額），累積資金，作為兒童及少年未來升學或就業的專用款項（類似抵用券）。

無論將福利服務輸送的項目分為六種、七種或八種類型，時常是兩種或兩種以上合併使用，而其中現金與實物（含物品及服務）兩項，一向是服務輸送的主要項目，其優缺點也常成為討論的議題。表2-3（見次頁）是現金給付（in-cash）與實物給付（in-kind）的優缺點。

由表2-3顯示，現金給付與實物給付各有優缺點，無論選擇現金給付或實物給付的類型，都必須以服務對象的利益為優先考量，而且盡其所能地發揮其優點，擺脫其缺點，藉以提高服務輸送的效率與效益。

表2-3　現金給付與實物給付的優缺點

	優點	缺點
現金給付	1. 接受者可直接取得，既方便，又快速。 2. 提供者可直接輸送，降低行政成本。 3. 有普及性的轉移價值，可提高效用。 4. 接受者有自由支配的權利，可提高其人格尊嚴。	1. 弱勢者對於現代的電子支付方式，比較不能適應。 2. 供需雙方常有資訊落差，效率與效益反而受限。 3. 現金給付容易被挪用，無法確保實際需求的滿足。 4. 現金給付容易被騙、被搶。
實物給付	1. 實物給付可針對需求而提供，接受者亦可立即滿足需求，對弱勢者相當方便。 2. 實物的供給者，可大量生產或採購，並控制品質，降低經費。 3. 實物給付可避免接受者轉換為不當用途（例如，變賣為現金，用於酗酒、嗑藥、賭博）。 4. 實物給付，分量頗重，不易被騙、被偷、被搶。	1. 領取實物，常有交通不便或搬運困難的問題，對於弱勢者是一種挑戰。 2. 提供者必須準備、儲存及輸送實物，行政成本較高。 3. 轉移的價值有限，且容易虧本。 4. 限定使用給付的實物，有損接受者選擇的權利及其人格尊嚴。

資料來源：參考Gilbert & Ttrrell, 2010, pp.128-134；林萬億，2014，pp.296-299，整理而成。

📖 第四節　服務輸送體系的整合

　　由服務輸送的單位，將服務輸送的項目，輸送給服務對象，這種服務項目傳遞的過程，就是服務輸送體系（social service delivery systems）。例如，衛生福利部撥款補助南區兒童之家，用來辦理兒童早期療育服務，以因應發展遲緩兒童的需求，於是在這個傳遞過程中，衛生福利部、南區兒童之家（輸送單位）、早期療育服務（輸送

項目）、發展遲緩兒童（服務對象）之間，就可形成一種服務輸送
體系。

　　然而，服務輸送單位之中的安排，或者服務輸送單位與服務對
象之間的配置，通常有許多不同的組合。尤其是服務輸送單位的提供
者，在地方社區的脈絡中，就可能有：個別的專業人員、自助協會、
專業團體、公共機構與私人機構合作或分開行動，以及其他的服務提
供者，例如，社區中心、住宿式機構、緊急避難所、福利或健康部
門、心理健康中心、醫院、診所等等，簡直不勝枚舉，當然也無法使
用竟盡。因此，在服務輸送體系的設計中，對於服務輸送者的可能選
項，至少可歸納為兩個面向（Gilbert & Ttrrell, 2010: 154-155），如
表2-4：

表2-4　有關服務提供者可能選項的兩個面向

行政集權化	或	行政分權化
1. 提供組合性服務	或	提供單項服務
2. 服務集中在一個處所	或	維持分散的機構
3. 協調大家的努力	或	獨立地運作
4. 仰賴專業人員	或	結合消費者或準專業人員
5. 服務使用者有代表權	或	集中權威於專家的手中
6. 抑制供給來控制成本	或	抑制需求來控制成本
7. 由公共行政人員為之	或	由私人契約承包者為之

資料來源：Gilbert & Ttrrell, 2010, p.155.

　　由表2-4顯示，在服務輸送體系之中，將服務輸送者的可能選
項，歸納為「行政集權化」（be administratively centralized）或「行
政分權化」（be administratively decentralized）兩種面向，其下又有
七種兩兩相對應的輸送樣態，整體看來，顯得相當複雜。

正因為服務輸送體系的複雜性，在實務操作上，容易出現整合的問題：片斷性（fragmentation）、不連貫（discontinuity）、無責信（in-accountability）、不可近（inaccessibility）（Gilbert & Ttrrell, 2010: 164）。

「片斷性」的問題，涉及機構的特性與關係，例如，服務缺乏協調、服務地點的配置過於分散、專業人員各自為政、服務項目有所重疊。焦點問題是：各種不同的服務，在一個空間嗎？

「不連貫」的問題，涉及服務使用者在服務網絡內移動時，出現了絆腳石。例如，機構在媒合資源與需求的過程，出現了落差（gap）。焦點問題是：有適當的溝通和轉銜的管道嗎？

「無責信」的問題，涉及機構決策者與服務使用者之間的關係。例如，決策者對於服務使用者的處境缺乏敏感性，對於服務使用者的需求和利益，沒有負起應有的責任。焦點問題是：那些有需求的人，能影響決策者對於他們的處境給予及時的回應嗎？

「不可近」的問題，涉及服務使用者進入機構的服務網絡時，被絆腳石阻擋，而無法得到服務。例如，服務對象的資格要件，是依據年齡、個人或家庭的所得、成功的潛能或其他條件，不符合資格者就被排除在外。焦點問題是：認定資格的要件，是依據服務的需求嗎？

事實上，這四個攸關服務輸送體系整合的問題，彼此之間也有連動的關係。例如，加強溝通協調，增加服務輸送的連貫性，也有助於減少服務輸送的片斷性；增加服務提供者的決策權威，賦予更大的責任，也有助於降低服務輸送的不可近性（Gilbert & Ttrrell, 2010: 165）。

有鑑於此，吉爾伯特與特里羅（Gilbert & Ttrrell, 2010: 167）在揭示服務輸送體系整合的四種問題之後，接著以連貫性與可近性為焦點，提出整合的三個策略，各涵蓋兩個改進途徑，藉以回應前述服務輸送的問題。以下擇要說明。

一、重構決策的權威與管控

由於政策是爲特定的事務而訂定，立法是聚焦於特定的對象，導致機構的重點朝向特定的實務，機構人員也只注視特定的問題。因此，有必要採取綜合性取向，透過服務協調，以緩和服務輸送的片斷性，帶來一些連貫性。就此而言，有兩種可行的途徑（Gilbert & Ttrrell, 2010: 167）：

1. 加強協調（increasing coordination）：增加協調的機會，開創溝通與轉介的新管道，剔除服務項目的重疊，其主要策略有三：

(1)集權化（centralization）：在社會服務相關部門之間，建立單一權威決策的服務網絡，或者採取一種聯合行政結構的規劃和管控，以理性處理服務輸送體系不連貫的問題。

(2)機構聯合處所（agency co-location）：不同社會服務機構，即使有各自管控的機制，但是服務的資源在地理上集中化，有助於組合相關服務，使服務使用者可近便取得所需各項服務，而不必到處奔波。

(3)個案層次的協力合作（case-level collaboration）：有些分權化的服務機構，缺乏協調的系統，可透過個案管理（case management）的機制，有效地連結案主需求與服務資源，一方面履行機構的責信，另方面確保有多重問題的案主能及時得到他們所需的各種不同服務。

2. 市民參與（citizen participation）：官僚組織的權威性決策，經常無法充分確保服務使用者的需求得到滿足，透過市民參與，再分配機構與服務使用者之間做決定的權力，可使服務輸送項目更切合服務使用者的需求。市民參與有三種模式（Gilbert & Ttrrell, 2010: 171-172）：

(1)非分配的參與（non-distributive participation）：巿民可能涉

入任何服務輸送的方案，但是在建立權威的型態上，感覺不到有所改變，這是一種「假象參與」（pseudo-participation）。

(2)正常的參與（normal participation）：市民參與之後，出現對決策權威的影響，但是影響層次有限，僅具象徵性意義。

(3)再分配的參與（redistributive participation）：由於市民參與，在服務輸送的決定上，發揮了實質的影響。

無論如何，透過溝通協調及市民參與，轉移決策屬於專業特權的傳統，有助於增進服務輸送體系的連貫性、可近性、責信性，同時避免決策權威過度集中導致服務的片斷性。但是，溝通協調常需時間，可能影響服務輸送的效率，市民參與較不老練，也可能影響服務輸送的品質。

二、重組輸送任務的配置

傳統上，福利服務輸送的任務，係由機構內部的專業人員擔綱，他們本其所學的專業知識和技能，依循規定程序提供服務。這種類似官僚的任務配置，對於脆弱的服務使用者，經常有不可近的問題，連帶影響服務的接受，斷斷續續，缺乏連貫，受益有限。論其改進策略，必須重組輸送任務的配置，並從服務提供者的角色調整著手，包括（Gilbert & Ttrrell, 2010: 173-176）：

1. 角色的依附（role attachments）：常有一種情況，社會服務是由中產階級的專業人員所提供，即使服務是提供給整個社群，但是有服務需求的人，相當大的比例是來自較低收入的群體，因而在服務者與被服務者之間，可能出現階級隔閡（class chasm）。一方面，中產階級的專業工作者可能對其服務對象的生命展望、行為型態、語言或方言、文化價值，並不了解，也不尊重，無法敏感地回應。也許，以中產階級的標準，不必明說，就可默會；但是，服務對象可能覺得格格不入，是一種對立，甚至是一種威脅。另一方面，服務對象對於

專業的目標、非個別化處遇的規範，也覺得是一種輕視、不友善，或者是多管閒事。這些負面的感覺，日積月累，根深柢固，在服務輸送體系衍生不可近、不連貫的問題。這些問題反映在社會階層化，不是單純組織結構的問題，因此對於當前服務輸送體系過度依附於專業角色的情況，必須重新考慮。事實上，專業人員的助手或助理人員（padaprofessionals），在許多人群服務領域的角色配置已不斷增加，他們經常在老人服務、障礙者服務、長期照護護理之家、少年觀護、物質濫用矯正服務等脆弱者的服務之中，扮演協助者、個別照顧參與者、日間家務工作者等角色。雖然一般認知，助手屬於非專業人員（nonprofessionals），但是以他們的經驗、技巧和美德（例如，有熱情、有愛心），有潛能去橋接官僚、專業化機構及其案主群之間的間隙，協助機構負起自己的責任，也協助服務使用者得到服務，或者從一種服務到其他服務，進而有助於降低過度依附專業角色所造成的無責信、不可近、片斷性、不連貫等問題。職是之故，在服務輸送體系的任務配置，不能像過去只依附專業的角色，現在必須正視助理的角色功能，接納助理人員的參與，重新整合，以期擴大服務輸送的能量。

　　2. 專業的鬆綁（professional disengagement）：也就是擺脫專業的傳統束縛，將私人的實務，納入服務輸送體系之中。因為公共福利設施是一種職階體系（俗稱官僚組織），專業人員置身其中，難免受到一些限制，甚至被嚴格看管。尤其，執行福利服務的社會工作者，從養成教育中習得許多專業規範，包括專業協會訂定的倫理守則，以及經過前輩架構的實務指引。有時候，他們在服務輸送過程中，可能遇到機構要求與案主需求不一致，而陷入倫理兩難困境。如果依規定辦理，可能增加服務輸送的不可近、不連貫，甚至覺得只有擺脫官僚的約束，才能有效輸送服務，而寧可試著改變它。這是公共服務結合私人實務的一種誘因，以便於規避被機構政策強迫而勉強去

做。當然，從官僚（bureaucrat）到企業（entrepreneur），他們的角色有所改變，而且認知有些人選擇使用私人的社會服務，卻沒有能力支付費用。針對這種情況，有一種策略是由政府提供抵用券給案主，去選擇他們喜愛的服務提供者，或者政府透過契約外包、撥款補助等方式，贊助私人實務工作者提供老人服務及其他類似服務。這樣，公私夥伴關係的結合，將可強化服務輸送系統的可近性及連貫性。

必須注意的是，透過調整角色依附的途徑，由專業人員結合助理人員，以及透過專業鬆綁的途徑，由公共服務結合私人實務，固然有助於改善服務輸送體系可近性及連貫性的問題，但是專業人員與公共服務還是福利服務輸送的主體，切勿本末倒置，模糊焦點。

三、修改輸送體系的結構

社會不斷變遷，福利服務輸送的單位必須改變結構，以因應變遷的需求。如果增設新的輸送單位，以擴大服務層面，也必須同步調整組成要素，維持輸送的可近性與連貫性，其具體途徑有（Gilbert & Ttrrell, 2010: 177-178）：

1. 專門化的接近結構（specialized access structures）：長久以來，對於服務的接近是否方便，往往被機構視為邊緣的功能，只由機構的一般職員實施，並沒有專門化的結構。重新組織專門化的接近結構，主要目標在於改變服務輸送體系中的角色組合，減少「接近」（access）的不必要限制。此外，還有一個目標是改變集權化與共同服務處所的安排，將一部分權力下放給專門化的服務結構，使其發揮提供服務資訊的核心功能。這種專門化的接近結構，有一種相當高層次的意圖，除了提供專業的（professionally）、無偏見的出入口（unbiased doorway），並賦予個案倡導（case advocacy）（倡導的類別之一，將在第三章說明）、建議、資訊、轉介服務等角色，以協助服務使用者突破官僚的迷津。另外，在現代資訊社會，有必要再增

加「線上」（online）的服務提供，作為服務輸送的新方法。運用電腦技術（例如，電子郵件、視訊會議），協助個人或團體，以確保有各種問題或需求者，可以及時或同步得到關懷與援助。尤其，透過電腦技術輸送服務，對於居住於偏遠地區或必須外出的人，相當方便。但是，對於老人、身心障礙者、低收入者等弱勢族群，可能有數位落差的問題，或者沒有能力添購資訊設備的問題。因此，專門化的接近結構常實施「外展」（outreach），或者「媒合」（matching）適當資源，以創造服務使用者接近機構服務的機會。

2. 有意圖性的服務複製（purposive duplication）：一個新的福利服務機構，或者任何已經存在的服務輸送體系，有意圖性地複製服務項目，約有兩種看起來表面類似但可區別的形式（Gilbert & Ttrrell, 2010: 179）：

(1)競爭（competition）：在已經存在的輸送體系之中，複製必然帶動創新，以便與那些提供類似服務的機構，進行良性競爭。如果全盤移植，沒有創新，就沒有競爭力。這種經由複製而成的新策略，不但可增加選擇的機會，而且對於機構與專業也有鼓舞作用，可促使他們敏感於案主的需求，帶動更多服務項目的創新。再者，以服務項目的複製來刺激競爭，可能透過直接方法（direct methods）與間接方法（indirect methods）而達成。直接方法涉及新機構輸送體系的重新建構，例如，推動脫貧方案，在社區中發展新的推動單位，而不是機構將服務提供擴展到社區。至於間接方法，則涉及服務項目類型的改變，例如，檢視兒童教育券的經驗，變更為食物券，發給貧困兒童的家庭。這些機制有助於增加服務供給的多樣性，方便服務使用者從中選擇。

(2)分離（separatism）：雖然複製服務項目，但是與被複製的機構保持分離的狀態，而新結構的系統化地點及其目的，也不同於前面提及的競爭。因為分離主義的設計，是在已經建立的輸送體系之

外，另行開創並組織新的機構，而不是進入那已經建立輸送體系的機構裡，去尋找可擴展的分支單位或可變更的服務項目，這是在座落地點，不同於前述的競爭。競爭，似乎只是分離主義的副產品，是偶發的，不是計畫中的。即使有競爭，其目的也是爲了資源的競逐，而不是爲了爭取案主的青睞。分離主義者的意圖，是要形塑一種可供選擇的網絡，以服務那些處於不利地位的群體，他們可能因爲種族、族群、性別、社會取向，或者社經地位的因素，而承受既有輸送體系的拙劣服務，或者完全沒有提供服務給他們。例如，爲了那些長期遭受打擊的婦女、同性戀社群（LGBT）、愛滋病患者（AIDS）、新移民，而發展一種獨立的、以社區爲基礎的服務網絡，就是分離策略的一種方案。事實上，這種分離的策略，對於處於不利地位的群體，除了增進服務輸送的可近性之外，也含有社會正義與政治平等的價值。

　　檢視複製策略的兩種形式，成本都相當昂貴。假如要使新的機構變成服務輸送體系想望的改變動力，經費可能要好好使用，可從供給面抑制成本，或從需求面抑制成本（財務議題，第十三章討論）。再者，將服務輸送擴展到那些被服務所排除的使用者，也可能花費業已捉襟見肘的資源，卻產生徒勞無功的爭議，甚至造成服務方案更大片斷性的風險。

　　最後，綜觀上述促進福利服務輸送體系整合的策略，由加強協調與市民參與，去重構決策權威的型態；由角色依附與專業鬆綁，去重組角色任務的選項；由發展專門化的接近結構與意圖性的複製，去修改輸送體系長久不變的組合，可以發現每一個策略，都有令人期待的好處，但也隱藏著一些限制。因此，我們必須將這些策略交互使用，截長補短，藉以發展更有效的服務輸送。要之，服務輸送體系經過整合之後，具有協調性（coordinated）、可近性（accessible）、連貫性（continuous）、責信性（accountable），這也就是經常用以評量福利服務績效的四大指標。

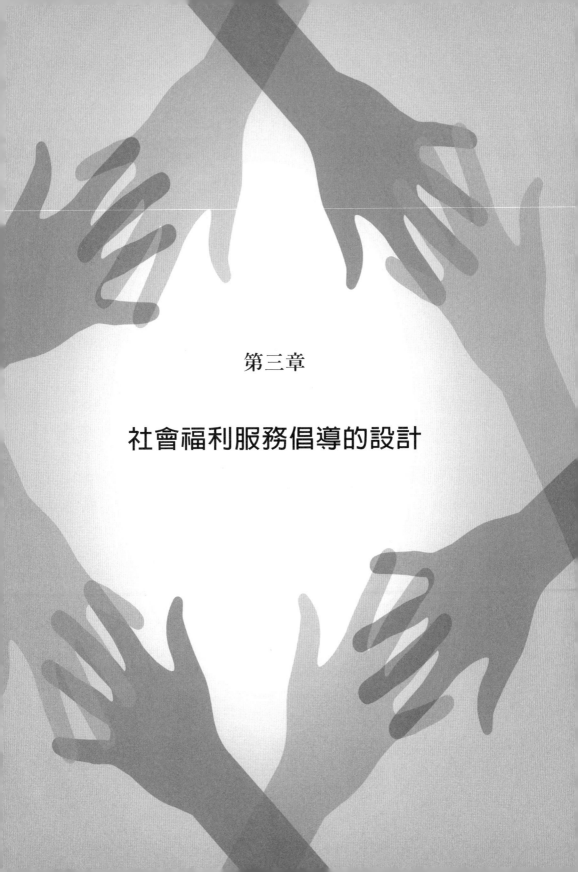

第三章

社會福利服務倡導的設計

　　社會福利服務單位透過服務輸送體系，將服務項目輸送給服務對象的過程之中，可能因為輸送體系缺乏整合、服務項目不符需求，或者因為政策、資源（經費、人力）等種種因素，導致服務對象的權益受損。此時，可能就必須透過倡導，促使決策者做出有利於服務對象的決定。否則，只靠社會工作者本身的努力，福利服務的成效可能有限。

　　在影響服務對象權益的種種因素之中，政策是社會工作者相當關切的一種因素。有時候，倡導可視為社會工作實務的第四個層面（advocacy as the fourth dimension of social work practice），也就是社會工作者在實施其他三種介入：直接服務、社區及行政實務之時，他們也需了解相關的社會政策，並從這些政策之中，尋求必要的改變，以增進特定人口群的社會正義和福祉（Jansson, 2014: 1）。

　　當然，倡導工作不僅是社會工作實務不可或缺的一環，也是社會工作者責無旁貸的任務。我國社會工作師法第12條指出社會工作師的任務，包括人民社會福利權的倡導。衛生福利部於2019年4月26日核備的社會工作倫理守則修正案，其第6.1條也指出：社會工作師應促進社會福利的發展，倡導人類基本需求的滿足，促使社會正義的實現。

　　職是以觀，社會工作者想要更有效地輸送福利服務，不能忽略社會政策及相關議題的倡導，甚至自己成為倡導者，直接介入倡導實務，與服務對象及其他利害關係人協力合作，一起進行倡導工作。本章先略述社會工作倡導的設計實務，包括：倡導的意涵及類型、動態的倡導模式、倡導的實施步驟、倡導的實施方法，以作為後續章節討論倡導議題之基礎。

📖 第一節　倡導的意義及類型

　　「倡導」（advocacy）一詞，其拉丁字的原意是：召集人們跟你

站在同一條陣線上（calling people to stand your side）（The United National Children's Found, nd.）。然而，在不同情境與不同使用者，常有不同方式的定義與分類。在社會福利服務的情境，經常使用的方式是社會工作倡導，以下略述其意義及類型。

一、社會工作倡導的意義

社會工作是一種助人的專業，其服務對象經常處於社會經濟不利的地位，常需使用社會工作倡導，增進他們的權益、機會及服務。有關社會工作倡導的解釋，見仁見智，不一而足。茲列舉兩則定義，以見一斑：

1. 美國《社會工作辭典》的定義：貝克（Barker, 2014: 10）在《社會工作辭典》（*The Social Work Dictionary*）指出：倡導是直接地表達或保衛其他人的行動；將倡導使用於社會工作領域，是經由直接介入或充權的過程，以保衛個人或群體的權益。同時，根據美國社會工作專業人員協會（NASW）的倫理守則，倡導是社會工作專業人員與協會會員的基本責任（a basic obligation）。美國社工專協（NASW）於2018年修正公布倫理守則，其第6.01條也指出：社會工作者應倡導那些與人類基本需求滿足有關的生活條件，並促進社會、經濟、政治和文化的價值與制度，進而實現社會正義。這個定義有三個重點：

(1)起點：社會工作者是潛在的倡導者，率先提出倡導的議題。

(2)過程：直接介入倡導，或者對服務使用者進行充權。

(3)目的：保衛服務使用者個人或群體的基本權益。

同時，由這個定義，我們也可得知，倡導（advocacy）與充權（empowerment）有一些連帶關係：一方面，充權有所不足的人，缺乏為自我利益發聲的能力，需要倡導者介入協助他們發聲；另一方面，倡導者亦可透過充權的過程，培養他們為自我利益發聲的能力。

不過，充權的焦點是「權力」（power），倡導的焦點是「權利」（right），兩者之間仍有一些區別。

2. 齊內德與李克特的定義：齊內德與李克特（Schneider & Lecter, 2001: 64-65）在《社會工作倡導》（*Social work advocacy*）書中指出，倡導一詞，在社會工作的網絡中界定時，可擴展運用於每一個人的努力，以增進人群服務的範圍，它（倡導）是爲了一個個案（case）或一種原因（cause），在公共論壇中，相互表達與相互包容，試圖對於不適當或沒有回應的體系，進行有系統的影響，以促其改進或改變。這個定義強調：

(1)倡導必須回應需求，通常發生於滿足需求的體系不適當，或者體系對需求沒有回應。

(2)倡導參與者的意見表達，必須加以討論，藉以影響相關決策的決定。

(3)倡導參與者之間必須協力合作，相互包容，共同努力。

(4)倡導必須有焦點，可能是爲了某一個案而倡導（advocacy for client or case），也可能爲某種原因而倡導（advocacy for cause）。

這四個要點，能夠做到，倡導才有效果，因此也可視爲有效倡導的基本原則。當然，還有其他原則。例如：(1)以解決問題作爲倡導的基礎，一次一個小步驟，逐步遞增；(2)由下而上的取向，讓服務使用者站在倡導的第一線；(3)運用自己的優勢，由精明的工作者與強而有力的服務使用者共同參與倡導；(4)在社會工作價值與倫理的脈絡中運作，包括對於差異的尊重（Rosenwald & Riley, 2010: xii; Rac & Nicholas-Wolosuk, 2003: 22）。

二、社會工作倡導的類型

前面所引齊內德與李克特（Schneider & Lecter, 2001: 64-65）的定義，提及社會工作倡導可能爲了某一個案或某種原因而進行倡導，

這已涉及倡導的分類。以下是幾種比較常見的類型：

1. 個案倡導與原因倡導：這是依據倡導者的介入層次進行分類（McNutt & Hoefer, 2016: 134）。

(1)個案倡導（case advocacy）：是有關於個人或家庭的倡導。例如，爲創新輕度障礙者的福利服務，而倡導增加自主生活方案；爲擴展低收入家庭兒童及少年的福利服務，而倡導開辦兒童及少年未來教育發展帳戶。

(2)原因倡導（cause advocacy）：是有關於大團體或社會運動的倡導。例如，爲維護同性戀者、雙性或轉性者的公民權，而倡導反性傾向歧視運動。

比較而言，個案倡導涉及的範圍較小，短期可以看到成果，倡導者介入的層次較淺；原因倡導涉及的範圍較廣，必須長期努力才能看到成果，倡導者介入的層次較深。

2. 倡導團體、自我倡導與獨立倡導：這是依據倡導者的屬性進行分類。

(1)倡導團體（advocacy group）：社會工作倡導經常由倡導團體，對中央或地方的立法者、各級政府的決策者，施加壓力，影響決策。這些倡導團體可能是：社區團體、聯盟、智庫（think tanks）、公益團體、消費者組織，或者專業團體（Jansson, 2014: 111）。

(2)自我倡導（self-advocacy）：自我倡導是個人或團體在他們自己的利益上，訴諸行動或表達意見，而沒有其他人的介入（Garner & Sandow, 1995: 1）。例如，臺灣各縣市社會工作師工會串連起來，發動他們的會員到衛生福利部集會，要求部長同意提高社工師危險工作加給，就是一種自我倡導。通常，由他人介入倡導，轉移到自我倡導，是經過充權之後，自然而然擴展爲自我倡導；或是社會機構以服務對象自己直接行動（自我倡導），作爲替取代相關處遇的另一種方式。

(3)獨立倡導（independent advocacy）：是透過非政府與非服務提供者的獨立機制及第三者的倡導平台，爲弱勢群體發聲或倡導（黃松林等，2016：144）。例如，獨居老人進入機構之後，需要有代言人爲他們發聲，要求機構提供家人性質的關懷及支持，並由非營利組織以公正獨立的第三者身分，代表他們發言，這就是以老人爲對象的獨立倡導（Chisolm, 2001；引自黃松林等，2016：144）。這種倡導類型，更明確的說，是一種「獨立倡導人」（independent advocacy person），類似北歐有些國家在法庭設置的一種不支薪的權利維護者（ombudsman），爲那些請不起律師的被告，義務代爲辯護。

事實上，自我倡導或獨立倡導，也常以倡導團體的形式進行，因爲自我倡導需有其他個人或團體的聲援，否則孤掌難鳴。至於獨立倡導，如由非營利組織代言，也是一種團體倡導。

3. 政策倡導與議題倡導：這是依據倡導的主要訴求分類。

(1)政策倡導（policy advocacy）：是有關於革新福利服務既有政策的倡導。例如，傑松（Jansson, 2010, cited in Colby, Dulmus, & Sowers, 2013: 31）認爲透過政治的過程，可以影響社會政策；爲了進行政策倡導，必須以邏輯爲基礎，在四方面清楚表達：

a. 藉政策倡導，以促進社會工作的價值。

b. 藉政策倡導，以促進案主、服務使用者或市民的福祉。

c. 創造有效的方法，以對抗「不好」（bad）的政策，並施壓決策者採用或維持「好」（good）的政策。

d. 透過倡導，以改變政府決策者做成政策選項的決定。

(2)議題倡導（advocacy of issues）：是有關於提出或修改福利服務議題的一種倡導。例如，美國於2008年歐巴馬總統（President Barack Obama）執政時，舉行社會變遷論壇，許多社會工作者及他們的服務對象，積極倡導下列議題（Cox, Tice, & Long, 2016: 69）：

a. 健康照顧的改革，修正國家健康保險與因應心理健康服務的

部分法律。

　　b. 維護女同性戀、男同性戀、雙性與轉性者的權利。

　　c. 為伊拉克（Irag）與阿富汗（Afghanistan）戰爭返國老兵提供服務。

　　d. 公平與適當地對待美國所有移民，包括那些沒有文件證明的移民。

　　e. 提供市民買得起的住宅（affordable housing）。

　　f. 重視老年人的獨立與尊嚴。

　　g. 給予HIV/AIDS的公平處遇。

　　h. 立基於實務形成的研究（practice-informed research）與研究形成的實務（research-informed practice）的社會服務輸送品質。

　　i. 實施物質濫用與心理衛生方案。

　　j. 持續關注環境與氣候的變遷。

　　上述這些倡導的分類，只是一種理想的類型（ideal type），可能還會發生一些變化。尤其，政策倡導可能隨著社會政策的修正，而改變倡導的重點；議題倡導也可能隨著社會脈絡的變動，而調整倡導的議題。這也就是說，時空環境有所變化，也可能帶動倡導的政策或議題的設定。不過，那些屬於全球普遍重視的政策或議題，則另當別論。例如，前述美國於2008年積極倡導的同性戀者、新到的移民、退伍軍人、老年人等類服務，也是我們必須關注的議題，本書後續相關章節將會列入討論。

📖 第二節　動態的倡導模式

　　在上述社會工作倡導的類型之中，議題倡導的「議題」與政策倡導的「政策」，都是動態的，可能隨著時空環境不同而轉移。至於個案倡導的「個案」、原因倡導的「原因」，以及團體倡導、自我倡

導、獨立倡導，當其涉及倡導的實務時，也經常與當時的社會脈絡，息息相關，環環相扣。

　　寇克斯、提斯與榮格（Cox, Tice, & Long, 2016: 74）等人曾採取動態取向，將倡導置於社會工作實務（包括福利服務）之中，並針對特定人口群（例如，兒童、婦女、老人、障礙者）的需求，設計四種相互交纏的主張（tenets）：經濟與社會正義（economic and social justice）、支持的環境（supportive environment）、人類需求與權利（human needs and rights）、政治的接近（political access），建構成為一種「倡導實務與政策模式」（Advocacy Practice and Policy Model），簡稱「動態倡導模式」（dynamic advocacy model）。這個模式的建構，在於協助倡導實務的參與者（尤其是社會工作者）能更了解連結於倡導與政策之間的一些重要因素，以促使倡導實務更有效進行。圖3-1是有關動態倡導模式的描繪：

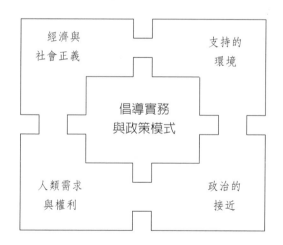

圖3-1　倡導實務與政策模式的動態關聯

資料來源：Cox, Tice, & Long, 2016, p.75.

　　圖3-1顯示，這種動態的倡導模式係由經濟與社會正義、支持的

環境、人類需求與權利、政治的接近等四種主張，彼此連動，交織而成。這四種基本主張，是倡導實務的關鍵性因素，尤其在規劃及執行倡導的項目時，經常列入考慮的重點。茲依據寇克斯、提斯與榮格（Cox, Tice, & Long, 2016: 75-79）等人的見解，並補充個人的想法，擇要闡釋如下：

一、經濟與社會正義

維護社會正義，是社會工作的核心價值，也是福利服務的目的之一。就福利服務而言，其服務對象多數處於社會經濟不利地位，常需經由倡導實務的運作，協助他們擺脫或改善不利處境，藉以增進生活福祉。

其中，有關社會正義的尋求，實務工作者是潛在的倡導者或實際參與者，必須敏感地覺察人們遭受壓迫的可能，以及文化與族群的差異，並確保他們有平等的機會去接受必要的資訊、服務和資源，以及有意義地參與那些有關他們權益的決定。

至於經濟正義，則是一種分配的正義（distributive justice），在於確保人們基本的物質需求，能經由適當的配置而得到滿足。可能的話，倡導者也協助人們與那些主導資源分配的團體建立關係，有能力去影響分配的過程。

職是以觀，倡導的實務，理所當然必須以正義為中心。問題是：正義對於倡導實務的真正意義是什麼？加以倡導的議題必須連結於經濟與社會正義的多樣性，對於介入倡導的工作者可能是一種挑戰。也許，我們在經濟與社會正義的倡導實務，可以自問下列問題：

1. 我敏感於我的服務對象之權利而獨立去思考和行動？
2. 我為我的服務對象而支持機會的平等？
3. 我鼓勵我的服務對象有意義地參與相關決定？
4. 我協助我的服務對象為經濟與社會正義而去發掘機會？

5. 我協助我的服務對象去保衛他們所需的資源？

6. 我確保我的服務對象的全部權利都受到尊重？

7. 我為了克盡社會責任而進一步思考相關需求？

經由這七個問題的自我檢視，以妥善規劃倡導實務，將可達成經濟與社會正義的四個關鍵性樣態：尊重基本人權（basic human rights）、促進社會責任（social responsibility）、承諾個人的自由度（individual freedom）、支持自我決定（self-determination）（Hoefer, 2016: 80）。

二、支持的環境

「環境」（environment）一詞，概念抽樣、範圍廣泛、定義模糊。但是，在社會工作的理論與實務中，環境的觀念卻屢見不鮮。

在介入的主要理論，就有生態觀點（ecological perspective）與「人在環境中」（Person In Environment, PIE）兩種取向。

就實務的潛在理念而言，社會工作或福利服務所涉及的範圍，不只是一個案主或一個服務使用者，而且包括案主系統，或者服務使用者的社會脈絡。這也就是說，所有利害關係人與社會系統（例如，朋友、重要他人、家庭、團體、社區、組織），都環繞著案主或服務使用者。再者，自然的、有形的資源（例如，建築物、電腦、飲用水、食物、衣服、住宅、交通工具），也與案主或服務使用者的需求密切相關。因此，對於環境的徹底評估與整體覺察，是有關倡導實務的工作者預期改變服務對象處境的重點工作。

對於介入倡導實務的工作者而言，可從環境的觀點引出一個前提條件，那就是服務對象需要一種支持的環境。如果服務對象所處環境的任何關鍵性部分，沒有被考慮用來支持他們的需求，則實務工作者必須調整或改變那些涉及倡導實務的社會環境、物理環境、人際關係與互動型態。並且問自己幾個問題：

1. 在與服務對象協力合作，決定那些支持他們的環境要素時，可能有些已決定的環境要素，並沒有發揮支持作用？

2. 既有的（有形）資源，對於成功地倡導，具有可用性？

3. 與服務對象協力合作，是為了產生解決（支持的環境有關問題）的理念，或者是對於付諸行動的理由，做成理性且有效的選擇？

4. 我檢視與服務對象一起決定的方式，去與其他人、其他組織，一起開創更多的支持性環境？

經由這四個問題的自我檢視，理性選擇，且應用於倡導實務的規劃，將有助於活化既有的資源，創造更多支持的環境。

三、人類需求與權利

滿足人類需求、保障基本權利，是社會福利服務的主要目的，其中，「需求」（needs）是決定誰有資格接受福利服務的多種要件之中，最常被採用的一種。反過來說，服務對象的需求被疏忽，或者未獲應有的滿足，也常成為倡導的議題。

就人類需求而言，是指維持人類生活必備的財貨（goods）或勞務（service），包括：食物、衣服、住宅、交通工具、教育、休閒娛樂，都是人類的基本需求。這些需求，依據馬斯洛（Maslow, 1954）的需求層次理論，可分為：生理的需求（physiological needs）、安全的需求（safety needs）、社會的需求（social needs）、自尊的需求（esteem needs）、自我實現的需求（self-actualization needs）。

就基本權利而言，是指人類有免於迫害、歧視、壓迫的權利；有接受重要資源的權利，一般包括：工作、教育、健康照顧；以及在法律之前，人人平等的權利。這些權利，依據馬歇爾（Marshall, 1964）的權利分類，有公民權（civil right）、政治權（political right）、社會權（social right）。其中，社會權就是福利權（welfare right）。

　　將這些人類需求與基本權利，放入福利服務的倡導實務之中，實務工作者不僅要關切服務對象有何種需求未獲滿足，或者有何種權利受到壓抑，而且要關切是由誰來支配人們的需求與權利。以人類需求爲例，實務工作者可能要問自己幾個問題：

　　1. 誰界定那需求？爲了誰的利益？

　　2. 這些需求的界定，對於服務對象可能帶來什麼後果？

　　3. 在界定人們有什麼需求時，服務對象被包容在內（參與決定）？或者只是將結論告訴他們？

　　當然，對於人類的權利，實務工作者也可參照這三個問題來問自己。同時，經由這些問題的自我檢視之後，必須將那些影響服務對象的重要需求與權利，放入倡導實務的規劃之中。再者，服務對象參與決定有關於自己的需求，也是人類的一種權利。如果服務對象沒有參與決定需求與權利的機會，也可一併列入倡導。苟能如此，必有助於滿足他們的實際需求，保障他們應有的權利。

四、政治的接近

　　無可否認，倡導是一種政治的過程。有關於人類需求與權利的界定，或者福利服務相關的政策、法令、行政程序，幾乎都由少數掌權的政治人物，做成最後的決定。反過來說，有關於福利服務的倡導，包括：需求、權利的賦予，以及政策、法令、程序的改變或更新，也無法規避政治及政治人物的影響。

　　政治學與社會學有一種理論，稱爲「寡頭統治鐵律」（Iron Law of Oligarchy），也就是無論民主或集權，古代或現代，永遠是由少數秀異份子（elite）所組成的統治階級（ruling class）做成決策。事實上，政府或民間的福利服務組織，也是如此。在政府組織，是由機關或機構的首長做決策；在民間機構，是由執行長（CEO）或董事長做成決策。

很不幸，政治人物的基本興趣是保護自己，包括公共形象和輿論批評，而不是真正在乎人民的權益。在政府組織，政治人物最在乎的是「選舉」，即使有能力撥款補助福利服務方案，也是為了爭取人民的選票，贏得或維持執政機會及個人官位；在民間組織，執行長（CEO）或董事長最在乎的是「有利可圖」，即使是非營利組織，也是要爭取補助或贊助，以便於維持組織運作、支付員工薪資、執行服務方案。

其實，政治人物為了「生存」，關心「選票」或「有利可圖」，多於關心人民的權益，也是人之常情，無可厚非。不過，我們也可從優勢觀點，借重政治人物的影響力，來協助倡導實務的進行。至於接近政治或政治人物的途徑或方式，可能有許多選擇。例如，組織利益團體或聯盟，與政治人物建立長期的友誼；參加公共論壇或會議，直接影響政治或政策的改變；自己投入政治活動或選舉，也成為政治人物，這好比個案工作的創始者李奇蒙（Richmond）出任當地慈善組織會社（COS）的執行長，擴大行政影響力。必要時，也可憑藉市民或服務對象的權益為理由，創造與政治人物接近及對話的機會，以影響政治的過程，達到倡導的目的。如果採取這種接近方式，你至少必須問自己四個問題：

1. 我協助服務對象，去了解那些與他們的問題有關的更廣闊、更完整的網絡，包括政治網絡？

2. 我促進那些遭到類似挑戰的人，或者努力克服這類挑戰的人，與其他人（包括政治人物）協力合作？

3. 我協助服務對象，去與政治人物（politicians）及決策者（policymaker）針對他們（服務對象）的困境而進行溝通？

4. 我促使政治人物與決策者，在關注這些服務對象的情境之外，也能評估那些引起私人困擾的結構與體系？

經由這四個問題的自我檢視，對於政治的接近更能聚焦，並且將

政治人物的影響力列入倡導實務中考量，可促使倡導更加有效。

尤有進者，從上面四種主張的描述，也顯示這四者之間，彼此相互交纏，難以劃清界線。例如，政治人物的觀點，可能影響他們對於人們需求與權利的界定及支配；而環境因素在特定的時間和場合，也可能影響經濟與社會正義的概念化。而且，有些主張所涉及的內容，在四者之中重複出現，例如，「權利」一項，同時被列入經濟與社會正義、支持的環境、政治的接近之主張。簡言之，倡導的實務，是一種動態的過程（dynamic process），固然要注意倡導模式的整體架構，但也不必拘泥於某一特定項目，這樣才能因應需要，靈活處理，極大化倡導實務的效益。

📖 第三節　倡導的實施步驟

說一丈，不如行一尺。前述動態倡導模式的各種主張，必須付諸實施，才有實質意義。而且，倡導工作的實施，必須有計畫、有步驟，循序漸進，始能有效影響決策者的重要決定，以增進服務對象的權益。

我們在第一節界定倡導的定義時，曾提及倡導的基本原則之一，是以解決問題為基礎，一次一個小步驟，逐步遞增（Rac & Nicholas-Wolosuk, 2003: 22）。

霍非爾（Hoefer, 2016: 12-17）也認為社會工作倡導在於解決問題，並且提出「倡導的統合模式」（unified model of advocacy）及其六個實施步驟。這六個步驟，與社會工作通才模式（generalist model of social work）的實施步驟（Kirst-Ashman & Hull, 2011），大同小異，如表3-1：

表3-1　社會工作的通才模式與倡導的統合模式之實施步驟比較

實施步驟	社會工作的通才模式	倡導的統合模式
1	進入（案主系統）並建立關係（engagement）	投入（倡導體系）並建立關係（getting involved）
2	評估（assessment）	了解議題（understanding the issue）
3	規劃（planning）	進行規劃（planning）
4	執行（implementation）	進行倡導（advocating）
5	評量（evaluation）	實施評量（evaluating）
6	結案（termination）	
7	追蹤（follow-up）	持續進行監視（ongoing monitoring）

資料來源：Hoefer, 2016: 5; McNutt & Hoefer, 2016, p.135.

　　由表3-1的比較顯示，這兩種模式的前面五個步驟，以及最後一個步驟，雖然標題用字稍有不同，但其實質意義相近。倡導的統合模式的最後一個步驟是「持續進行追蹤」，類似於社會工作通才模式的第七個步驟「追蹤」。

　　何以倡導步驟未將「結案」（termination）列入？霍非爾（Hoefer, 2016: 17）自己的理由是：社會工作教科書指出，當個案評估確定案主有顯著進步時，助人的關係必然結束，隨後追蹤一段時間（至少六個月），以確保案主的進步能繼續維持。但是，在倡導實務中，結案很少發生。甚至在某些情況，社會工作者作為倡導者，為了社會正義而下決心負起倡導的責任，「鞠躬盡瘁，死而後已」（until death do us part），因為社會正義是如此有價值，如此有長遠目標。

　　此外，寇克斯、提斯與彎格（Cox, Tice, & Long, 2016. 72）等人認為，倡導是一種動態過程，它可以引領倡導實務的循環（cycle of advocacy），周而復始，不斷精進，永無止境，也沒有「結案」的問題。換個角度，我們也可這樣說：這一次倡導告一段落，如果案主仍有服務需求，可轉介給其他實務工作者，由他們承擔服務、評量、結案等工作，而倡導者仍可繼續他未了的倡導工作。

　　無論如何，根據表3-1的比較，我們很容易從一般社會工作的實施步驟，產生聯想，迅速轉換為比較陌生的倡導步驟。以下略述倡導實務的六個實施步驟（McNutt & Hoefer, 2016: 137-155）：

一、投入並建立關係

　　倡導工作的第一個步驟，是潛在的倡導者（例如，從事福利服務的社會工作者、利益團體的領導者）有意願投入倡導體系，並且與倡導實務的相關人員（例如，機構的決策者、福利服務的使用者、倡導團隊的成員）建立一種工作的關係。

　　有意願投入倡導實務的人，意味著他們對於社會的不公平或不正義，有所不滿或有意見，在心理上願意付出力量、時間與其他可能的資源，去改變那種情境。通常，有意願介入倡導的人，也是政治領域比較活躍的人，才會熱衷投入。根據研究，影響人們投入倡導實務，有許多變數（Ezell, 1993, cited in McNutt & Hoefer, 2016: 137），可包括：

　　1. 教育程度：倡導工作需要資訊，教育程度較高的人，容易取得並分析倡導相關資訊。教育程度直接影響他們投入倡導的機會和能量。

　　2. 價值：對於維護社會正義，抱持正向價值的人，較有意願投入倡導工作。例如，有宗教背景的人，強調人生而平等，重視人格尊嚴，有機會就會參與倡導工作。

　　3. 專業責任的意識：例如，社會工作者受過助人的專業訓練，承續社會改革的傳統意識，提高他們介入倡導的意願。

4. 利益：對於那些連結於自我利益（self-interest）的議題，例如，受威脅的家庭、鄰里、生活品質、宗教中心，或者其他生活上有所期待的事務，較能吸引人們參與倡導行列。

5. 參與其他組織：在自己所屬的組織之外，也參加其他（非工作）的組織，可擴大接觸範圍，學習溝通、支持的技巧，在倡導上產生直接影響。有時候，其他組織也提供更多的機會，協助他們成為倡導者。

6. 技巧：阻礙人們參與倡導實務的因素，是他們缺乏影響決策者所需的技巧，即使看到服務需要增加、政策需要更包容，卻無能為力。反之，擁有多種與倡導有關的技巧（例如，表達、溝通），以及有較高層次的技巧（例如，領導、組織），比較容易進入倡導情境。

7. 時間：每一個人的時間，一天都是24小時，吃飯、睡覺、工作、休閒，都需要時間。那些時間管理得宜，自由時間較多的人，較常參加倡導實務。

這七個變數，可能相互影響，在某些領域也可以改變，以強化他們對於倡導的投入。例如，個人方面，可在他自己擁有的部分（例如，教育程度、自由時間），做一些改變。至於組織方面，假如內部經常討論倡導事宜，實施倡導技巧訓練，亦可促進員工參與更多的倡導。再者，假如你能改變自己，當然也能協助你的服務對象做一些改變，尤其透過精神上的充權，能協助他們為自己的權益，進行自我倡導。同時，經由這些改變，不僅可促進人們對於倡導的投入，而且可助長倡導關係的建立。

二、了解議題

行動之前，必先了解相關情況。好比使用一種新工具，必先察看使用說明書，以免操作錯誤，造成意外傷害。同樣的道理，在展開倡導活動之前，必先了解倡導的議題。通常，了解議題的過程，涉及五

個步驟（McNutt & Hoefer, 2016: 137）。茲以遊民服務議題爲例，略述這五個步驟：

1. 界定議題：遊民是無家可歸，饑寒交迫？還是有家歸不得，但飲食無虞？

2. 確定誰被影響、如何被影響：負面影響市容觀瞻、市民安全？正面影響市民發揮愛心、就近關懷照顧？

3. 確定引發議題的主要原因：因爲失業、沒有收入、無法支付房租？因爲物質濫用而花費殆盡、房屋被銀行或法院查封？因故被趕出家門？

4. 針對議題，產生可能的解決方法：即時提供食物、轉介簡易的工作、轉介藥物戒斷中心、安置於遊民收容中心、安排慈善團體關懷照顧？

5. 檢視意圖中的解決方法，確定它們在議題上的影響：立即提供食物，那明天過後？安置於遊民收容所，是否汙名化？提供技藝訓練、輔導就業，遊民有無意願或能力？

就這個遊民議題而言，經過逐步分析之後，通常可確定一個主要議題、幾個次要議題，以及幾種可接受的解決方法。其中，遊民個人及家庭的問題，可採用個案倡導（case advocacy）；社會脈絡的因素，可採用原因倡導（cause advocacy）。不過，既言倡導，就要突破傳統的思維，在社會救助之外，尋找其他有效的解決方法（參見第十一章）。然後，將選定的議題及可接受的解決方法，排定優先順序，作爲規劃倡導計畫的依據。

三、進行規劃

了解議題之後，接下來的步驟，是進行倡導計畫的規劃，其過程大致上類似社會工作通才模式的規劃，包括五個重點（McNutt & Hoefer, 2016: 136）：

1. 確認想要的是什麼：也就是根據你想要從倡導得到有價值的成果，來決定倡導的目的。通常，一個倡導計畫，適宜規劃一個主要目的，並區分為幾個次級目的，以便逐步達成。

2. 決定倡導的標的對象：也就是決定倡導的實施對象，包括決策者及其他利害關係人（stakeholders），例如，立法委員、社福機構主管。他們對於特定政策或議題的發起、改變或維持，往往有決定性的影響。

3. 了解要做些什麼：也就是規劃倡導的議題及其內容。可依據倡導者想要影響的特定政策或議題，列出倡導的重要項目。例如，制定新法、改變政策、縮短行政程序、擴大服務項目。

4. 評估何時行動：也就是安排倡導的時間和行程。可以從服務使用者所處情境的現況，到完成倡導的目的之間，設計一種倡導路線圖（advocacy roadmap），或者訂定日程表（schedule），以便於實施倡導時有所依循。

5. 激勵標的對象一起參與倡導：也就是結合更多的資源，尤其是倡導的標的對象之共同參與。倡導如同通才社會工作，不是社工為案主（服務對象）做些什麼，而是社工與案主（服務對象）一起工作。因此，倡導者有必要蒐集倡導標的對象相關資訊，對他們的情境多一些了解，並激勵他們一起參與倡導工作。

最後，倡導的計畫，必須送請機構決策者核可。當然，決策者對於倡導計畫所需的資源（人力、經費），以及評量績效的方式，也擁有最後決定權。如果將這些項目也列入倡導計畫之中，涵蓋：依據、目的、實施對象、實施項目、時間、地點、財源、人力、評量方式、附則（送○○核定後實施，修正時亦同）等等，即可形成一份比較完整的倡導計畫書。

不過，「計畫比不上變化」。就像旅行路線的規劃一樣，可能在預定行程中，臨時遇到「封路」或其他因素，必須繞道或者變更計

畫。因此，倡導計畫最好也準備計畫B、計畫C，甚至計畫D，以備不時之需。

四、進行倡導

這一個步驟，是根據倡導計畫，逐步付諸實施，以達成計畫預期的目的。然而，倡導目的的達成，經常涉及改變傳統的想法與做法，甚至想要改進、調整、更新或修改既有的政策、法令、行政程序、服務輸送項目、服務輸送體系、服務所需資源，以及服務使用者的不良習慣。

這些與倡導密切相關的標的對象，尤其是有權力做決定的關鍵性人物，他們對於倡導的議題、倡導的計畫及目的，不必然有充分的了解，也不一定立即接納倡導者的建議。因此，倡導計畫的進行，必須採取有效的實施方法（例如，教育、說服、協商，詳見第四節），並且在實施方法之中，運用一些技巧，以便贏得他們的支持，化阻力為助力，使倡導過程更加順暢，使倡導目的有效達成，而服務對象的權益也可得到更佳保障。

五、實施評量

當倡導工作完成之時，倡導者可能有一種如釋重擔的感覺，準備暫時休息一下。然而，此情此景，記憶猶新，正是對倡導成果實施評量的最佳時機。

如果你想知道倡導的成果與需要改進之處，就必須採取適當的方式，進行評量。倡導的評量有很多方式，例如，標準化的工具（standardized instruments）、社會指標（social indicators）（Hoefer, 2016: 200）。這裡，我們採用一種比較簡便的觀察法（McNutt & Hoefer, 2016: 153-154），據以檢視倡導的過程與成果：

1. 過程評量（process evaluation）：可就倡導的實作過程，對

照先前規劃階段設定的倡導路線圖或日程表,以檢視倡導過程是否順暢?必要資源是否出現?有任何技巧需要改進?自己對倡導的努力是否足夠?

2. 成果評量(outcome evaluation):可就倡導努力之後所得到的成果,對照先前倡導計畫設定的目的,以檢視倡導計畫的目的是否完全達成?或者達成百分之幾?是否回應服務使用者的全部需求,或者回應百分之幾?自己努力倡導的收穫是什麼?

至於檢視或觀察的實施,可由倡導者自我檢視或觀察,也可由督導人員或其他適當人員進行檢視或觀察,然後將他們看到、想到、感覺到的,記錄下來,彙整成為評量報告。這份評量報告,不但是下次規劃及實施倡導計畫的重要資訊,也是持續追蹤此次倡導工作的主要依據。

六、持續進行監視

倡導工作的最後一個步驟,是依據倡導評量的報告,長期進行監視及追蹤,以持續擴大倡導計畫執行的成果。

在倡導的實務上,可能涉及許多政策、法律、行政程序、服務輸送體系、福利服務項目的改進、改變或創新,但是這些改進或改變的過程,相當緩慢,新政策或新規定的批准,更有一段漫長的路程。因此,倡導者必須再奉獻自己的心力和一些資源,繼續進行監視及追蹤,以影響這些必要的改變,發揮更大的效用。倡導者進行監視追蹤的重點,有下列三方面(McNutt & Hoefer, 2016: 154):

1. 影響法規施行細則的書寫:倡導之後,可能促使新的福利法規之制定。新的法規,通常只是一些原則,名詞缺乏操作性定義,適用對象不夠明確。因此,倡導者必須使用有效方法,發揮影響力,敦促行政人員完成施行細則的書寫(regulation-writing),使法律能有效執行。

2. 影響機構的經費：倡導之後，可能促使政府增加福利服務項目，連帶增加工作人員。這些增加的人員需要薪資，增加的服務項目需要經費。因此，倡導者必須持續監視追蹤，促使相關機構編列預算，落實新增服務項目的執行。

3. 影響執行的過程：新的法規、新增的服務項目，以及倡導之後必須改進或改變的措施，執行單位是否依規定實施？執行過程是否符合社會正義？例如，顧及城鄉落差、職場安全、性別平等，都需要倡導者持續監視及追蹤，促其確實執行。至於倡導者有效影響的方法，包括（Hoefer, 2016: 211）：

(1)增加機會，接近來自行政部門的資訊。

(2)與行政單位保持聯繫，了解他們的政策定位。

(3)使用一種「代擬草稿」的策略（prepublication strategy）。例如，與行政人員討論他們想望的施行細則之後，代擬施行細則草案，送給他們參考。

(4)提供更多有助於產生影響的資源。

當然，倡導者使用任何方法，必須恪守專業倫理原則，僅限於處理倡導實務，避免妨礙其他行政業務的正常運作。

綜言之，在倡導工作的最後步驟，對特定的情境，持續進行監視及追蹤，可以為新的規劃、新的倡導、新的評量，提供新的資訊。

📖 第四節　倡導的實施方法

社會工作倡導者在進行倡導的過程中，試圖影響倡導的標的對象，接受倡導者的建議，或者影響他們，願意支持倡導者意見，而做成相關決定。

這些倡導工作的標的對象，包括與倡導議題有關的機構及其決策者，例如，政府機構的首長、私人機構的執行長、立法機關的立法

委員或議員、政黨的領袖、利益團體的領導人、專業協會的理事長
（Jansson, 2014: 73）。

倡導者或倡導團體要在有限的時間，將倡導議題有關的理念傳
遞給他們，讓他們願意聽你說話、看你提供的資料，而且接受你的影
響，做成支持你的決策，可能是一大挑戰。因此，倡導者對這類決策
者進行倡導時，必須運用一些有效實施方法。

霍非爾（Richard Hoefer）從事社會工作倡導的研究及實務，長
達二十多年，依據他的經驗，對如何有效進行倡導，提出三種實施方
法：教育（education）、說服（persuasion）、協商（negotiation）
（Hoefer, 2016: 104-131）。以下擇要說明。

一、教育

將「教育」運用於社會工作倡導，目的在於引起標的對象認識倡
導的主題，慎重思考倡導者提出的理念，而做成符合或接近倡導者期
待的一種決定。

教育是一種循序漸進的過程，經常分階段實施，類似臨床社會工
作使用的改變模式（change model），也是分階段實施。舉例來說，
協助癮君子戒菸，第一個階段是提供吸菸有害健康的資訊，引發他們
認識吸菸是一種危險的習慣。第二個階段是提供戒菸方式的選項，促
使他們慎重思考，做成決定。雖然有些人戒菸多次，功敗垂成，有待
努力。但是，以改變模式協助戒菸成功的案例，也是屢見不鮮，所在
都有。

無論如何，透過教育，分階段進行倡導，在經驗上至少已有兩
種策略獲得支持（Prochaska, et al., 1994, cited in McNutt & Hoefer,
2016: 145）：

1. 意識喚醒（consciousness raising）：類似前述戒菸第一個階
段，在進行倡導，促使標的對象改變之前，先引發他們認識當前情境

所產生的實際傷害。有時候，這只是因為部屬報喜不報憂，他們沒有得到準確的資訊。因此，你（倡導者）必須呈現真實的資訊，激發他們強烈的興趣，說不定很快就會轉化為你想要的行動。當然，你也可能要面對他們的否認與極小化（denial and minimization）、合理化（rationalization）、投射與替代（projection and displacement）、內化（internalization），而不接受你的資訊。對於這些自我防衛機轉（self-defense mechanisms），倡導者必須儘速與標的對象發展一種互信的關係，翻越那面防衛之牆。同時，在提高意識中，必須運用一些技巧（McNutt & Hoefer, 2016: 146）：

(1)不要急著催促標的對象付諸行動（don't push someone into action too soon）：可能會引起他們的反彈（push back），拒絕與你進一步討論。

(2)不要嘮叨抱怨（don't nag）：還有其他必須關心的事情可以討論，至少在你與標的對象都同意的某些事情上面，可以提出正向的回饋。

(3)不輕言放棄（don't give up）：在整個討論時間，以不同的脈絡、不同的方式，表達真實性的資訊。當標的對象知道更多真實資訊，也了解你想要的決定，那道防衛之牆，自可迎刃而解。

簡單的說，進行倡導的第一步，是提供真實資訊，真誠喚起標的對象認識當前情境必須改變的真相，以提高他們改變那種情境的意識及決心。

2. 社會解放（social liberation）：類似前述戒菸的第二個階段，在標的對象認識當前情境必須改變的事實之後，進一步促使他們認真思考如何改變情境。在這個階段，倡導者可使用社會解放的策略。社會解放是為個人開創更多選項及選擇、對於關鍵性問題提供更多的資訊、對於想改變的人給予公開支持的一種過程（Prochaska, et al., 1994: 100, cited in McNutt & Hoefer, 2016: 145）。倡導者可使

用社會解放策略進行倡導，例如，接送精障者就醫的交通工具，除
了復康巴士，可再開創特約計程車、乘車抵用券、醫院接駁車等選
項。同時，倡導者運用社會解放的策略，至少有三個技巧（McNutt
& Hoefer, 2016: 146-147）：

(1)自問，假如標的對象表示支持倡導的事項，誰贏？誰輸？對
於標的對象的實際利益是什麼？

(2)自問，標的對象站在想要改變情境、打造更佳空間的人那一
邊嗎？

(3)尋求並歡迎那些已經準備傾聽及支持倡導者想要的成果之標
的對象，提出另外的選項。

簡言之，運用社會解放的策略及技巧，為標的對象在改變上的決
定，提供更多選項，對於倡導的進行、想要的改變，都有好處。

二、說服

說服，是你獲得另一方認同你所提意見的一種方法。例如，朋友
想約你去知名餐廳用餐，你告訴他，你去過，費用高、味道差、服務
也不好，而提議到另一家物美價廉的小餐廳用餐，你的朋友認同你的
提議而改變主意，這就是說服。

進行倡導時，倡導者所呈現的意見，如果未能獲得標的對象的
認同，可能就要運用說服的方法，提出更多證據，使你的標的對象信
服。通常，說服至少涉及四個組成元素，且各有技巧：

1. 脈絡（context）：是指人們（做說服工作的人，與被說服的
對象）對於（說服）情境的一種看法。例如，對於致貧原因的看法，
是品德缺陷？或機會受限？任何倡導的議題，倡導者都試圖引導標的
對象認同他的看法。因此，倡導者必須架構一種情境，或者提出一種
參考架構，引導其他人認同，而達到你想要的成果。架構一種情境，
要有技巧，包括（Hoefer, 2016: 110-113）：

(1)這樣是不公平的（It isn't fair），希望認同這種看法，去做有計畫的改變。

(2)現在並沒有努力去做。例如，不想做會談，而怪罪案主懶惰不來。

(3)還可以用其他方法去做。表示需要開創新的方法。

(4)這樣，成本太高。表示有改進資源運用的必要。

(5)這樣，將會傷害（hurt）服務對象或其他人。

(6)這樣，將可幫助（help）服務對象或其他人。

(7)這樣，它的效益優於成本（The benefits outweigh the costs）。

(8)假如能夠拯救一個人（saves one life），就值得去做。

(9)他們對社會有過貢獻，讓他們過得好（gone through），那是理所當然的（they deserve it）。例如，軍人有功於國家，退伍之後得到較多的給養金、就醫服務和就業機會，這是他們應該得到的。

2. 訊息（massage）：是指倡導者企圖對於標的對象進行說服的資訊。就倡導的效果而言，發送給標的對象的訊息，它的特質比內容還重要，無論採取口語或非口語（資料）的手段，設計說服的訊息，至少有六種基本技巧（Hoefer, 2016: 114-117）：

(1)有意圖（intent）：明確表達你想望的改變，不要扭捏作態，含混其詞。

(2)有組織（organization）：花時間規劃你想說的話，有系統地呈現你的看法。

(3)顧及對方（sidedness）：不只呈現自己的觀點，也討論另一方的觀點。

(4)反覆及重複（repetition and redundancy）：因為很重要，所以要「說三次」。

(5)反問問題（rhetorical questions）：他們不是這樣嗎？他們確

實做到了嗎？

(6)訴諸嚴重性（fear appeals）：你不只喚醒標的對象注意問題的嚴重性，採取必要行動，你也要提出一些可行的解決方法，去平息他們的擔心害怕。

3. 訊息發送者（massage sender）：是指進行說服的人，也就是倡導者。根據傳播研究，不管再好的訊息，大多數的說服是仰賴發訊者的能力。倡導者必須努力創造並維持可信度。你必須被信任，才有說服力。這種可信度，通常包括三個樣態（Cialdini, 2000; cited in McNutt & Hoefer, 2016: 151）：

(1)專業知識技術（expertise）：你必須熟知你想要進行說服的訊息。

(2)值得信任（trustworthiness）：你必須兼備誠信與沒有偏見。

(3)討人喜歡（likeability）：你必須先喜歡自己，別人才會喜歡你。即使你的標的對象不支持你發送的訊息，你也要誠懇的保持最佳風度往前走。

4. 訊息接收者（massage receiver）：是指被說服的人，也就是倡導的標的對象。作為倡導者，你必須評估標的對象接收訊息的取向，而改變說服的技巧。收訊者約可分為四種型態（Richan, 1996; cited in Hoefer, 2016: 124-125）：

(1)積極的盟友（active ally）：倡導者必須維持盟友的積極性，鼓勵他們提供支持你的最新理由，以回應與對抗那些攻訐的意見。

(2)明確表示反對者（committed opponent）：倡導者寧可相信他們不是沒有投入，就是難以抉擇，而對他們使用適當的說服技巧。

(3)未投入者（uninvolved）：這可能是倡導的議題與他們沒有關係，倡導者必須檢視他們的需求或興趣，連結於倡導的議題，以提高他們投入的意識。

(4)難以抉擇者（ambivalent）：對於這一類受訊者，倡導者必須

試著去了解他們的信念和感受，調整說服技巧，或者尊重他們的立場。因爲說服也可能失敗，而必須回頭檢討說服的脈絡、訊息、發訊者的可信度，如何改進，使下次說服做得更好。

由上述說服的四個要素來看，透過說服的方法進行倡導，好像就是一種宣傳，因爲宣傳也強調這四個要素，事實上兩者有所不同。宣傳，通常以不特定的大眾爲對象，陳述的方式較爲直接、單向推動、動之以情的成分居多；說服，通常以特定的小眾或個人爲對象，陳述的方式較爲婉轉、強調互動、曉之於理的成分居多。不過，宣傳與說服兩者，有時也交叉使用。例如，宣傳要有說服力；要說服大眾支持社會正義的理念，必須透過媒體廣爲宣傳。

此外，有人認爲倡導就是宣傳，這是一種誤解，也窄化了倡導的實施方法。因爲倡導的實施方法，除了已提及的「教育」、「說服」兩種之外，還可包括即將討論的「協商」。尤其，透過「協商」進行倡導，斷非「宣傳」所能爲力。

三、協商

倡導，在性質上是一種協商。所謂「協商」（negotiation），是雙方或多方（各有其目的、需求與觀點）之間尋求一種共同的意見，達成一種協定，或解決衝突的一種過程。本來，「協商」的英文「negotiation」，也可譯爲「談判」，然而福利服務的倡導，強調倡導者與標的對象之間的協力合作，而非較量高下，因此我們認爲比較適合使用「協商」一詞。

協商有一個基本原則，就是你未必得到你想要的。通常，倡導者必須將想要達到的結果，依其重要性排列順序，以便於協商過程之中，增加選擇的機會，視情況先行放棄比較不重要的，而達到最重要的一個。簡單地說，倡導者在協商之前，必須爲想要達成的結果，設計系列性的基準及其因應技巧（Hoefer, 2016: 126-131）：

1. 底線（limit）：協商的底線，是指你的標的對象對於倡導議題的回應，雖然不能盡如人意，但是可以接受的範圍。設定底線的好處，是在協商雙方發生爭議時，你不必急著做決定，而有比較多的時間在沒有壓力的情境中，仔細思考如何因應，稍後再做成比較好的決定。當然，你希望達到的最後結果，一定要比你設定的底線更好，這樣才有協商的籌碼。

2. 起始的位置（initial position）：是指協商的起始點，當你被問到你想要的是什麼，你所說出的第一個意見，其在重要性層次所排列的位置。倡導者在進行協商的起始階段，必須提出比你原先設定的底線更高的要求，以便保留一些協商的空間。而且，起始點的第一個要求，必須是一種有理性的野心，而非怪異的想法，以免標的對象認為你故意戲弄他，而妨礙協商的進行。一般而言，參與協商的人，比較喜歡對方一開始就展現開放的態度。無論如何，在起始位置，你想要做得更好，必須運用一些技巧：

(1)提出大量的問題：以誘使協商夥伴開始問你在協商中想達到什麼？而得到他們的一些「信號」（signal）。

(2)傾聽與回響：你仔細聽協商夥伴問你的話，也給予回響。如果你未能從他們得到足夠的資訊，你可再送出一種「信號」，然後決定下一個動作。

(3)向前看：也就是考慮未來，提問：「你看得見理想的協商成果是什麼？」

(4)將向前看翻轉為向後看：反過來問：「過往或最近的情境，你不喜歡的是什麼？」

(5)回應其他人的反彈：因應他們不喜歡的情境，你將自己的起始位置，稍微開放一些，比你原先想要的少一點點，並允許協商夥伴反彈，藉以激發他們認真協商。但是，你必須試著說服你的標的對象，你的起始位置有正當性。這個起始位置不要輕易放棄。

3. 退讓的位置（fallback position）：為了保持協商繼續進行，雙方必須做一些讓步。退讓的位置，使你得到的比起始位置較少，但仍然呈現一種可接受的結果。假如你好好準備，你的標的對象也會有一些讓步。在協商過程中，維持你想要的結果在底線之上，也讓你的標的對象得到一些，彼此各讓一些，以維持主觀上可接受的進展。至於退讓的速度如何拿捏？太快退讓，你有被視為弱勢協商者或者沒有準備好的風險；太慢退讓，則可能導致標的對象堅守他的姿態，妨礙協商進展的風險。也許，你可在優先層次較低的部分做一些讓步，同時由你的標的對象如何快速放棄要求的行為，發現一些線索，作為你退讓速度的參考。簡言之，在底線上面的位置，你都可以適時退讓，但是退讓越少越好，目的在於雙方同意，協商成功。

最後，必須補充說明的是，在網路迅速發展的時代，電子化倡導（electronic advocacy）在最近十年已有明顯的進展。福利服務的倡導者可使用：網站（Web Sites）、電子郵件（E-mail）、臉書（Facebook）、優兔（YouTube）、推特（Twitter）等電子工具，對倡導的標的對象，進行教育、說服、協商，而達到倡導的效果（Hoefer, 2016: 170-176）。這些電子工具的設置並不困難，可上網查詢如何申請、安裝，建立帳號與密碼，按照說明步驟操作，即可完成與使用。而且，多數電子工具可以免費使用，也可以建立群組，對往來對象設定限制，並有使用時隱藏的帳號，可個別追蹤聯繫，很適合用來蒐集與提供倡導相關資訊，以提高倡導的效率與效益。

第四章

兒童及少年福利服務

　　兒童及少年是人生的起步階段，他們的未來有無限發展的可能。因此，世界各國無不重視兒童及少年的福利服務，希望能為他們打造一種健康、幸福、快樂的成長環境。

　　2019年4月，日本前任首相安倍晉三（Abe Shinzo）發布《兒童虐待防止法》修正案，宣示：「守護孩子們的生命，是所有成年人的責任。」事實上，推動兒童及少年福利服務，陪伴兒童及少年順利成長，已成為世界各國的核心價值。尤其，臺灣面對少子女化議題，更能體會兒童及少年都是父母的寶貝，也是社會的資產，更是國家未來的棟梁，有待我們給予必要的關懷、照顧及服務。

　　本章將針對兒童及少年福利服務的需求、福利服務的項目、未成年父母（小爸媽）、權益倡導等面向，進行探討。

📖 第一節　兒童及少年福利服務的需求

　　就個體發展而言，出生到出生兩週，是新生兒期（neonate）；出生後兩週到未滿1歲，是嬰兒期（infancy）；1歲到未滿6歲，是幼兒期（early childhood）；6歲到12歲，是兒童期（late childhood）；13歲到未滿18歲，是青春期（adolescence）。前面四個時期，合稱為「兒童」時期，進入青春期，稱為「少年」時期。

　　通常，從兒童出生之後，到18歲為止，其發展過程具有連續性。因此，美國、英國、法國、日本等許多國家，都將18歲以下之人，統稱為「兒童」。我國兒童及少年相關法規，也常將兒童與少年相提並論，合併立法。

　　本質上，兒童福利服務是社會福利領域之中，以兒童及少年為主要對象的服務。有些學者（Meryer, 1979; Siporin, 1975）將艾力克森（Erikson, 1968）的生命循環任務，與社會福利服務相互對應，提出個體在不同發展階段的問題與危機，以及其相對應的社會福利體系

（引自林萬億，2016：42-43）。茲截取其有關兒童及少年階段的情況，整理如表4-1：

表4-1　個人（兒童及少年）生命階段與社會福利體系

生命階段	需求與任務	問題與危機	社會福利體系
幼兒期 （0-3歲）	需求：親職、照顧、基本技巧的學習。 任務：基本信賴—不信賴，自主—羞恥與懷疑。	不當親職、單親、遺棄、疏忽與虐待、身心障礙、工作與家庭失衡、經濟不安全。	所得維持方案、醫療照顧、家庭諮商、兒童照顧、親職假、兒童保護、兒童安置、收養服務、到宅服務、營養提供、親職教育。
學齡前期 （3-未滿6歲）	需求：遊戲、學習、社會化。 任務：啟蒙—罪感。	不當社會化、缺乏管教、行為偏差、工作與家庭失衡、經濟不安全、疏忽與虐待。	托兒照顧、機構式照顧、所得維持方案、醫療照顧、家庭諮商、親職假、兒童保護服務、親職教育。
學齡期 （6-未滿12歲）	需求：知識學習、社會刺激、社會包容。 任務：勤勞—自鄙。	學習失敗、行為偏差、經濟不安全、疏忽與虐待。	兒童休閒服務、親職教育、兒童保護服務、家庭諮商、課後照顧、所得維持方案、醫療照顧。
少年期 （13-未滿18歲）	需求：獨立、成就。 任務：認同—認同混淆。	認同危機、疏離、濫藥、少年犯罪、工作成就遲滯、疏忽與虐待。	職業輔導、犯罪矯正服務、課後照顧、休閒活動、醫療照顧、所得維持方案、家庭諮商、親職教育、就業服務、兒童保護服務。

資料來源：參考林萬億，2016，p.42，整理而成。

　　由表4-1顯示，從幼兒期到少年期的各個階段，都可能發生一些問題或危機，需要對應的社會福利體系提供必要服務，藉以緩和問

題，化解危機。以下將表4-1所列問題與危機，以及其對應社會福利體系中有關福利服務的部分，歸納爲八項，略述兒童及少年對福利服務的需求。

一、托育照顧的需求

兒童在成長過程中，最佳情況是由原生父母親自照顧，以培養基本生活的技巧，促進人格的正常發展。然而，多數兒童成長於雙薪家庭，父母都有全職工作，可能衍生工作與家庭失衡問題，工作過度忙碌，無法照顧孩子，而需要托育服務。再者，有些兒童成長於單親家庭，缺乏另一親協助照顧，容易成爲「鑰匙兒」（latch-key children）（Ambrosino, et al., 2016: 304），也需要托育服務。此外，還有一些學齡兒童及在學少年，因爲父母缺乏時間，或者缺乏能力（例如，部分新住民缺乏中文能力），可在孩子放學之後，陪伴他們完成課外作業，而需要將孩子送到課後照顧中心。

簡言之，當父母的工作與家庭失衡，或者單親家庭，則幼兒期與學齡前期的兒童，可能有托兒照顧、兒童照顧的需求。至於學齡期的兒童、少年期的在學少年，也可能有兒童照顧、課後照顧的需求。

二、身心安全的需求

依據馬斯洛（Maslow, 1968）的需求層次理論，兒童及少年在成長過程中，如同其他人，在身體或生理上，有關吃喝、拉撒、睡眠等基本需求，必須獲得滿足。可是，有些兒童及少年的家庭，由於經濟不安全、父母的工作與家庭失衡等種種因素，生活壓力較大，而出現不當的親職行爲，導致孩子被疏忽、虐待，甚至遺棄，嚴重危害兒童的身心安全。

另外，有些在學兒童及少年，因爲學習失敗、人際關係失調或其他因素，遭到同儕或成人的疏離、排斥、霸凌，而變成孤立無援，求

助無門，需要相關機構提供保護服務。

　　質言之，兒童及少年的身心發展尚未成熟，如果遭到父母、同儕或其他成人的不當對待（maltreatment），例如，疏忽、虐待、遺棄，就需要保護服務，以維護身心安全。

三、健康照顧的需求

　　理想上，兒童及少年是父母的寶貝，應該在父母的教養及保護之下，順利成長。然而，有些父母未能扮演適當的親職角色，有保健上的疏忽，孩子缺乏足夠的食物，導致營養不良，需要營養提供的服務。或者父母有安全上的疏忽，造成孩子身體受傷，需要醫療照顧。

　　有時候，少年因為偏差行為、濫用藥物等因素，傷害自己的身心健康，也需要健康照顧及醫療服務。至於身心障礙兒童及少年，則有醫療復健、特殊教育、社會福利等跨專業服務的需求。

　　換言之，兒童及少年在成長過程中，如果營養不良，健康出現問題，則有提供營養服務的需求。如果身心受到嚴重傷害，或經鑑定為身心障礙者，則有健康照顧的需求。

四、經濟安全的需求

　　許多家庭的經濟不安全，兒童及少年生活在貧窮的家庭之中，產生一些不利的後果。例如，不穩定住宅問題、親密關係暴力加諸於兒童、兒童遭受不當對待、健康情況不良、食物不安全、教育成就低落、居住環境欠佳，甚至無家可歸、流浪街頭、增加犯罪行為（Crosson-Towe, 2018: 67-72）。

　　在這種情境之下，需要社會福利體系提供家庭所得維持方案，以及其他相關的服務措施，例如，兒童及少年未來教育發展帳戶，以期協助兒童及少年及早脫離不利的處境。

　　綜言之，貧窮家庭的兒童及少年，需要政府提供經濟補助方

案，以及其他相關福利服務。

五、家外安置的需求

一般兒童，無不希望能留在原生家庭，得到父母的照顧及保護。很不幸，有些家庭突然發生變故，兒童失去依靠或陷入極端貧困，需要暫時性的家外安置（out-of-home placement），由適當的人代為照顧。

另外，有些兒童的父母，由於親職角色不當，或者管教方式錯誤，導致兒童的身心嚴重受創，經評估不適宜再由父母照顧，而需將兒童安置於寄養家庭、收養家庭或住宿式機構教養。而且，對於寄養兒童的原生家庭提供家庭維繫（family preservation）、家庭重整（family reunification）等服務，以便於家庭情況改善之後，兒童可返回父母身旁，重享天倫之樂。

扼要言之，一旦兒童不適宜由父母照顧，為了兒童的最佳利益，可能就有家外安置及其相關服務的需求。

六、家庭與社會支持的需求

兒童及少年需要家庭的支持，家庭需要社會的支持。連帶著，兒童及少年有時也需要社會的支持。

就兒童及少年方面而言，無論學習基本技巧、學習知識、遊戲、社會化，或者緩和行為偏差、學習失敗、身心障礙等問題或危機，都需要父母及家人的支持。因為家人是一種天生的支持系統（a natural support system），對於滿足兒童及少年的需求，具有近便性的特質。此外，兒童遊戲或少年休閒活動，需要社會提供安全的場所；身心障礙的兒童及少年，需要社會提供無障礙的環境。

就兒童期少年的家庭而言，有些父母缺乏育兒經驗，對於幼兒的哺乳、餵食、營養、遊戲、安全的知識及技能有所不足，需要諮詢或

諮商服務。即使兒童已屆學齡，其父母仍可能有選擇托育場所，以及教養方面的困擾或困惑，而需要社會的支持系統提供兒童諮詢、家庭諮商、親職教育等服務。

析言之，兒童及少年在成長過程，需要家庭及社會的支持，他們的家庭也需要社會的支持，以便養兒育女有更佳表現。

七、就業服務的需求

有些少年完成國民義務教育之後，未繼續升學，而選擇就業，可能因為年齡較小，就業知能不足，導致工作成就遲滯，時斷時續，不甚穩定，需要福利服務人員連結勞動單位相關人員，給予職業輔導，包括：職業性向測量、職涯生活輔導、職業訓練等服務措施。

另外，有些兒童及少年，由於家庭經濟不安全，要求他們提早工作，以協助家計之維持，或者父母為了確保孩子的未來發展，將他們送去當學徒、做生意，而有就業服務的需求。兒童及少年當學徒，雖然看起來好像是學習未來生涯的一種方法，但是報告指出，主人並非都很親切，而有些孩子受到各式各樣的虐待（Crosson-Tower, 2018: 149）。

一言以蔽之，兒童及少年的年齡較小，無論何種原因提早工作，都有職業輔導、就業服務的需求。尤其當學徒或做童工，如果遭受虐待，亦有兒童保護的需求。

八、矯正服務的需求

少年期（13-18歲）的少年，進入青春期，開始追求獨立自主，爭取同儕認同，特別在乎別人的注意、肯定、尊重。這個時期的少年，可能有學校適應不良、中途輟學、網路沉迷等偏差行為，而需要學校提供諮商輔導，或轉介兒童福利服務相關機構，協助行為矯正。

此外，有些兒童及少年有嚴重的犯罪行為，例如，濫用違禁藥

物、參加不良幫派、使用暴力進行威脅、恐嚇、剝削，或者對他人性騷擾、性侵害。這些犯罪行為，需要接受少年犯罪矯正服務。

　　總而言之，兒童及少年出現輕微的偏差行為，即有行為矯正的需求，以免情況惡化。如有嚴重的犯罪行為，則需司法矯正，以免害人害己。

　　上述有關兒童及少年的福利服務需求，往往不是單獨存在，例如，托育照顧與經濟安全兩者的需求，可能有連動的關係。再者，為了直接滿足兒童及少年的福利需求，有時也需要間接滿足其父母或家庭的需求，例如，為了因應兒童及少年身心安全的需求，有時不能忽略父母有關親職教育的需求。

📖 第二節　兒童及少年福利服務的項目

　　兒童、少年及其家庭有福利服務的需求，兒童福利機構及實務工作者就必須提供相關的福利服務項目，以滿足他們的需求。

　　有關於兒童及少年福利服務的項目，除了前一節次探討福利服務需求，提及其對應的服務項目之外，克羅森托爾（Crosson-Tower, 2018: 193）指出兒童福利工作者所提供的服務類型，包括：(1)家庭服務、(2)家庭支持或維繫服務、(3)日間托育、(4)諮商服務、(5)兒童保護、(6)為物質濫用者所提供的服務、(7)法庭服務、(8)為未成年父母所提供的服務、(9)寄養照顧、(10)收養照顧、(11)居家照顧服務。

　　再者，寇克斯、泰斯與榮格（Cox, Tice, & Long, 2016: 115-117）等人認為兒童與家庭的福利服務，主要包括：(1)兒童保護服務、(2)以家庭為基礎的服務（family-based services）、(3)家庭維繫服務、(4)家庭寄養照顧、(5)家庭重整服務、(6)收養服務、(7)住宿式服務（residential care）、(8)獨立生活服務（independent living services）、(9)密集處遇服務（intensive treatment services）等項。

在這裡，我們參考卡都興與馬汀（Kudushin & Martin, 1988）以兒童與家庭互動關係的分類基準，將上述有關兒童及少年的眾多福利服務，歸納為下列五種項目類型：

一、支持性服務

所謂支持性服務（supportive services），是支持、增進與強化兒童及其父母的能力，以滿足他們被期待的角色、地位及相關責任的服務措施（Kudushin & Martin, 1988: 83）。

這類服務的使用時機，是在兒童的家庭結構仍屬完整，只因為家庭關係的失調、衝突，而影響兒童及少年的撫育、教養及日常生活。在這種情況之下，需要兒童福利工作者協助兒童的父母強化親職能力，增進家庭功能，以確保兒童及少年的正常生活。

支持性服務，是兒童及少年福利服務的預防措施，其主要服務項目包括：

1. 兒童諮詢服務：由兒童福利機構，針對兒童的父母有關於幼兒園、家庭保母、社區保母的選擇；托育津貼、幼兒教育券、兒童醫療補助的請領；兒童預防注射、腸病毒預防、兒童健康檢查、兒童發展遲緩鑑定等事項，提供諮詢服務。

2. 親職教育服務：通常，社區與附近學校，可為兒童及少年的父母提供親職教育（parent education），分為三種方案：(1)在第一個孩子出生，或收養之前的方案；(2)學齡兒童的父母方案；(3)少年的父母方案。這些方案，提供有關兒童及少年基礎發展的教育、兒童撫育與紀律訓練的方法。有時候也教育父母各種不同型態的家庭問題、相關資源的可用性，以期預防虐待、疏忽、濫用藥物等問題的發生（Ambrosino, et al., 2016: 348）。

3. 休閒活動服務：由兒童福利工作者協同兒童的父母及家人，對於兒童遊戲及少年休閒活動，提供正向的支持性服務。例如，注意

兒童玩具的安全、遊戲空間的安排、兒童讀物的選購、閱讀興趣的培養、電視節目的篩選、3C產品使用時間的節制。此外，兒童福利機構對於兒童遊戲場所及相關設施，必須定期實施檢查及維護，以確保兒童安全。

　　4. 少年就業服務：針對少年就業的需求，由兒童福利工作者結合教育與勞動部門的資源，為有就業意願的少年，提供職業性向探索、技藝研習或職業訓練、就業市場訊息、就業輔導、職涯發展諮商等類服務。必要時，對於童工遭受雇主疏忽、虐待、剝削等不當對待案件，提供有關勞動權益的保護服務。

　　此外，為了協助兒童及少年的父母履行他們的日常任務，促進他們的責任，支持性服務有時也擴及父母的就業諮商、訓練服務、預算管理（budget management）、法律服務、轉介食物銀行（referrals to food banks）、交通運輸等服務（Alexander, 2004: 419）。

二、補充性服務

　　所謂補充性服務（supplementary services），是針對兒童、少年及其家庭，提供必要的補充或補強，以促使其家庭滿足子女基本需求的一種服務措施。

　　這類服務的使用時機，是家庭結構仍屬完整，但是兒童的父母照顧能力有所不足，或者親職角色的履行有所不當，對於兒童及少年造成某種程度的傷害。在這種情況之下，需要福利服務工作者由家庭之外引進必要資源，以補充其不足，讓兒童及少年留在家庭，維持正常生活。

　　補充性服務，是兒童及少年福利服務的補強措施，其主要服務項目包括：

　　1. 基本財務補助：係針對貧困家庭的兒童及少年，提供基本財務的補助（basic financial assistance）（Kirst-Ashman, 2017:

289），其主要補助項目包括：兒童生活補助、醫療補助、教育補助、托育補助、兒童津貼。至於臺灣，在綜合所得稅申報，給予扶養幼兒稅額減免；在兒童及少年未來教育發展帳戶，政府提撥相對存款，是財務補助的另類方式。這些基本財務補助，以現金給付為主，在福利服務方面，可提供財務補助的相關資訊，協助辦理請領補助的手續。

2. 兒童托育服務：係針對工作中的父母，或者單親家庭，提供兒童日間照顧（child day care）的一種方案。這種照顧方案，約有三種基本方式：(1)僱用兒童保母（baby-sitter）或奶媽（nanny）來到家裡照顧兒童；(2)將兒童送到照顧提供者的住宅，如同家庭日間照顧（family day care）；(3)由日間照顧中心（day care centers），附加啟蒙方案（Head Start），提供學前兒童的照顧（Kirst-Ashman, 2017: 289）。在臺灣，兒童托育的方式，相當多元，而且複雜。其中，與福利服務直接相關者，一種是居家式托育服務，可分為在宅托育（在保母的家）、到宅托育（到兒童的家）；另外一種是托嬰中心，又分為半日托育、日間托育、全日托育、夜間托育、延長托育。無論如何，兒童托育服務的目的，係以照顧與保護為主，教育與養育為輔。

3. 課後照顧服務：係針對在學兒童放學之後，提供日間照顧附加課業輔導的一種服務方案。在臺灣，兒童課後照顧係由教育體系主管，民間團體或機構提出申請，經過核准之後，設置兒童課後照顧中心或照顧班，為6-12歲的學齡兒童提供照顧與課業輔導，屬於收費制的照顧服務。另外，也有少數社區或非營利組織免費提供空間，運用志工人力，為兒童及少年提供課後自修、保護、課業輔導等服務。在美國，有些教會、休閒活動中心、兒童托育中心、美國兒童群益會（Boys and Glals ot America）之類組織，其所提供的兒童課業輔導計畫，除了課後的照顧及輔導之外，有時也擴及課前的照顧輔導服務

（Crosson-Tower, 2018: 141）。

4. 居家照顧服務：所謂居家照顧服務（in home services），有時被譯爲「在宅服務」，有時類似於「家務服務」（homemaker services）。針對弱勢家庭的兒童及少年，在其父母因故無法負起照顧職責的情況下，由政府安排受過訓練的家務員到兒童的家庭，提供暫時性的照顧、陪伴兒童就醫，並處理一般家務，例如，準備兒童餐食、維護居家環境。這些服務項目的提供，目的在補充父母照顧功能之不足，維護兒童及少年的權益，此與有些富裕家庭僱用菲律賓、印尼、泰國或大陸的傭人，來家裡帶小孩兼做家事，顯然有所不同，切勿混爲一談。

另外，美國政府爲了援助父母對兒童的妥善照顧，有時也安排有訓練的準專業人員（paraprofessional）或志工，到兒童的家庭，爲兒童的行爲管理、父母與兒童的關係，提供正向的角色示範（positive role models），或者提供某些人，讓父母有傾訴的對象。在效應上，這些補充性服務，是紓解父母照顧壓力的另類方式（Kirst-Ashman, 2017: 296）。

三、保護性服務

所謂保護性服務（protective services），在兒童方面，是由社會工作者或其他專業人員，基於維護兒童的利益，針對可能被虐待或疏忽的兒童，協助他們改善處境，極小化持續性傷害，並且爲那些處於風險中的兒童，找出及促進另類的安置及資源（Barker, 2014: 341）。

這類服務的使用時機，是由於父母、法定監護人或其他人對兒童有不當對待（maltreatment）的情事，導致兒童的身心受到嚴重創傷。在這種情況之下，需要福利服務工作者運用公權力，提供適當的預防措施與保護服務。

兒童不當對待（child maltreatment）是一個傘狀名詞（umbrella term），在傘下可以涵蓋：身體虐待（physical abuse）、心理虐待（psychological abuse）、性虐待（sex abuse）、疏忽（neglect）等四種樣態（Kirst-Ashman, 2017: 290）。

有關兒童不當對待的保護性服務，是兒童及少年福利服務的緊急措施，其主要服務項目包括：

1. 身體受虐兒童的保護： 兒童及少年遭到身體虐待，涉及身體損傷與行為症候。身體虐待可依兒童及少年身體受傷的指標，分為：青腫瘀傷（bruises）、撕裂傷（laceration）、燒燙傷（burns）、筋骨斷裂（fractures）、頭部受傷（head injuries），以及內臟受傷（internal injuries）等類型（Kirst-Ashman, 2017: 289）。對於身體受虐兒童及少年的保護，其主要服務項目為：(1)緊急救援、(2)緊急安置、(3)家庭維繫、(4)家外安置、(5)家庭重建。

2. 心理受虐兒童的保護： 兒童及少年遭到心理虐待，涉及貶低自尊及其衍生的傷害。心理虐待可依心理學有關施虐方式的描述，分為：拒絕（rejecting）、孤立（isolating）、恐嚇（terrorizing）、不理不睬（ignoring）、使其墮落（corrupting）等類型（Crosson-Tower, 2018: 170）。對於心理受虐兒童或少年的保護，可依受虐兒童的發展階段，提供適當的服務項目：(1)安排親職教育、(2)安排托育服務、(3)安排家庭寄養。

3. 性受虐兒童的保護： 兒童及少年遭到性虐待，涉及性侵害或性騷擾及其引發的身心傷害。性虐待可依施虐者的身分，分為：兒童的父母（parents）、父母之外的家庭成員（family members other than parental figures）、以為可信任的成年人（trusted adults）、陌生人及以前認識的人（strangers and remote acquaintances）等類型（Ambrosino, et al., 2016: 319）。對於性虐待受害兒童及少年的保護，其主要服務項目為：(1)立即通報、(2)護送醫院檢查及治療、(3)

配合法院審理、(4)安排暫時性照顧、(5)實施兒童與家庭輔導。

　　4. 被疏忽兒童的保護：兒童及少年遭到疏忽，涉及應有需求的缺乏及其引發的傷害。兒童疏忽可依其需求缺乏，分為：身體上的疏忽（physical neglect）、監督上的疏忽（lack of supervision）、醫療上的疏忽（medical neglect）、教育上的疏忽（educational neglect）、情緒上的疏忽（emotional neglect）等（Ambrosino, et al., 2016: 320-321）。對於身體受虐兒童或少年的保護，其主要服務項目為：(1)定期家庭訪視、(2)轉介醫療照護、(3)給予適當安置、(4)加強安全教育。

　　上述有關兒童及少年的保護服務，無論身體虐待、心理虐待、性虐待或疏忽，都需防患於未然，也需治患於已然，唯有防護與保護兼容並蓄，始能確保兒童及少年免於受虐或疏忽。

四、替代性服務

　　所謂替代性服務（substitutive services），是針對兒童、少年及其家庭的照顧需求，提供另類選擇的照顧方案，暫時或長期替代原生家庭的照顧功能。

　　這類服務的使用時機，是在原生家庭發生重大變故，或者親子關係發生激烈衝突，導致兒童及少年不適宜留在原生家庭由父母照顧。在這種情況之下，需要福利服務工作者尋求家外安置的場所，並協助家庭改善情境，讓孩子重返原生家庭，或者安置永久性的照顧服務。

　　通常，兒童及少年家外安置的場所，從最少限制，到更多限制，其排序是：(1)父母的家、(2)親戚的家、(3)寄養家庭的家、(4)特殊寄養家庭的家（specialized foster family home）、(5)團體之家（group home）、(6)兒童福利機構、(7)庇護所（shelter）、(8)心理健康機構（mental health facility）、(9)矯正機構（correctional facility）（Proch & Taber, 1987: 9-12; cited in Kirst-Ashman, 2017:

305）。其中，庇護所是緊急性、暫時性的安置場所；心理健康機構
與矯正機構是治療性、處遇性的安置場所，其目的不是替代原生家庭
的照顧，也缺乏家庭式的環境。

　　就典型的家外安置而言，著重於兒童及少年的替代性照顧及服
務，必須長久性規劃（permanency planning），將兒童及少年安置於
一個穩定、健康的家庭環境。這種替代性照顧的安排，可形成一種連
續光譜，如圖4-1：

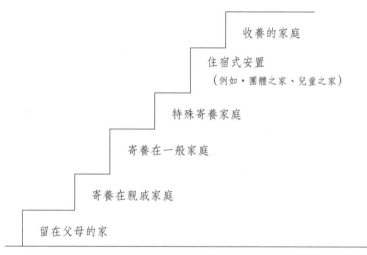

圖4-1　兒童及少年照顧的連續光譜

資料來源：參考Kirst-Ashman，2017，p.306的構圖，繪製而成。

　　根據圖4-1所示，最佳情況是將兒童及少年留在原生家庭，由父
母或家人親自照顧。如果兒童及少年需要家外安置，其替代性的照
顧方案，以最少限制為原則，依序為：寄養家庭照顧（foster family
care，含親戚家庭、一般家庭、特殊寄養家庭之寄養照顧）、住宿式
安置（residential place）、收養照顧（adoption care）。以下略述這
三種替代性照顧的服務措施：

1. 寄養服務：所謂「寄養服務」（foster service），簡稱為「寄養」或「托養」，是針對無法於原生家庭得到適當照顧的兒童及少年，提供一個暫時替代的家庭環境（Barker, 2014: 166）。在兒童福利機構或辦理寄養服務的單位，通常由專業人員依據兒童寄養的過程，提供必要的服務項目，包括：(1)接受寄養案件、(2)遴選寄養家庭、(3)安置寄養兒童、(4)訪視寄養家庭、(5)協助原生家庭重整、(6)協助寄養兒童重返原生家庭。其中，遴選寄養家庭的原則，以親戚家庭為優先考量，其次是一般家庭。如果需要寄養的兒童及少年有特殊問題，例如，智能障礙、感染愛滋病、行為嚴重偏差，則可尋求具備處理此等問題技能，且願意接受寄養的家庭，給予特殊家庭寄養（Crosson-Tower, 2018: 272）。

2. 住宿式安置：所謂「住宿式安置」（residential place），又稱「住宿式服務」（residential care），係由兒童福利機構針對失去父母、被遺棄、身心障礙或者有困擾的兒童，提供住宿式照顧及服務（Cox, Tice, & Long, 2016: 116）。美國的團體之家（group home）與臺灣的兒童之家，都是提供住宿式服務的兒童福利機構。依據美國兒童福利聯盟（Child Welfare League of America, 2005: 1）的報告，住宿式服務的基本目的，在於回應比家庭設施更需集中照顧的兒童及少年之獨特需求，其服務的項目包括：生活的、教育的、醫療的、精神醫學與臨床心理健康、個案管理及休閒等服務。在臺灣，兒童之家的服務項目包括：(1)住宿及生活照顧、(2)保健服務、(3)心理及行為輔導、(4)就學及課業輔導，並於原生家庭改善之後，協助兒童重返家庭。如果兒童的家庭完全喪失功能，則繼續安置及照顧，或者轉介適當家庭，加以收養。

3. 收養照顧：所謂「收養照顧」（adoption care），簡稱「收養」或「領養」。依據美國《社會工作辭典》的解釋，收養照顧是安置一個人，通常是嬰兒或幼兒，永久性地住進另一個人的家庭，如同

自己親生的孩子，但是要依法改變戶籍紀錄，顯示孩子由親生父母（biological parents）移轉到收養父母（adoptive parents）是合法的（Barker, 2014: 8-9）。就福利服務而言，收養是要為兒童找到一個最適當的替代家庭，並確保兒童得到最佳照顧，因此，服務的項目橫跨出養與收養的家庭，包括：(1)訪視雙方家庭、(2)向機構提出調查報告、(3)進行媒親配對（matching）、(4)對收養家庭提供親職教育、(5)於收養後進行追蹤服務。

再者，對於年齡較大的寄養少年，也提供獨立生活服務（independent living service），以協助他們順利轉銜進入成人時期。這種服務，聚焦於協助他們發展個人與工作可能使用到的技巧，包括：做決定（decision-making）、預算（budgeting）、規劃（planning）的技巧，以組織他們的生活；教育的、職業的、找工作（job search）的技巧，以建立一種生涯；以及獨立的技巧，以發展及維持社會關係（Kirst-Ashman, 2017: 311）。

五、矯正性服務

所謂矯正性服務（corrective services），是針對審判確定的犯罪者，透過監禁、假釋、保護管束，以及教育方案與社會服務（social services），尋求改變與改善其違法行為的特定服務（Barker, 2014: 95）。

這類服務的使用時機，是兒童及少年的行為，違反兒童及少年相關法律之規定，依法執行社會服務。在這種情況之下，由福利服務工作者提供適當的社會服務方案，或者配合司法系統執行矯正服務。

矯正性服務，是兒童及少年福利服務的特定方案，其主要服務項目包括：

1. 少年犯罪的矯正：少年犯罪是法院兒童服務的一種，通常少年法庭可能依據犯罪者的年齡與犯罪行為的嚴重性，進行起訴、審理

及裁決。法院的處置包括：終止親權關係、決定撫養費、收養、指定監護人、將未成年子女的監護權授予機構以便安置、將犯罪的兒童或少年交付保護管束、實施矯正教育。至於兒童福利工作者的介入及服務包括：協助法院蒐集及整理證據、陪同兒童或少年接受偵訊、協同觀護人員執行矯正服務。必要時，也協助需要服務的家長（parents is need of service），處理法院裁決相關事宜。其中，矯正服務可安排：休閒方案、就業諮商、職業訓練，或者要求少年做志工、參加社區服務，作爲一種轉向方案（diversion）（Crosson-Tower, 2018: 229）。

　　2. 強制性親職教育： 在兒童及少年的成長過程，需要父母、法定監護人或其他實際照顧之人的養育、照顧及保護。如果照顧者嚴重傷害兒童及少年，或者未能禁止兒童及少年的不當行爲而造成傷害，則依法處罰，有時包括強制性的親職教育。例如，我國兒童及少年福利與權益保障法第102規定，照顧者違反第51條（不得使6歲以下兒童或需要特別照顧之兒童及少年獨處）者，主管機關應命其接受4小時以上50小時以下之親職教育輔導。該條並規定，照顧者未禁止兒童及少年爲第47條（應禁止兒童及少年出入賭博、色情等足以危害其身心健康之場所）者，亦應接受規定時數的親職教育輔導。對於這些規定，兒童福利工作者必須配合執行，提供親職教育課程訓練及相關服務，可視爲一種廣義的矯正性服務。

　　綜言之，雖然我們將上述兒童及少年福利服務的項目，區分爲支持性、補充性、保護性、替代性、矯正性等五種類型，但是不同類型之間，仍有一種連動的關係。有時候，我們必須綜合運用不同類型的服務項目，藉以確保兒童及少年的權益。例如，兒童及少年遭到照顧者的性虐待，可能需要家外安置，提供寄養服務，並對照顧者實施強制性的親職教育。

📖 第三節　特定議題：未成年父母

　　近年來，臺灣的人口結構呈現少子女化，結婚率與出生率也有降低的趨勢，已然成為國安問題。在這種情況下，有些男女在未成年就結婚及／或生育子女，應該受到國人的歡迎與祝福。然而「小孩生小孩」（children having children），無論未成年父母或者他們的小孩，都可能面臨較多的挑戰，因而需要政府為他們提供更多的福利服務。

　　首先，我們引用兩項統計資料，呈現臺灣未成年父母及其子女的數量。第一項資料，根據行政院性別平等委員會重要性別統計資料庫的統計，生母年齡在15-19歲之間，其出生嬰兒數，2014年有3,045人、2015年有3,167人、2016年有2,972人、2017年有2,727人、2018年有2,422人。看起來，未成年母親所生的嬰兒數，在2016年之後，似已逐漸減少，但每年仍有兩千多人，不能等閒視之。第二項資料，根據內政部戶政司於2019年6月發布的人口統計，臺灣20-24歲在其未滿18歲前曾有過婚姻紀錄的人口數，擇要彙整，如表4-2：

表4-2　20-24歲在其未滿18歲前曾有過婚姻紀錄人口

	年齡	15歲以下	15歲	16歲	17歲	合計
人數	男	5	17	83	278	283
	女	25	177	918	1,629	2,749
	計	30	194	1,001	1,807	3,032
教育程度	男	高中畢業、大專肄業以上				2
		國中畢業、國小以下				281
	女	高中畢業、大專肄業以上				14
		國中畢業、國小以下				2,735

資料來源：根據內政部戶政司全球資訊網2019年6月發布的資料整理而成。

由表4-2顯示，在2019年，臺灣17歲以下的未成年父親有283人，未成年母親有2,749人，合計3,032人。如果依民法的規定20歲為成年，再將18歲與19歲的未成年結婚人口列入統計，則未成年父母的人數更多。同時，這項資料也顯示未成年父母之中，有30人未滿15歲已經結婚，此即俗稱的「小爸爸」、「小媽媽」。再者，由表4-2也可得知，這些未成年父母的教育程度，絕大多數是國民中學畢業以下者，屬於此種教育程度的未成年父親281人、未成年母親2,735人。

接下來，我們以這些統計資料為基礎，並參考其他相關文獻，略述未成年父母面對的挑戰、福利服務需求、福利服務項目。

一、未成年父母面對的挑戰

少年男女，未滿18歲，甚至15歲以下，還未達到適婚年齡就提早結婚、生育子女、成為父母。他們可能因為年紀較小，教育程度較低，沒有養兒育女的經驗，又缺乏支持網絡，所以碰到較多挑戰（Cox, Tice, & Long, 2016: 123-124; Ambrosino, et al., 2016: 324-325），其犖犖大者，可歸納為五項：

1. 傳統道德的質疑：在歷史發展上，人們對於十多歲少女懷孕生子，已漸能接受。但是傳統的價值導向（values-oriented），仍然認為少年男女在婚前考慮不周、隨性而為、縱容自己、缺乏責任，已經涉及道德的基本問題。

2. 日常功能的限縮：十多歲少女懷孕期間、少年男女初為父母時期，其日常功能經常處於不利境遇。在飲食、睡眠、休閒、同儕交往、社會參與，都可能遷就現實，得過且過。有時候，為了張羅日常生活，捉襟見肘，心力交瘁。

3. 親職身分的掙扎：十多歲少女懷孕生子之後，可能面臨走入婚姻、單親留養、出養嬰兒的抉擇困境。即使走入婚姻，母職身分也難以及時適應。相對的，孩子的生父也許不承認父親身分，未能幫忙

照顧及養家。假如，孩子的生父也是十多歲或學生身分，親職的知識及資源非常有限，往往無法善盡父職責任。

4. 生涯發展的中斷：對於十多歲母親，懷孕一事涉及醫療問題，生育一事涉及照顧問題，可能因此中斷學校生涯，影響職業生涯前景。對於十多歲父親，課後需要照顧兒童，減少課外活動或工作參與，在獲取勞動經驗方面是一種障礙。

5. 幼兒照顧的壓力：在擴大家庭之中，未成年父母的食、住、兒童照顧，依靠他們的父母或家人，是普遍的現象。但是，當前以核心家庭居多，十多歲少年男女的父母多數還在職場，無法協助照顧兒童，自己育兒經驗不足，托育費用又昂貴，其壓力之大，不言可喻。

此外，未成年父母的居住缺乏保障，也是一種挑戰，如果不被雙方家人接納，可能居無定所，到處流浪。

二、未成年父母的福利服務需求

成為未成年父母，可能經歷婚前、懷孕、育兒等三個階段。每一個階段，對於福利服務可能有不同需求：

1. 婚前階段的需求：有些十多歲少女未婚懷孕，面對是否走入婚姻、是否保留孩子或出養孩子，憂心忡忡，而有諮詢或諮商的需求。至於十多歲少年，在得知女方懷孕之後，可能在選擇結婚或藉故逃避之間，猶豫不決，同樣有諮詢或諮商的需求，甚至害怕要負法律責任，而有法律諮詢的需求。

2. 懷孕階段的需求：十多歲少女懷孕待產期間，面對學業可能中斷、男友可能變心、同儕異樣眼光、身體健康等問題，而有心理支持的需求。如果是未成年未婚懷孕，還要擔心父母責備、甚至被趕出家門，而有向外求助的需求。至於十多歲少年，在女友懷孕待產期間，可能驚慌失措，而有諮詢的需求。如果有意找工作，賺錢養家，則有就業資訊及就業服務的需求。

　　3. 育兒階段的需求：多數未成年父母的教育程度較低，沒有育兒經驗，缺乏照顧技巧，需要學習如何照顧小孩，而有親職教育的需求。多數未成年父母尚在求學，沒有工作，缺乏經濟來源，除非獲得家人資助，否則無法負擔租屋、托育、醫療等費用，可能有申請補助的需求。有時候，未成年父母無力養育孩子，或者對孩子不當對待，造成嚴重傷害，則可能有保護兒童或家外安置的需求。

　　除此之外，在學階段的未成年少女懷孕期間，大多數選擇請假或休學在家待產，需要學校「學生懷孕事件輔導與處理小組」派人定時家庭訪視，並提供課業輔導，但此一小組形同虛設，完全未聽過有此小組的學生，占接受調查者的57.8%（莊曉霞、曹宜蓁，2015：49）。雖然這項需求不是福利服務的範疇，但是必要時，兒童福利工作者可結合學校社會工作師提供服務，以滿足此項需求。

三、未成年父母福利服務的項目

　　未成年父母的年齡只有十多歲，屬於兒童福利服務對象中的特殊族群，需要政府提供特定的服務方案，以滿足他們的特定需求。在這方面，美國有一些特定的服務方案（Crosson-Tower, 2018: 259-262）。以下略述其中三個服務方案：

　　1. 未成年母親的親職方案（parenting programs for teen mothers）：這是針對小媽媽及其子女的服務方案，有時也稱為「十多歲少女與嬰兒方案」（teen-tot program）。這個方案有三個目標：(1)在小媽媽完成她們的教育階段之前，預防重複懷孕；(2)改善母親與嬰兒的健康；(3)改善親職的技巧。這個親職方案實施的結果，發現參與者再度懷孕的機率較低。同時，詢問懷孕與為人父母的少女還需要哪些服務？她們表示，希望有經驗的小媽媽來當她們的心靈導師、讓她們的父母參與兒童托育的決定、提供支持性團體。由此可知，對於未成年母親的福利服務，著重於：提供親職教育服務，以改

善親職技巧；提供兒童諮詢服務，以協助她們選擇適當的托育機構；提供心理支持服務，以協助她們建立自信；提供衛生保健服務，以促進婦嬰的身心健康。

2. 讓父親參與的方案（keeping fathers involved programs）：這個服務方案有時也稱為「父職主導方案」（fatherhood initiatives programs），係透過下列三種方式協助未成年父親滿足他們在父職方面的需求：(1)成立一個新的「父職、婚姻及家庭創新基金」（Fatherhood, Marriage and Families Innovation Fund），以擴充地方父職（local fatherhood）與家庭強化（family-strengthening）的方案，強化家庭功能；(2)結合勞動部門的轉銜工作方案（transitional job programs），協助未成年父親發展工作技能，以利找到工作；(3)透過司法部門新成立的「重為人父法庭」（fathering reentry courts），協助剛離開犯罪矯正系統的父親找到就業機會，有能力支付子女撫養費用，重建家庭關係。由此可知，對於未成年父親的福利服務著重於以下三項：提供親職教育服務，以強化父職功能；安排職業訓練，以增進工作技能；結合觀護措施，提供就業服務與家庭重整服務。

3. 住宅型方案（residential programs）：允許那些遭受不當對待或其他困境而懷孕生子的小媽媽，進住「第二機會之家」（Second Chance Homes），以便學習親職技巧、取得教育證明、發展可以賺錢養家的技巧。這類服務方案，有些是短期的，在未成年母親生下孩子就結束。有些是長期的、綜合性的方案，由小媽媽的服務，擴及小爸爸的親職教育及求職技能的服務。所有服務方案的目的，是希望在一種溫暖的住宅型環境之下，協助未成年父母降低因為貧窮、不健康關係、不安全的居住環境、教育障礙、缺乏支持等可能引發的負面效應，而給予一種支持的網絡、有成人督導的生活安排。由此可知，對於未成年父母組成的家庭，適合提供一種以家庭為基礎的福利服務，

包括:強化親職教育、育兒技巧、求職技能,以及改善生活環境等多元服務。

上述三種服務方案,雖然是美國環境脈絡下的產物,但能針對十多歲的父親、母親,以及他們所組成的家庭,提供適切的、積極的、綜合性的福利服務項目,其服務規劃及輸送的創新作為,至少帶給我們一些新作為的啟示,值得我們在臺灣加以倡導。

📖 第四節　兒童及少年福利權益的倡導

兒童及少年,尚未成年,沒有選票,也不知道如何走上街頭,為爭取自己的權益而發聲。社會對兒童有一種責任與義務,一旦兒童的需求受到家庭互動及社會系統的不當影響,而傷害他們應有的權益,除了救援之外,更應積極倡導。以下參考動態的倡導模式(Cox, Tice, & Long, 2016: 74),區分為四個層面,略述兒童及少年權益的倡導。

一、經濟與社會正義

所有兒童及少年的健康、福祉及生活品質,必須得到適當的照顧及服務,使他們有能力順利成熟和發展。

然而,在兒童福利服務的故事中,仍可看到許多兒童及其家庭的困境,是由經濟與社會的條件不足所致。依據臺灣於2018年辦理的兒童及少年生活狀況調查,學齡前兒童的家長對於使用兒童福利服務的困難,表示大致上無困難,占39.6%;相關資源缺乏,占37.8%;福利補助金額太低,占28.7%;福利服務名額有限制,占18.4%;福利服務提供的地點距離太遠,占13.7%;沒有適當方法前往申請福利服務,占3.0%;福利工作人員態度不佳,占1.7%。學齡兒童家長意見的排序,與前者相同,只是各項意見的比率較低(衛生福利部,

2019b：28）。至於少年部分，他們認為政府應優先提供的少年福利措施，前面三項是：提供弱勢家庭經濟補助，占64.7%；提供安全打工的機會，占49.2%；提供課業及情感的諮詢服務，占38.4%（衛生福利部，2019c：27）。就此而言，兒童及少年權益倡導的重點，可歸納為兩方面：

1. 經濟正義方面的倡導：透過適當的倡導途徑，促使政府增加兒童福利服務的相關資源（經費、人力、設施、設備），提高福利補助（生活、醫療、教育等補助）的金額，增加福利服務給付的名額，以因應學前與學齡兒童的需求。並且針對少年的需求，提供弱勢家庭（低收入、家人失業或重病等）經濟補助，少年打工、或未滿15歲童工的安全環境，以及勞動權的維護。

2. 社會正義方面的倡導：經由有效的倡導方法，促使政府落實福利服務社區化措施，在偏鄉、離島、原住民部落，擴增兒童及少年福利服務的據點，以單一窗口及友善態度，就近接受福利服務的申請，提供福利服務的項目，縮短福利服務輸送的距離，藉以提高福利服務的可得性（availability）與近便性（accessibility）。

簡言之，基於「兒童最佳利益」（best interest of the child）的原則，對於兒童及少年處於經濟與社會不正義的情境，兒童福利工作者的核心工作，不僅提供服務，而且致力倡導。

二、支持的系統

兒童及少年在成長過程，需要家庭與社會的支持，前面（第一節）已經提及。尤其處於經費退縮與資源競爭的時代，更需要從巨觀的層面，對於兒童及少年的支持系統，進行正向改變的倡導，包括（Krist-Ashman, 2017: 298）：

1. 挖掘更多資源來支持兒童虐待的預防：兒童不當對待是經常發生而且容易傷害兒童的問題，需要更多人力、物力、財力的支持，

以便即時覺察兒童虐待的徵兆，迅速介入預防並提供服務。搶在第一時間，預防兒童遭到不當對待，無疑地，對於兒童的利益，更優於虐待發生之後才予回應。

2. 為家庭裝配更多的支持系統：兒童在成長過程，常受家庭發展的影響。一個家庭的健全發展，需要實體的資源，包括：適當的住宅、食品、衣物及其他日常必需品。對於家庭提供更多適合於改善資源及服務的支持系統，實質上有助於維持家庭的優勢，從而有利於兒童的正常成長。

3. 發展更多社區與鄰里的支持：當前，兒童福利相關資源與服務的可得性（availability），在不同區域有明顯的差異。例如，鄉村地區的家庭，鄰里經常往來，對於兒童的照顧及保護，必然比較近便（access）。其實，任何區域，都必須率先發展更多社區與鄰里的支持系統。

4. 公共與私人機構更多的合作：政府與民間的兒童福利機構及其工作人員，是一種夥伴關係，必須更加有效地溝通與合作，共同支持福利服務的提供。例如，公部門與民間機構對於施虐父母的服務方案，可能彼此重疊，甚至相互衝突，必須及早整合，以免浪費有限的資源。

5. 更多支持員工繼續教育的方案：對於兒童福利服務的實務工作者，以及相關的社會服務提供者，規劃更多有組織的繼續教育（continuing education），並且更支持他們繼續學習（continuing learning），以改善兒童福利服務的知識、態度及能力。

質言之，作為一個兒童福利服務工作者，必須牢記在心，無論保守與開放（conservative and liberal）、殘補與制度（residual and institutional）的服務方案，必須適當的整合，以匯集更多的支持性資源，為兒童及少年提供更佳服務。

三、人類的需求與權利

兒童福利工作者多數受過「人類行為與社會環境」的訓練,了解個體從出生過渡到兒童期、青春期的各個階段,都有其特定的需求、限制與權利。同時,兒童福利工作者有一種責任,不但承認兒童有基本需求與權利,而且採取行動給予支持、服務及倡導。就倡導而言,包括兩方面:

1. 兒童基本需求的倡導:兒童的基本需求,在於獲得適當的照顧及服務,必須將倡導重點放在(Kirst-Ashman, 2017: 304):

(1)針對工作父母的兒童,提供高品質、可接受性的日間照顧服務。

(2)對出生時低體重的嬰幼兒,改善營養補充及健康照顧。

(3)提供較佳的預防與處遇方案,去回應兒童的不當對待。

(4)促進福利改革,提高貧困兒童的家庭收入水準,達到貧窮線之上。

2. 兒童基本權利的倡導:聯合國1989年公布《兒童權利公約》,揭示兒童基本權利二十種,其中專屬於兒童擁有的權利五種,是倡導的重點:

(1)受父母照顧權:應確保不違背兒童的意願而使兒童與父母分離(第9條)。

(2)受保護權:應採取所有適當的措施,以確保兒童受到保護(第2條)。

(3)受教育權:應確保兒童有接受教育之權(第28條)。

(4)意見表述權:應確保兒童有權就影響其本身之所有事物自由表達意見(第12條)。

(5)遊戲權:承認兒童有從事適合其年齡之遊戲與娛樂之權(第31條)。

　　綜言之，協助兒童滿足其需求，也是兒童的基本權利之一；反之，協助兒童獲得基本權利，也是兒童的基本需求之一。兩者之倡導，可並駕齊驅，相輔相成。

四、政治的接近

　　兒童及少年的福利服務，經常涉及政治的過程。例如，所需經費依賴政府的預算或補助，而服務過程也需要政治人物的支持。同時，相關福利服務方案的執行，必須符合政府的政策、法規及程序，否則服務績效必受影響。以下依據我國2019年度中央對縣市政府執行社會福利績效考核報告（衛生福利部，2019a），對於兒童及少年福利服務的建議事項，擇其涉及政策、法規、程序的部分，提出倡導重點，以促使服務輸送更接近政治上的要求：

　　1. 應依法提供兒童及少年表述機會：各縣市兒童及少年權益促進會應依法邀集兒童及少年擔任委員。同時，應訂定兒童及少年委員遴選規範及流程，避免集中於15-18歲少年。可能的話，設定身心障礙與偏遠地區的保障名額，以增加各類兒童及少年表述意見的機會。

　　2. 應落實未成年勞動權益維護政策：縣市政府對於僱用15歲以上少年工作的行業，應督促雇主於僱用之前提出申請，接受審查，以確保未成年勞動權益。

　　3. 應強化未成年懷孕處遇服務機制：縣市政府對於未成年懷孕的處遇與預防，應規劃求助管道及服務措施，並加強橫向單位的聯繫合作。同時，對於未成人父母所生嬰幼兒私下留養的處理程序，應有政府主管的角色及職責；對於小爸媽應加強個別處遇及支持性服務，並留有完整的服務紀錄。

　　4. 應完備強制親職教育的執行程序：縣市政府執行強制性親職教育，應有整體性規劃及配套措施，包括：訂定親職教育的裁罰基準、執行期限、施教目標、時數認定、教材建置、成效評估。必要

時，可依不同對象，分流實施；因地制宜，到宅施教；或者結合保護
令之申請，以提高執行效果。

　　抑有進者，兒童及少年權益倡導的現代趨勢，已經由福利服務
工作者負責，朝向相關領域之間的協力合作。例如，美國於1970年
代在衛生與人群服務部設置「兒童倡導中心」（Children's Advocacy
Centers, CACs），最近幾年更結合不同的學科領域，聯合為一體，
為兒童及其家庭的權益，提供更廣闊、更有效益的倡導（Wolfteich
& Loggins, 2007: 334; cited in Cox, Tice, & Long, 2016: 126）。就此
而言，美國的做法，不僅令人羨慕，而且帶給我們許多啟示，是否建
議我們的政府也在兒童福利部門增設一個「兒童權益倡導中心」？

第五章

婦女福利服務

　　俗話說：「女人半天邊，聲音一點點。」這句話的表面意思是：女性人數占總人口數的一半，可是女性為自己發聲，往往微不足道，並未引起關注。如果從社會福利服務的立場深入思考，這句話也可解讀為：女性對於福利服務的需求，往往被政府及相關單位所忽視，因而未能獲得適當的福利服務。

　　舉例來說，在臺灣，對於兒童及少年、老人、障礙者等福利人口群，都有專屬的福利法規，但是對於婦女，尚未制定婦女福利法。至於家庭暴力防治法、性侵害犯罪防治法、性騷擾防治法，其適用的對象，除了女性，還涵蓋其他性別，難以定位為婦女專屬的福利法規。

　　另外，在學理上，對於婦女的福利服務，也有「婦女為本」與「家庭為本」的爭議（陳錦華，2006：4）。以「家庭為本」的觀點，強調婦女從屬於家庭，其所提供的服務是針對女性作為妻子或母親角色而規劃；以「婦女為本」的觀點，強調以婦女（或女性）的發展為主體，其所提供的服務不在於協助婦女適應現況，而以改變男女不平等結構為最終目標（莫慶聯，2006：103）。其中，以婦女為本位的做法，將婦女的需求凸顯出來，採取獨立的婦女福利服務，鼓勵婦女找回自己，更能達到社會工作所強調「以人為本」的實踐原則（張菁芬、林盈君，2018：7）。

　　有鑑於此，本章將以婦女的主體性為基礎，探討婦女福利服務的需求、服務項目、親密關係暴力、福利權益的倡導。

📖 第一節　婦女福利服務的需求

　　「婦女」（woman）一詞，是對於成年女性的一般稱呼。在「婦女」的傘狀名詞之下，尚可依其族群分為：單親婦女、原住民婦女、新住民婦女、老年婦女。甚至，再依其婚姻情況分為：已婚同居、未婚同居、單身獨居、晚婚、離婚、不婚、同性結婚等類婦女。

通常，不同類型的婦女，對於福利服務的需求，可能有所不同。

正因爲婦女的類型相當多元，需求亦不盡相同，此處爲了化繁爲簡，凝聚焦點，僅參考衛生福利部辦理全國婦女生活調查的基準，以15-64歲的一般婦女爲主要對象（衛生福利部，2017），據以探討婦女福利服務的需求。

在臺灣，中央衛生福利部與地方縣市政府每四年或五年，定期辦理婦女生活狀況調查，作爲政府制定婦女福利政策、提供婦女福利服務的重要參考。衛生福利部於2020年8月完成「中華民國108年15-64歲婦女生活狀況調查報告」，接受調查的婦女15,041人（母群體8,532,008人，抽樣率1.94%）。以下針對婦女「期待政府提供或加強婦女服務措施」的調查結果，依其重要度選取前面七項，彙整如表5-1：

表5-1　婦女期待政府提供或加強的婦女服務措施　　　　　　　　　　%

	重要度	第一優先	第二優先	第三優先
1. 增加幼兒托育及老人照顧服務	32.69	20.24	14.31	8.72
2. 落實彈性工作或友善工作環境	28.07	16.65	13.50	7.26
3. 經濟協助	21.57	13.41	9.98	5.71
4. 就業媒合服務	21.08	15.58	6.25	4.02
5. 婦女人身安全	13.70	5.71	7.80	8.40
6. 消除職場對婦女之歧視	10.52	4.97	6.14	4.38
7. 學習成長	8.79	3.06	4.95	7.28

資料來源：根據衛生福利部，2020，婦女生活狀況調查報告，pp.169-174之統計表彙整而成。重要度%的計算公式：第一優先乘1+第二優先乘2/3+第三優先乘1/3。

　　茲根據表5-1的統計資料，就其重要程度的先後順序，從「增加
幼兒托育及老人照顧服務」等七個面向，擇要說明婦女對於福利服務
的需求：

一、增加幼兒托育與老人照顧

　　這一個面向，在實施調查上的操作性定義，是指增加幼兒托育服
務與老人照顧服務。其調查統計結果顯示，有32.69%的婦女在七個
面向的需求之中，優先選擇「增加幼兒托育與老人照顧」，其重要度
的排序，居於第一順位。

　　思考一般婦女之所以對於「增加幼兒托育與老人照顧」有非常股
切的需求，一方面是現代社會以雙薪家庭居多，年輕夫婦必須賺錢養
家，不得不將幼兒托給社區保母或育嬰中心代為照顧；另一方面處於
高齡社會，年輕人因為工作羈絆，常需將老年人托給日間照顧據點或
安養中心代為照顧。否則，將幼兒或老人留在家裡自行照顧，可能變
成婦女照顧，既吃力又不討好。因此，現代婦女無不期待政府增加幼
兒托育與老人照顧的服務措施。

二、落實彈性工作或友善環境

　　這一個面向，在實施調查上的操作性定義，「彈性工作」係指由
勞資雙方自主性，依需求協商安排勞工之出勤時間等相關措施；「友
善工作環境」是指工作場所無歧視、重平等，員工與雇主彼此尊重、
合作，共同打造一個性別平等的工作環境。這個面向的調查統計結果
顯示，有28.07%的婦女在七個面向的需求之中，優先選擇「落實彈
性工作與友善環境」，其重要度的排序，居於第二順位。

　　就此而言，現代婦女需要工作，也必須照顧幼兒或老人，當然期
待政府能落實彈性工作的政策，可與雇主協商有彈性的上下班時間、
可彈性請假（例如，特休假得以半日或小時為單位），以便接送幼兒

與老人,或者有喘息時間可處理私事。至於「友善的工作環境」,是勞動者引頸期盼的措施,職業婦女當然也不例外。

三、經濟協助的需求

這一個面向,在實施調查上的操作性定義,是指提供金錢方面的協助。至於調查統計結果顯示,共有21.97%的婦女在七個面向的需求之中,優先選擇「經濟協助」的需求,其重要度的排序,居於第三順位。

何以一般婦女對於「經濟協助」有較高程度的需求?也許可用「女性貧窮化」(feminization of poverty)來解釋。事實顯示,許多婦女,尤其是撫養子女而沒有丈夫或重要他人可協助照顧的婦女,更加容易受到貧窮的傷害。同時,高比率的離婚、未婚媽媽(unwed motherhood)、破碎家庭,以及兒童照顧的負荷落在婦女身上,她們之中多數缺乏良好的就業經驗,導致容易有性別傾斜(gender-skewed)的貧窮率(Barker, 2014: 160)。簡言之,婦女比男性容易陷入經濟不安全,需要基本財務的協助,以維持正常生活。

四、就業媒合服務的需求

這一個面向,在實施調查上的操作性定義,是指提供求職及求才之媒合服務。其調查統計結果顯示,有21.08%的婦女在七個面向的需求之中,優先選擇「就業媒合服務」的需求,其重要度的排序,居於第四順位。

推究一般婦女對於「就業媒合服務」有相當迫切的需求,其可能的原因:一是現代社會以核心家庭居多,婦女必須有工作、有收入,以共同維持家計。二是婦女勞動參與率有逐漸提高的趨勢,婦女就業市場競爭激烈,處於弱勢地位的婦女需要專業人員提供媒合服務,始能順利就業,尤其中高齡婦女二度就業,困難度較高,更需要就業媒

合服務。

五、婦女人身安全的需求

這一個面向，在實施調查上的操作性定義，是指協助遭受家庭暴力及其他人身安全威脅之婦女救援及危機處理等服務。其調查統計結果顯示，有13.70%的婦女在七個面向的需求之中，優先選擇「人身安全」的需求，其重要度的排序，居於第五順位。

就此而言，一般婦女之所以對「人身安全」有相當程度的需求，可能與婦女所處的情境有關。在職場方面，一向對於婦女較不友善，在職場發生的性騷擾事件，時有所聞，且以女性為主要受害者，需要優先保護。在家庭方面，由於性別不平等而發生的家庭暴力，其受害者也以女性居多，需要保護服務。在社會方面，婦女人身安全是一個重要的議題，婦女對於人身保護的意識已有所覺察，因而帶動更多保護服務的需求。

六、消除職場對婦女之歧視

這一個面向，在實施調查上的操作性定義，是指婦女在職場因性別、懷孕、生育等原因，遭到不平等對待，包括：求職、分發、受訓、升遷、薪資、獎懲、離職等不公平待遇。其調查統計結果顯示，有10.52%的婦女在七個面向的需求之中，優先選擇「消除職場對婦女之歧視」的需求，其重要度的排序，居於第六順位。

觀察一般婦女對於「消除職場對婦女之歧視」有一定程度的需求，主要是由於婦女在求職過程及在職期間，經常因為性別差異、懷孕不適、生育請假，而遭到上司或同事的異樣眼光，甚至影響受訓、升遷、受獎的機會，而感到不安或不滿，期待政府徹底消除職職場性別歧視的惡習。

七、學習成長的需求

這一個面向，在實施調查上的操作性定義，是指提升婦女成長之各種研習活動。其調查統計結果顯示，有8.79%的婦女在七個面向的需求之中，優先選擇「學習成長」的需求，其重要度的排序，居於第七順位。

據此申言，一般婦女對於「學習成長」有所需求，一方面是由於現代婦女的教育程度提高，對於終身學習的重要性有較多了解，也有較多參與機會。另一方面是由於扮演母職的角色，對於養兒育女與家務處理的知識及技能，也有繼續學習與自我成長的需求。

除此之外，有些縣市政府委託專家學者進行婦女生活狀況調查，在蒐集量化資料的同時，也透過婦女焦點團體，挖出更多婦女福利服務的需求。例如，在健康管理面向，尚有免費健康檢查（乳房檢查、子宮抹片檢查）、健康諮詢等需求；在社會參與面向，尚有參與休閒活動、參與志願服務、參與舒壓活動等需求；在就業服務面向，尚有就業轉介、創業諮詢、安排子女托育等需求；在經濟協助面向，尚有工作福利、婦女脫貧方案、受害婦女臨時生活補助等需求（張菁芬、林孟君，2018：370-372；顧美俐、劉一龍，2014：167-170）。

綜言之，婦女對於福利服務的需求，相當多元，而且可能因為居住地區（空間）的不同而有所差異，也可能隨著社會變遷（時間）而有所變化。這些需求，都有賴福利服務工作者深入了解，並提供對應的福利服務項目。

📖 第二節　婦女福利服務的項目

婦女福利服務是社會福利的一環，社會福利以需求為基礎，福利

服務何獨不然？因此，福利服務的工作者在了解婦女對於福利服務的需求之後，必須規劃及實施適當的服務方案或活動，藉以回應婦女的需求。茲以第一節所述一般婦女對於福利服務的眾多需求爲基礎，將婦女福利服務項目歸納爲下列方案：

一、婦女保護服務方案

爲了因應婦女對於人身安全、促進性別平權的需求，並落實「消除對婦女一切形式的歧視」的政策，福利服務工作者必須規劃及實施婦女保護服務方案。這項方案的內容，可包括下列項目：

1. 家庭暴力防治相關服務：例如，對於受害婦女提供緊急救援，協助她們接受診療、驗傷、採證，協助申請保護令、申請緊急生活補助及其他必要費用。

2. 性侵害犯罪防治的相關服務：例如，於知悉婦女疑似遭到性侵害情事，立即向主管機關通報，並協助她們接受驗傷、取證，陪同她們接受偵訊。

3. 性騷擾防治的相關服務：例如，協助遭到性騷擾的婦女依法提出申訴，提供情緒支持服務，或轉介相關機構接受諮商及輔導。

4. 促進性別平權的相關活動：例如，提供相關訊息並支持婦女參加促進性別平權的公共論壇、政策說明會、立法公聽會、連署簽名請願、示威、抗議及其他消除性別不平等的相關活動。

二、婦女就業服務方案

爲了因應婦女就業或創業的需求，福利服務工作者必須規劃及實施婦女就業服務方案。這項方案的內容，可包括下列項目：

1. 職業訓練與就業服務：例如，協助有就業需求的婦女參加職業訓練，或提供勞動市場就業資訊，媒合就業機會或轉介就業。

2. 中高齡婦女二度就業輔導：例如，協助45-64歲中高齡婦女有

意二度就業者，參加勞動單位辦理的職業訓練及就業輔導。

3. 婦女創業貸款的相關服務：例如，協助有意創業且有貸款需求的婦女，向政府申請創業優惠貸款或利息補貼。必要時，轉介相關單位接受創業諮詢服務。

三、婦女經濟協助方案

為了因應婦女對於經濟協助的需求，福利服務工作者必須規劃及實施婦女經濟協助方案。這項方案的內容，可包括下列項目：

1. 低收入戶經濟補助相關服務：例如，協助列冊低收入戶、中低收入戶的婦女，申請生活扶助、醫療救助、急難救助、災害救助，並提供關懷訪視服務。

2. 特殊境遇家庭經濟補助相關服務：例如，協助符合特殊境遇家庭扶助條件的婦女，申請緊急生活扶助、傷病醫療補助、法律訴訟補助及創業貸款，並定期提供訪視服務。

3. 貧困婦女脫貧方案相關服務：例如，協助低收入戶、中低收入戶、貧窮邊緣戶（近貧）的婦女，參加政府辦理的自立脫貧方案、社會發展帳戶，並依其需要轉介就業服務、創業輔導。

四、婦女社會參與方案

為了因應婦女對於社會參與的需求，福利服務工作者必須規劃及實施婦女社會參與方案。這項方案的內容，可包括下列項目：

1. 婦女休閒服務：例如，提供休閒資訊，並鼓勵婦女參加社區休閒活動、親子休閒活動、家庭旅遊活動。

2. 婦女志願服務：例如，提供志願服務資訊，並鼓勵婦女參加社會福利、衛生保健、環境保護等類志願服務工作。

3. 婦女社團活動：例如，鼓勵並支持婦女參加當地婦女會、社區發展協會或其他適當的社團活動。

五、婦女成長服務方案

為了因應婦女對於繼續學習與自我成長的需求，福利服務工作者必須規劃及實施婦女成長服務方案。這項方案的內容，可以包括下列項目：

1. 正式的成人學習（formal adult learning）：例如，鼓勵並支持婦女參加空中大學、各級學校進修班之學習，取得畢業證書，提升教育程度。

2. 非正式的成人學習（informal adult learning）：例如，鼓勵並支持婦女參加社區大學、民間團體辦理的研習班，取得研習證明，增加知能，提高信心。

3. 非正規的成人學習（non-formal adult learning）：例如，鼓勵並支持婦女參加社區成長教室（原稱社區媽媽教室）、各類研討會或其他學習活動，不斷地累積經驗、擴大視野。

六、婦女生活調適方案

為了因應婦女對於健康管理及各種諮詢服務的需求，福利服務工作者必須規劃及實施婦女生活調適方案。這項方案的內容，可包括下列項目：

1. 健康與醫療相關服務：例如，提供健康促進資訊，並鼓勵婦女定期接受免費健康檢查（乳房檢查、子宮頸抹片檢查），以維持健康。如有疾病，及早治療。

2. 婚姻諮詢服務：例如，對於婚姻關係發生嚴重衝突，或面臨離婚危機的婦女，提供婚姻諮詢服務，或轉介適當機構，接受婚姻諮商、法律諮詢等服務。

3. 婦女親職教育服務：例如，對於親子關係發生嚴重衝突，或母職角色扮演發生困擾的婦女，提供個別化親職教育服務，或轉介適

當機構接受親職教育。

七、婦女「顧職減壓」方案

為了因應婦女減輕家務處理及家庭照顧負荷的需求，福利服務工作者必須規劃及實施婦女「顧職減壓」方案。這項方案的內容，可包括下列項目：

1. 家務協助服務：例如，對於家境貧困且育有幼兒的單親婦女，由政府安排家務服務員到宅服務，每日一定時數，協助家務處理，以減輕家務壓力。

2. 照顧者喘息服務：例如，對於婦女需要長時間照顧家中兒童、身心障礙者、老人或重病者，由政府安排受過訓練的照顧員或志工，到宅協助照顧一定時數，讓家中的主要照顧者有喘息（respite）的機會，得以處理個人的事務。

3. 壓力管理服務：例如，對於工作中的婦女，需要負擔工作與照顧的雙重任務而倍感壓力者，提供壓力管理（stress management）或時間管理（time management）之類課程，協助她們習得自我調適的技巧。

上述婦女福利服務的七種方案，有一部分是由社會福利現金給付衍生的相關服務，例如，婦女經濟協助方案。另外有些方案，看起來好像與福利服務沒有直接的關聯性，例如，婦女成長服務方案是成人教育的領域，則有賴福利服務工作者結合相關系統，為有需要的婦女提供較佳服務。至於婦女「顧職減壓」方案，涉及兒童照顧、老人照顧、障礙者照顧，可能是影響婦女主體性的福利服務，則需要透過婦女權益的倡導，逐步尋求改善。

📖 第三節　特定議題：親密關係暴力

有關於婦女對於福利服務的需求，以及相對應的婦女福利服務方案，很多時候都涉及性別不平等，成爲性別的權力（power）與控制（control）的重要議題。國際社會衡量性別平權的一個重要指標，是消除婦女暴力的行爲（潘淑滿、張秀鴛、潘英美，2016：193）。尤其，發生於配偶之間的親密關係暴力（Intimate Partner Violence, IPV），對於婦女被害人的福祉，往往造成嚴重的傷害，有必要深入探討。

「親密關係暴力」（IPV），是家庭暴力（family violence）三種主要類型的一種，其他兩種是兒童不當對待（child maltreatment or child abuse）與老人虐待（older adult abuse）。有時候，親密關係暴力（IPV），也簡稱爲「家庭暴力」（Domestic Violence, DV）。

在美國，疾病控制與預防中心（Centers for Disease Control and Prevention, 2006: 2）將親密關係暴力定義爲：發生於一種親密關係中（in a close relationship）兩個人之間的虐待；而「親密關係」（intimate partner）一詞，包括：當前與先前的配偶及約會的伴侶，而且暴力的存在，從一種偶爾發生的單一暴力，到持續性的猛烈打擊（ongoing battering），都屬於親密關係暴力。但是，親密關係暴力（IPV）不宜簡化爲「婚姻暴力」（marital violence），因爲沒有婚姻關係的親密伴侶，也可能發生親密暴力。

對於親密關係暴力（IPV）的描述，還有幾個相關的名詞。其中，親密恐怖（intimate terrorism），是專指身體暴力及性騷擾；暴力抵抗（violence resistance），是對於親密恐怖的一種反應，類似於自我防衛（self-defense）；情境的配偶暴力（situational couple violence），是指夫妻之間週期性發生連續衝突的暴力（McClennen,

Key, & Dugan-Day, 2017: 155）。

　　無論如何，親密關係暴力是男女兩性相互之間的暴力行為，但其被害人以女性居多。在美國，根據2011年調查結果，大約有35.6%的婦女在其一生當中曾遭到親密伴侶的強暴、身體暴力與／或猛烈打擊（McClennen, Key., & Dugan-Day, 2017: 163）。在臺灣，由2013年的通報案件顯示，親密關係暴力的被害人，男女性別比約為1：9（潘淑滿、張秀鴛、潘英美，2016：197）。以下簡述親密關係暴力的成因、類型、服務方案。

一、親密關係暴力的成因

　　親密關係暴力發生的原因，相當複雜，至少涉及個人的因素（例如，童年的發展關係、性別、族群、階級）、結構性的因素（例如，資本主義、父權的支持）、文化的因素（例如，男性氣概、女性主義的支持）（Hattery, 2009: 5-8）。

　　黑雪（Heise, 2011: 6）深感親密關係與家庭暴力的複雜性，認為此種暴力必須將環繞於個人、情境、社會、文化等交互影響的因素之間，形成一種多面向的概念，而且在暴力研究之中，以生態性思考（ecological thinking）來呈現可能的因素，更勝於決定性的因素，因為暴力的發生是一系列因素之間的交互作用，而不是單一的因素使然。黑雪（Heise, 2011: 8）對於親密關係暴力的各種風險因素，以生態架構圖加以描繪，如圖5-1：

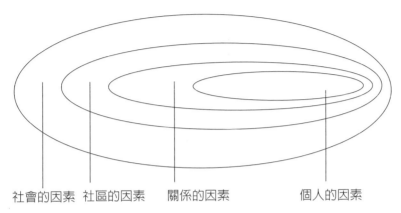

　　社會的因素　社區的因素　　關係的因素　　　　　個人的因素

圖5-1　親密關係暴力風險因素的生態架構
資料來源：Walsh, 2019, p.27.

　　茲以圖5-1的生態架構為基礎，並參考相關文獻（Walsh, 2019: 27; Centers for Disease Control and Prevention, 2013, adapted from Ambrosino, et al., 2016, p.314），扼要地陳述親密關係暴力的風險因素：

　　1. 個人的因素（individual factors）：(1)低自尊（low self-esteem），引發憤怒與敵意，想望權力與控制；(2)低收入，引發沮喪，心理上的攻擊；(3)童年被虐待，有被懲罰或心理虐待的歷史；(4)童年曾目睹暴力（witnessing violence）；(5)曾有攻擊與少年犯罪行為；(6)濫用藥物，導致情緒依賴，缺乏安全感。

　　2. 關係的因素（relationship factors）：(1)夫妻衝突（marital conflict），關係不穩定、離婚、分居、家庭破碎；(2)男性控制財產（wealth）與決定（decision making），支配與控制的權力，超越其他人；(3)經濟的壓力（economic stress），導致不健康的家庭關係及互動。

　　3. 社區的因素（community factors）：(1)貧窮，低社會資本

（low social capital），連結於住宅過度擁擠；(2)低教育水準（low SES），鄰里沒有能力及意願去處理他人的暴力，弱勢社區缺乏正向社會支持的制度及規範；(3)失業，賦閒在家，容易引起緊張關係、爭執、打鬥；(4)與少年犯罪的同儕連結，而法律執行及其他社區的機構對於少年犯罪的介入，相當有限。

4. 社會的因素（societal factors）：(1)傳統的性別規範，可能透過各種媒體、嘲弄，支持男性暴力；(2)暴力的寬容（acceptance of violence），以有限的政策與資金，支持暴力的預防與處遇；(3)男性氣概（masculinity），連結於優越感、炫耀及好鬥，不甘屈居下風；(4)僵硬的性別角色，堅持女性必須處理家務，男性不做家事。

除此之外，還有一個議題：遭受親密關係暴力的受害婦女為何留下不走？其原因也相當多元，包括：(1)心理上，可能仍然愛她們的侵犯者，也可能認為孩子需要雙親家庭；(2)認知上，可能相信她們的侵犯者有意願改變；(3)財務上，可能依賴侵犯者提供生活所需，也可能擔心離開之後喪失福利資格；(4)文化上，所處社會對於婚姻暴力的發生，可能偏袒男性，責怪女性，也可能害怕在公眾之前丟人現眼（McClennen, Key, & Dugan-Day, 2017: 185-186）。事實上，被害婦女繼續留在親密關係暴力的情境，可能增加更多的風險。現在的問題，不是何以她們留下來（Why does she say），而是何以侵犯者不讓她們走（Why doesn't the batterer let her go）？無論她們選擇留下或離開，福利服務工作者都必須尊重受害者，並提供她們所需的資源和服務，以保護她們不再受到任何型態的親密關係暴力。

二、親密關係暴力的類型

福利服務工作者要以實際行動介入親密關係暴力相關服務，必須了解婦女遭到暴力的特定類型，以便有所因應。

政策上，為方便回應親密關係暴力，通常將侵犯者對於婦女施

暴的行動，大致區分為四種主要類型：身體的（physical）、性的（sexual）、心理的（psychological）、經濟的（economic）的虐待／暴力（Tjaden & Thoennes, 2008; adapted from McClennen, Key, & Dugan-Day, 2017: 161）。實務上，為強化預防的行動，常增加其他分類。其中，比較常見的親密關係暴力的類型包括（McClennen, Key, & Dugan-Day, 2017: 161-163; Ambrosino, et al., 2016: 312）：

1. 身體的暴力（physical violence abuse）：這是親密關係最常見的一種虐待行為，多數媒體也喜歡報導這類身體暴力的訊息。女性的伴侶遭到身體暴力的案例，包括：抓傷、推撞、毆打、踢傷、推下樓梯、用香菸或其他物品燒傷、用尖物刺傷、坐在車內時粗魯開車驚嚇她們。

2. 言語的暴力（verbal violence）：這是使用口語對女性的伴侶進行心理虐待的一種型態。例如，對著她們大聲叫罵、嘲笑她們的外表、譴責她們賣弄風騷、再三盤查她們的行縱、故意在家人或朋友面前批評她們對男女關係不忠、否定她們的價值。

3. 非言語的暴力（nonverbal violence）：這是透過非口語的型態，對女性的伴侶進行心理虐待。例如，破壞她們的財物、虐待她們的寵物、拿著刀或槍威脅她們、在毆打之後離家不知去向、隔離她們與朋友或其他人往來的機會。

4. 性的暴力（sexual violence）：對女性的伴侶施予性暴力的案例：在性侵害方面，強迫她們進行不想要、不安全或降低地位的性活動；在性騷擾方面，嘲笑她們的性能力或性特徵；在性剝削方面，強迫她們參加色情表演或錄製色情影片。

5. 經濟或財務的暴力（economic or financial violence）：這種型態，可能是侵犯者想促使受害者獨立，而不再依賴他們，但多數出於惡意，包括對婦女：阻擋她們找工作或繼續工作、中斷她們的經濟資源、破壞她們的信用、強迫她們交出金錢、偷竊或騙取她們的金錢

或財產、拒絕提供生活所需的食物、衣服、住所、治療藥劑。

6. 跟蹤（stalking）：依據美國2000年調查，約有5%的女性、0.6%的男性曾被伴侶跟蹤（McClennen, Key, & Dugan-Day, 2017: 163）。跟蹤，類似「密探」（spy），是採取反覆或迂迴的方式，試圖威脅親密伴侶的身體或情緒。跟蹤者的動機，可能是想要伴侶回頭，也可能想懲罰伴侶，成功地促其離開。侵犯者對於婦女的跟蹤，可能重複出現在她們的住家、學校、職場的外面，也可能出現在購物或其他目的地的途中。另外還有一種網路跟蹤（cyber-stalking），係透過國際網路、電子郵件或其他電子通訊技術，讓他們想要跟蹤的對象重複接到來路不明的電話、電子郵件，或者沒有影像的視訊，因而心生恐懼。

7. 宗教信仰的暴力（spiritual violence）：利用配偶或親密伴侶的宗教或靈性信仰去操縱她們的行動、嘲弄她們的宗教或靈性的信仰儀式、逼迫孩子被她們不同意的宗教信仰者撫養或照顧。

復有進者，親密關係暴力還有兩種型態也經常被專家學者引用：一種是「製造精神錯亂」（crazy-making），將施暴的責任歸咎於被害人、擅自改變被害人所解釋的真實性，說她的行為反覆無常，使其他人相信她是瘋子。另一種是以自殺或殺人為要脅（suicidal and homicidal threats）（Helpguide, 2009; adopted from Ambrosino, et al., 2016: 313）。後面這一種型態，相當類似於一種「情緒勒索」（emotional blackmail），可能帶給被害婦女極大的情緒壓力，甚至被逼迫變成真正的瘋子。

三、親密關係暴力的服務方案

親密關係暴力的任何一種型態，都可能造成不良的後果。尤其，親密關係暴力的被害人以婦女占多數，在男性的權力與控制之下，不但應有的權益受到傷害，而且可能衍生創傷後壓力疾患

（Post-traumatic Stress Disorder, PTSD），習得無助感（learned helplessness），甚至自殺身亡（Ambrosino, et al., 2016: 313）。

對於親密關係暴力的介入，至少涉及司法、衛生醫療、勞動、教育、社會福利等系統。就社會福利系統的防治而言，潘淑滿、游美貴於2012年接受內政部委託，從事「親密關係暴力問題之研究」，曾蒐集美國、英國、日本、香港對於親密關係暴力提供服務的概況、模式及相關政策，進行文獻分析。其中，有關親密關係暴力的服務措施（潘淑滿、游美貴，2015：247-248），可整理如表5-2：

表5-2　各國親密關係暴力防治制度（服務措施）之比較

	美國	英國	日本	香港
緊急救援	熱線通報救援（各州官網連結）。	警察救援，並協助連結庇護服務。	諮詢所與地區支援中心提供緊急安置。	一站式服務
熱線	24小時免付費熱線、多語服務。	24小時免付費熱線（由非營利組織提供）。	（無）	民間熱線
後續服務	倡導、庇護服務、法律諮詢、治療與諮商。	以庇護開啟服務（協助申請住宅）、社區支持服務。	緊急保護、庇護服務、就業、公共住宅使用、醫療。	尚未衝突夫妻或單方夫妻申請喘息服務、治療與諮詢、就業、生活協助、家庭支援、綜合性家庭服務。

資料來源：摘自潘淑滿、游美貴，2012，pp.247-248，「各國親密關係暴力防治制度比較表」有關服務措施的部分，整理而成。

由表5-2的資料顯示，美國、英國、日本、香港等主要國家及地區，對於親密關係暴力的服務措施，大同小異，主要是設置熱線（日

本除外）接受緊急通報，並著重於緊急救援與後續服務。茲以這些
國家及地區的經驗爲基礎，並參考相關文獻（Welsh, 2019: 93-98;
Ambrosino, et al., 2016: 313-315），綜合地說明親密關係暴力的服務
方案：

　　1. 緊急救援及安置：通常由政府提供24小時免付費電話專線
（臺灣通報專線爲：113），接獲通報之後，由社會工作者協同警察
及相關人員緊急前往救援，並暫時安置於庇護場所，給予必要的保護
服務。

　　2. 緊急財務救濟：對於受害程度較輕微而選擇留在家的婦女，
如有財務危機或救助需求，則由政府提供緊急財務救濟（emergency
financial）或食物抵用券（food vouchers）。在澳大利亞與紐西蘭，
是由政府補助非政府組織，針對貧困家庭的親密關係暴力受害婦女，
提供現金救濟或食物籃（food hampers）（Welsh, 2019: 94）。

　　3. 家庭支持服務：對於那些被親密關係暴力嚴重影響的婦女及
其兒童，提供支持性服務，包括：家庭與親職支持、安全上的規劃
（safety planning）、提供資訊、轉介（referral）、危機處理（crisis
support）、實務援助（practical assistance）、倡導、諮商及情緒支
持。提供這些服務的主要目的，在於協助遭受親密關係暴力的父母及
其兒童重新建立信心。

　　4. 自立生活協助：對於遭受親密關係暴力的婦女，提供綜合性
服務，以協助她們自立生活。這些服務項目包括：協助申請就業服
務、社會住宅、健康醫療、法律諮詢、諮商服務、年金給付、兒童照
顧及托育。

　　5. 社區外展服務：對於居住在偏遠地區或者不想接受庇護的
受暴婦女，由婦女保護相關機構（例如，家庭暴力暨性侵害防治中
心）提供外展服務方案（outreach service programs）。這個方案的
服務項目可包括：提供資訊、支持、倡導、所得支持系統（income

support system）；以及結合法庭支持（court support）、財務諮商
（financial counseling）、個案管理（case management）、安全上
的規劃等服務。有時候，親密關係暴力的外展服務，也可能會涉及
社區教育（community education）、訓練及初級預防活動（primary
prevention activities）。

　　這裡有兩點補充說明：一是對於親密關係暴力的加害人，福利服
務工作者必需配合法院的裁定，提供親職教育輔導或其他服務方案。
二是對於目睹父母暴力的兒童，福利服務工作者必須提供適當的處遇
及服務，以避免童年曾目睹暴力又成為施暴的原因，造成未來的暴力
循環（cycle of violence）。一言以蔽之，家庭是一個有機體，倘若
家暴的加害人與目睹家暴的兒童都能獲得適當的服務而有所改善，則
被害婦女也可連帶獲益。

📖 第四節　婦女福利權益的倡導

　　由前面所述親密關係暴力的被害人以婦女居多，即可看到性別不
平等的一些現象。事實上，婦女在勞動、福利、教育、環境、醫療等
領域，也隱藏著性別不平等的政策及措施。

　　就福利服務而言，婦女對於福利需求，仍有一部分未獲充分滿
足，尤其人身安全的問題始終存在；婦女相關福利服務項目，也有一
部分忽略了婦女的主體性，尤其「顧職減壓」方案，凸顯女性是家中
兒童、老人、障礙者、病人的主要照顧者，家庭照顧變成女性照顧，
而女性照顧又變成母親照顧，傷害了婦女的主體性。

　　凡此種種，顯示性別平權仍有改善空間，而婦女應有的權益更
有待大力倡導。以下從動態的倡導模式（Cox, Tice, & Long, 2016:
74），略述婦女權益倡導的重點。

一、經濟與社會正義

長久以來，婦女在經濟與社會的地位，相對於男性，往往處於較為不利的情境。例如，男女同工不同酬，婦女的工資通常較低，而且女性勞工在職場常有「玻璃天花板」（glass ceiling）的障礙。可能由於升遷甄選標準等人為因素，使得女性無法與同儕男性公平競爭。

依據新自由主義女性主義（neo-liberalism）的見解，有男女平等參與的自主，才能克服所有層面的不公平，因而必須推動參與式的民主與女性公民的充權（顧美俐，2014：3）。據此申言，為了協助婦女擁有經濟與社會的正義，必須立基於性別正義，逐步促進性別平等，始克有成。因此，這裡特別引用弗雷瑟（Fraser, 2013）對於性別正義所歸納的七個原則（引自顧美俐，2014：3-4），作為此項倡導的基本規範：

1. 反貧窮的原則：預防貧窮是達到性別正義的要素，尤其現在單親女性家庭有高比例的貧窮，這在福利國家是不被接受的。

2. 反剝削的原則：預防對弱勢族群的剝削是很重要的，有些婦女無法養活自己和小孩，是很容易受到丈夫的虐待、血汗工廠及賣淫媒介的剝削。未就業的婦女如果知道在婚姻之外有支持她生活的方式，則較容易離開受虐的婚姻關係。

3. 收入的平等：目前女性的收入約為男性收入的70%。假若男女的收入平等，可預防女性離婚後收入減少50%的困境。同工同酬才不會低估女性的勞動力與工作技術。

4. 空閒時間的平等：相對來說，很少男性同時做有酬勞的工作和無酬的照顧工作。多數女性卻經常遭遇此種「時間貧窮」，而且覺得多數時間是疲勞的。男性處理家務及照顧工作的時間太少了。

5. 受尊敬的平等：受尊敬的平等，要求認同女性的個人及其工作價值。尤其在後工業社會的文化，經常將女人視為男性享樂的性對

象，而且把女性的活動瑣碎化，而忽視女性的貢獻。

6. 反邊緣化的原則：社會政策應提升女性參與的機會，能與男性同樣參與所有領域的社會生活。這也包括原屬女性領域的托幼、托老，能成爲公共的議題與政策，並使職業不再只是男性化的文化。

7. 反男性中心主義的原則：社會政策不應要求女性變得跟男性一樣，也不能要求女性去適應爲男性設計的機構。

在上述七個原則之中，反貧窮與收入平等，是直接有關經濟正義的原則，至於其他五個原則，看起來好像與社會正義比較有關，其實也間接影響經濟的正義。

二、支持的環境

近年來，由於女性權益意識逐漸提升，人們對於婦女的尊重與支持，已比過去有顯著進步。然而，有些男性仍以壓制與控制的手段，獲得比女性更多的權力。這種性別權力的不平等，施加於婦女身上而造成親密關係暴力，仍舊時有所聞，似乎未曾終止。

在美國明尼蘇達州東北部的杜魯斯市（Duluth City），爲了因應權力與控制所造成的親密暴力，曾邀請兩百多名婦女陳述她們被丈夫或親密伴侶毆打的經驗，進而發展一種處遇方案，稱爲「杜魯斯模式」（Duluth Model）。這種模式，係以「平等」（equality）爲核心，列舉男性施暴者必須學習的八種行爲，形成一種平等之輪（equality wheel），用以營造一種「非暴力」（nonviolent）友善婦女環境（McClennen, Key, & Dugan-Day, 2017: 181-182），如圖5-2：

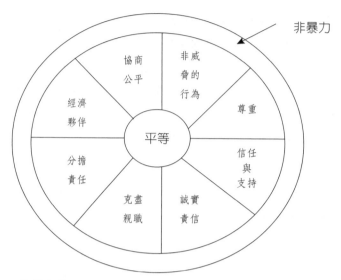

圖5-2　平等之輪

資料來源：McClennen, Key, & Dugan-Day, 2017, p.181.

　　茲根據圖5-2所列男性必須學習的八種行為，扼要闡釋倡導「無暴力」環境的重點：

　　1. 非威脅的行為（non-threatening behavior）：在行動上採取沒有威脅性的行為，來對待女性伴侶。如此，她們可以安全與舒服地表達自己的意見、做自己的事。

　　2. 尊重（respect）：非評價性地（non-judgmentally）傾聽她們的說話；帶有情感地肯定（emotionally affirming）與了解她們的想法；尊重她們的意見。

　　3. 信任與支持（trust and support）：支持她們對於人生的目標；尊重她們有權利擁有自己的品味（feeling）、朋友、活動和不同意見。

　　4. 誠實與責信（honesty and accountability）：負責任地接納自我；承認過去曾經使用暴力；承認做錯事；開放地與真誠地進行溝通。

5. 克盡親職（responsible parenting）：分擔親職的責任；為孩子呈現一種正向的、非暴力的角色典範（positive non-violent role model）。

6. 分擔責任（shared responsibility）：相互地協議家務工作的公平分配；一起做家庭事務的決定。

7. 經濟的夥伴（economic partnership）：一起做金錢處理的決定；確保夥伴雙方都可從財務的配置中獲得利益。

8. 協商與公正（negotiation and fairness）：對於衝突，尋求彼此滿意的解決方法；接納改變；有意願遵守妥協的事項。

上述「平等之輪」所列舉的行為學習，顯然是針對男性施暴者而量身打造。事實上，親密關係暴力的發生，配偶或伴侶雙方都有責任，無論受暴或未受暴的婦女如果也能學習這八種行為，至少可以預防或減少親密關係暴力的發生次數及傷害程度。

三、人類的需求與權利

有關於婦女對於福利服務的需求，以及性別平權的議題，在前面節次已有所討論。現在，根據衛生福利部（2019）對於縣市政府執行社會福利績效實地考核報告（婦女及家庭組）之中，考核委員的建議事項，擇要說明婦女需求與權利倡導的重點。

1. 婦女福利需求的倡導：

(1)因地制宜滿足婦女的福利需求：縣市每四或五年定期辦理的婦女生活狀況及需求調查，必須因地制宜設計調查項目，並以調查結果規劃婦女福利服務方案。

(2)關注偏鄉地區婦女的福利需求：縣市各地婦女福利服務中心，應在偏鄉或部落設置社區據點，以利當地婦女近便獲得服務。

(3)兼顧多重弱勢婦女的福利需求：針對單親、障礙、高齡等弱勢婦女的福利需求，提供個別化福利服務。

(4)加強婦女學習成長的實用性：配合婦女處理家務的需求，在婦女成長教育活動中，加強實用性技術的學習，例如，簡易的水電修理。

(5)整合婦女親職教育需求的相關服務：將親職教育的實施，結合保護令的聲請。

2. 婦女福利權利的倡導：

(1)經濟權：在偏鄉部落增設婦女經濟合作社；鼓勵男性申請育嬰假。

(2)性別平等權：依性別統計、性別分析，設計婦女福利服務相關方案。

(3)婦女參與權：培力婦女參與政策決定的權力及能力；有關婦女福利的規劃案，需經婦女權益促進委員會討論。

(4)婦女自主權：以性別平權的架構進行服務方案的規劃，容易忽略婦女的主體性，必須先釐清「性平會」與「婦權會」的界線。

無論如何，婦權與婦女賦權，是當前重要的議題。衛生福利部出版的社區發展季刊第171期（2020年9月）即以「婦女賦權與保護」為專題，探討婦女的經濟賦權、政治賦權、女性軍人的充權，以及男性請育嬰假／留職停薪對於婦女賦權的意涵。

四、政治的接近

目前，臺灣婦女福利服務的法源，散見於家庭暴力防治法、性侵害犯罪防治法、性騷擾防治法、性別工作平等法，缺乏一個整合性的社會福利法規。

其實，早在1989年，當時立法委員謝美惠等人曾連署提出「婦女服務法草案」，當時社會福利中央主管機關內政部也曾於1993年8月間，邀請專家學者及婦女團體代表，研商是否單獨訂定婦女福利法，結果意見不一，認為有關婦女的權益及福利必須先予澄清，容後再議（吳伯雄，1994：46）。顯然，這是政治運作的拖延戰術。

時至今日，政治、經濟、社會、文化的環境都已迅速變遷。在政治上，女性立法委員人數增加；在經濟上，婦女勞動參與率提高；在社會上，高齡化與少子女化，更加仰賴婦女的照顧，也引發「照顧正義」（care justice）的議論；在文化上，性別平權與婦女主體性已然成為一種普世的價值。就此而言，目前應該是倡導婦女福利單獨立法的適當時機，其主要理由有五：

1. 賦予婦女福利的法律依據：目前，各級政府推動婦女福利相關業務，缺乏堅實的法源，只能憑藉行政命令，抑或依賴實務工作者的個人創意及溝通協調。

2. 消除對婦女議題的邊緣化：婦女議題長久被邊緣化，政治人物與機關主管向來不重視婦女議題，人力與經費的投入不足，連帶影響福利與服務的績效。

3. 彌補婦女四法功能之不足：目前，婦女四法之中，家庭暴力防治法、性侵害犯罪防治法、性騷擾防治法，側重於性別平等及婦女的人身安全；性別工作平等法，著重於職場性騷擾的防治。即使特殊境遇家庭扶助條例可為婦女及兒童提供經濟補助，也屬於短期救助。至於婦女的經濟安全、福利措施、教育權益、就業保障、健康醫療、社會參與等功能，則有必要訂定婦女福利法，予以補足。

4. 整合相關單位的婦女業務：婦女業務的推展，經常牽涉政府各部門的溝通協調，其整合規劃不易，協力推動更加困難。例如，性別預算、相關委員會的女性人數比例，只是聊備一格，形式上合乎規定，實質作用有限。因此，有必要訂定婦女福利法，以規範各目的事業主管機關的權責，進而發揮整合的功能。

5. 確立婦女專責單位的地位：目前，行政院性別平等委員會屬於任務編組的單位，而且涉及女性之外的其他性別。衛生福利部社會及家庭署，設有婦女福利及企劃組，至於地方政府社會處局，多數是將婦女福利與兒童福利、保護服務、新住民福利等業務，合併設科。

有關於是否設置婦女專責單位，衛生福利部已有委託專案進行研究中，顯示此議題值得探討。究其法源依據，仍有待婦女福利法或婦女基本法之訂定。

　　歸結地說，女人半天邊，聲音不能只有一點點。爲了爭取婦女的主體性、爲了消除對婦女一切形式的歧視、爲了維護婦女本身的權益，必須將聲音再放大一點，大聲倡導現代婦女應有的權益及其福利服務。

第六章

老人福利服務

現代社會，老人的人數越來越多，老人的年齡越來越老。根據聯合國2014年的人口統計顯示，人口老化（aging）是一種全球性的現象，老年人口在數量上快速成長，可歸因於有生殖能力的世代趨於老化，相對於18歲以下人口的減少，結果老年人口的比率快速增加，預期到了2050年，在發展中國家，其60歲以上人口數將超過15歲以下兒童人口數（Ambrosino, et al., 2016: 378）。

在臺灣，人口老化也有類似國際的趨勢。依據內政部2019年人口統計資料顯示，2018年3月，臺灣65歲以上人口數占總人口數14%，進入高齡社會；估計2026年，65歲以上人口數將占總人口數20%，邁入超高齡社會，每五人即有一人為65歲以上老人。

通常，人口老化對於一個老年人口較多的社會，可能影響其經濟發展、家庭結構、生活安排、健康照顧、住宅、移民，而且必須有實質的資源，可用以滿足老年人口的健康、社會與經濟等方面的需求（Ambrosino, et al., 2016: 378）。

有鑑於人口老化對於老人可能產生的效應，而需要有所因應，以下僅就老人對於福利服務的需求、服務項目、長期照顧、權益倡導，略加闡釋。

📖 第一節　老人福利服務的需求

有關於老人福利服務需求的實證資料，並不多見。衛生福利部於2017年公布「中華民國106年老人生活狀況調查報告」，係側重於老人日常生活的了解，僅附帶調查老人對於福利措施（例如，社區照顧關懷據點、居家服務）的認知及使用情況，並未涉及福利需求的部分。至於縣市政府辦理的老人生活狀況調查，也與中央的調查大同小異，在福利的部分，只呈現福利措施的認知與滿意度，也未列入福利需求的調查。也許，我們可從下列兩種相關文獻，據以探討老人福利

服務需求的梗概。

首先，從生命周期的觀點，認為個體到了老年期（65歲以上），可能遭遇的問題與危機包括：鰥寡、慢性疾病、身心障礙、退休適應不良、社會隔離、經濟不安全、被遺棄，因而在社會福利體系需要提供：老人長期照顧、醫療照顧、到宅服務、所得維持方案、老人住宅、社會參與、家庭支持方案、交通服務、餐飲服務、老人保護服務、家庭諮商（林萬億，2016：43）。

其次，從退休議題的看法，認為老年人在退休之後，可能生活於退休給付的固定收入（fixed income）或收入減少的情境，而且在同一時間可能會增加健康照顧的經費開銷，因此，收入安全（income security）是最優先的一種需求。其他的需求尚包括：可獲性與可近性的照顧、安全與可負擔的住宅、可靠的交通運輸、必要的長期照顧，以及保護服務，以免於被疏忽與虐待（Ambrosino, et al., 2016: 383）。

根據這兩種文獻資料，可將老人福利服務的需求，綜合歸納為七項，並就老人可能遭遇的問題、危機或情境，略加分析。

一、收入安全的需求

有些人認為老年人生活簡單，花費不多，沒有金錢不夠用的問題。其實，這是一種迷思。即使老人是從公職或勞工的職位退休下來，每個月退休金的收入，也比退休前少很多，況且有些老人並沒有退休金，只能仰賴過去的儲蓄或子女的接濟勉強過活。

同時，老年人對於食物、衣服、住屋、休閒、交通，以及自由決定的支出，例如為家人購買禮物，並不因年齡增加而減少，反而對於維護健康的成本，明顯增加。

老人的收入不穩定，無法滿足基本生活的需求，可能的結果是生活的水準降低，導致依賴的感覺，自尊心喪失，缺乏健康。因此，收入對於老人是一種使能的資源（enabling resource），收入減少必

然影響生活中的選擇，結果是一種自主性的失落（Ambrosino, et al., 2016: 387）。因此，老人需要福利服務工作者的協助，申請相關補助或資源，以便維持基本生活之所需。

二、健康照顧的需求

對於老化的正向適應，收入安全不是唯一的因素，健康是更重要的事件，並且受到老人及其家人的高度關切。

一般而言，健康情況良好的老人，其所占比率較低。大多數老人都有一些慢性疾病，例如，關節炎（arthritis）、高血壓（high blood pressure）、心臟病（heart disease）、糖尿病（diabetes），甚至是癌症（cancer）。同時，老年人也比一般人更容易有發展性疾病，例如，肺炎（pneumonia）、流行性感冒（influenza）、胃腸併發症（gastrointestinal complications）、肺氣腫（emphysema）、骨關節病變（osteoporosis）、視覺損傷（visual impairments）（Hillier & Barrow, 2010）。

簡單地說，老年人或多或少有一些「老毛病」，甚至百病纏身，痛苦不堪，需要健康照顧及醫療服務，以期降低疾病的風險。

三、生活照顧的需求

老年人隨著歲月增長，器官逐漸老化，思維逐漸僵化，可能導致身體衰弱、障礙或失能，對於日常生活的食、衣、住、行、教育、休閒、娛樂及其他相關事務，無法自理，而需要家人、親戚、鄰里等非正式照顧體系，或者其他正式的照顧體系，提供生活照顧服務。

就老人的健康狀況而言，大致可分為：健康老人（約占60%）、中度衰弱老人（約占30%）、極為衰弱老人（約占10%），他們對於生活照顧的需求，如表6-1：

表6-1　老人對於生活照顧的需求

健康狀況	非正式體系的照顧	正式體系的照顧
健康老人	・物質與金錢的協助 ・因疾病而需短期協助 ・閒聊、提供情感支持 ・交通接送	・搭乘公共交通工具優待 ・文化與精神充實方案 ・娛樂機會的提供
中度衰弱老人	・陪同就醫 ・協助購物 ・偶爾代為準備餐食、處理家事	・交通接送 ・友善訪視 ・雜務服務
極為衰弱老人	・同住 ・協助洗澡、如廁、服藥 ・協助家務、購物、準備餐食	・家務服務 ・送餐到家 ・居家健康服務

資料來源：摘自呂寶靜，2012，pp.56-57。

表6-1所列極為衰弱的老人，可能需要長期照顧（long-term care），進住護理之家（nursing-homes）或其他長期照顧機構，接受醫療及生活的照顧服務。

四、老人保護的需求

老人無論在住家或機構，都可能遭到照顧者、機構人員或任何其他人的不當對待，造成傷害或有嚴重傷害的風險，而有保護服務的需求。老人的不當對待可能發生於七種不同的型態（McClennen, Keys., & Dugan-Day, 2016: 310-313）：

1. 身體虐待（physical abuse）：對於老人的身體，施加暴力的行動，例如，毆打、推、撞、摑、捏、燒燙、搖晃，而造成軀體受傷、身體疼痛或削弱。身體虐待可能也包括：不適當的使用藥物、身體監禁、強迫飲食及任何形式的身體懲罰。

2. 情緒或心理虐待（emotional or psychological abuse）：透過

語言或非語言的行動，加諸於老人，造成精神上的恐懼、痛苦或苦惱。情緒或心理虐待的方式，包括：語言的攻擊、侮辱、威脅、恫嚇、羞辱、騷擾，以及非語言的方式，將老人當作小孩看待、將他們與家人或朋友隔離，不讓他們參加定期的活動，對老人「沉默以待」（silent treatment），不理不睬。

3. 性虐待（sexual abuse）：以任何未經老人同意的性接觸，或者老人沒有能力表示不同意的性接觸，都被認為性虐待。對老人性虐待的形式，包括：不想要的觸摸、任何型態的騷擾或施暴，例如，強姦（rape）、肛交（sodomy）、強迫裸露、拍攝性裸體照片。

4. 財務或物質的剝削（financial or material exploitation）：非法或不正當地使用老人的儲蓄、財產或所有物。例如，未經授權或允許，擅自提領老人帳戶的存款；假冒老人的名義，在帳單上簽字（蓋章）；濫用或偷竊老人的金錢或所有物；脅迫或欺騙老人簽署任何有價文書（契約或意願書）；不正當地使用代理人保管或監護財物的權力。

5. 疏忽（neglect）：對老人有義務或責任的人，拒絕或未能履行個人的職責。疏忽也包括：有信託責任的人（有酬的家務或照顧服務），疏於對老人提供必要的照顧。常見的疏忽，是拒絕或缺乏提供老人的生活必需品：食物、飲水、衣物、住所，以及個人衛生、藥物、安慰、個人安全。

6. 遺棄（abandonment）：衰弱的老人，被有提供照顧責任或有監護義務的人所遺棄，可能發生於醫院、護理之家或健康照顧設施、購物中心或其他公共場所。

7. 自我疏忽（self-neglect）：是一個老年的行為，威脅到他／她自己的健康與安全。例如，罹患嚴重的疾病，而缺乏或拒絕尋求醫療；在氣候變化時，沒有穿著適當的衣服；沒有遠離燃燒的火爐或發熱的電器用品。

質言之，無論健康老人或衰弱老人，都可能發生疏忽與虐待，而有被保護的需求，俾以減少不當傷害，維護身心安全。

五、社會參與的需求

前一段內容提及不讓老人參加定期的活動，是一種情緒或心理虐待，因為這樣的舉措並不符合人性的需求。本質上，人類是群居的動物，需要參與群體的生活，與其他人互動，以滿足歸屬感，獲得認同感。

尤其，依據活力老化（active aging）的觀念，係立基於世界衛生組織（WHO）倡導的健康老化（healthy aging）與聯合國主張老人基本人權之中參與（participation）的原則，強調老人應積極參與社會的、經濟的、文化的、精神的與公共的事務，並著重生命中三種領域的參與（Kirst-Ashman, 2017: 326-327）：

1. 參與有意義的家庭與社區的活動。
2. 參與健康、有意義的健康促進、積極維持充分發揮健康狀況的活動。
3. 參與安全的措施，包括：財務、社區安全及家庭安全的相關措施。

就此而言，老人對於社會參與的需求可包括：健康促進、理財規劃、老人就業、社區志願服務、社區文康休閒等活動。

六、交通運輸的需求

老年人除了社會參與需要良好的交通運輸環境之外，許多老年人為了到雜貨店購買生活用品、參加宗教活動、照約診時間就醫、拜訪親戚朋友、與遠方家人保持接觸，常需往返一段路程。過往可以自己開車，進入老年之後，可能不再能如此做。

即使老人還能開車，車輛保養的成本與購買保險的支出，可能超

過老人的財力負擔。結果，他們必須選擇另類資源，例如，公共交通運輸：汽車、火車、捷運。然而，公共交通系統的停車站，與老人的住家可能有一段距離，乘車的時間可能很長，轉車可能需要從這一線到另外一線，而老人可能提著購物的袋子和其他物品上車、下車，轉好幾個彎，始能從商店回到住處。

　　無論如何，老人需要友善的交通運輸服務。如果交通運輸缺乏近便性，可能容易造成老人孤立，活動喪失，自我貶低，連帶發生心理和身體的退化。

七、老人住宅的需求

　　住，是人類的基本需求之一。但是，住宅價格昂貴，一個人一輩子購屋置產的次數不多。老人退休之後，購買力降低，可能住在較老的房子。典型的老人住宅，講究較高的實用性、較低的維護成本。結果，許多老人的住宅，變成年久失修，晚年更加惡化。

　　再者，老年人難以確保住宅的修繕可以獲得貸款，他們必須提供適當的抵押作為擔保，可能冒險居住在不安全的住宅，有防火、逃生等許多問題。

　　即使由中產階級或有影響力的人，建議將老舊住宅更新或重建，可以提高資產價值與居住品質。然而，住宅更新或重建之後，稅務當局增加房屋稅，對於收入減少或沒有收入的老人，是一個難以面對的問題。他們可能離開世代居住的地方，搬遷到生活成本較為低廉的住宅。這種情況，可能引發居處吵雜、高犯罪率、醫療不方便等類問題。

　　因此，老人的居住需求，有賴政府提供適當的老人住宅方案，以及必要的老人住宅服務。

📖 第二節　老人福利服務的項目

老人福利服務輸送的項目，在於回應老人對於福利服務的需求。不過，依據老人學家（gerontologists）的見解，老年期還可再分類為三個年齡組，以便因應他們在功能上的變化而提供適當的服務。老人學家對於老人期次級分類的認知，如表6-2：

表6-2　老人學家對於老年期次級分類的認知

稱謂	年齡組距	功能的層次
初老 （young-old）	65-74歲	可能選擇去工作； 擁有良好身體與心理健康。
中老 （middle-old）	75-84歲	開始在移動上受到一些限制； 自我認同為老年人； 不再進入職場。
老老 （oldest-old）	85歲以上	可能需要個別照顧的援助，例如，協助洗澡、穿衣、餵食、如廁、行走等。

資料來源：Cox, Tice, & Long, 2016, pp.227-228.

有鑑於此，我們除了依據老人的共同需求而提供共同的服務項目之外，將依據表6-2老年期次級分類的功能層次所需的福利服務，分別臚列老人特別的服務項目，並略述老人照顧者的福利服務措施，如下：

一、老人共同的福利服務項目

有些人，六十幾歲就顯得老態龍鍾；有的老人，九十多歲還是生龍活虎，這是個別差異。無論如何，老年人必然比他們年輕時經歷更多型態的問題。任何人一旦進入老境，他們的經濟收入變得較少，身體變得較衰弱，生活型態與行為也變得較緩慢（Kirst-Ashman, 2017:

328-329）。就此而言，老人對於福利服務有一些共同的需求，必須有一些共同的服務項目以為因應，包括：

1. 所得維持方案：老人退休後的收入，主要來自退休金、社會保險的給付、儲蓄及工作的收入。然而，隨著年齡增長，收入逐漸減少，醫療支出卻相對增加。為了確保老人收入安全，政府通常針對貧困家庭的老人，提供一些補助方案。以臺灣為例，除了軍、公教及勞保等社會保險的老年給付及退休給付，以確保老人經濟安全之外，對於未接受安置之中低收入老人，依其家庭經濟狀況，按月發給中低收入老人生活津貼、特別照顧津貼，並試辦不動產逆向抵押貸款制度（以房養老）。這些方案，以現金給付為主，福利服務工作者的服務項目，在於提供相關資訊給老人，並協助他們辦理必要手續。

2. 健康與醫療服務：為促進老人身體健康，並提供適當的醫療服務，政府通常提供預防保健與經費補助的措施。以臺灣為例，在預防保健方面，提供老人免費健康檢查、免費流感與肺炎預防注射。在經費補助方面，提供中低收入老人醫療費用補助、中低收入老人重病看護補助、協助經濟困難的老人繳納保險費或部分負擔之醫療費用。至於福利服務工作者在這方面的服務，是為老人提供資訊與協助辦理相關手續。

3. 老人照顧服務：有關於老人照顧服務的措施，相當多樣。在臺灣，依據衛生福利部老人福利概況報告，比較常見的老人照顧服務是：

(1)社區型照顧服務：由政府鼓勵民間團體及社區發展協會設置社區照顧關懷據點，結合在地人力與資源，為社區老人提供：關懷訪視、電話問安（含諮詢及轉介服務）、餐飲服務、健康促進活動（以上可四選三），並配合長期照顧2.0，設置C級巷弄長期照顧站（巷弄柑仔店），以提升老人照顧服務的能量。

(2)機構型照顧服務：由中央政府辦理北區、中區、南區老人之

家，並補助民間團體辦理老人福利機構，改善設備及設施，提升服務品質，以滿足逐漸增加之老人長期照顧的需求。

其他類型的老人照顧服務，尚有醫療型日間照顧、社會型日間照顧、居家型照顧、護理之家、榮民之家等，各有其特定的服務項目（呂寶靜，2012）。至於長期照顧服務，後文（第三節）將列為特定議題，進一步探討。

4. 老人保護服務：通常由政府或非營利組織設置通報專線（例如，臺灣的113保護專線、社會安全網關懷e起來），福利服務工作者接獲通報或知悉老人遭受嚴重的不當對待，立即實施緊急救援。並於評估虐待屬實，且有充分證據之後，隨即進行老人保護服務（Adult Protective Service, APS）（Kirst-Ashman, 2017: 334）：

(1)教導被害人相關資源及選擇。

(2)突破否認與羞恥之類的事。

(3)針對虐待發生，安全地規劃，以決定如何行動。

(4)建立支援網絡。

(5)降低精神創傷對身體與情緒的效應。

(6)家庭諮商，以回應家庭內部關係，舒緩可能造成的壓力。

此外，臺灣對於獨居老人，定期進行關懷訪視、在住屋加裝煙霧警報器、設置緊急救援連線系統、實施災害預防及逃生撤離計畫，也是老人保護服務的一環（衛生福利部，2019a）。

5. 教育、休閒與社會參與：為了提供老人多元參與的機會，協助他們活躍老化，政府經常自行辦理或者鼓勵民間辦理下列老人相關活動：

(1)教育活動：例如，設置長青學苑、松年大學、社區大學、部落大學。

(2)休閒活動：例如，設置老人文康中心。再者，老人進入文康場所，參觀文教設施，門票半價優待。如果是中央文教設施或行政法

人辦理者，平日對老人免費，藉以鼓勵老人參加戶外活動，促進身心健康。

(3)志願服務：例如，長青學苑、社區照顧關懷據點，均配合衛生福利部推展高齡志工的政策，招募65歲以上老人，參與各項志願服務。

另外，由地方政府結合民間團體，定期辦理老人文康休閒巡迴服務，深入各地社區，提供福利服務、健康諮詢、生活照顧、休閒文康等服務。

6. 老人住宅方案：依據住宅法之規定，將主管機關及民間興建之社會住宅，提供至少30%以上比率出租予經濟或社會弱勢者，65歲以上老人為其中之一，有優先承租機會。再者，在住宅服務方面，由政府協助中低收入老人修繕住屋、提供中低收入老人租屋補助；由地方主管機關補助修繕費用，鼓勵屋主提供老人租屋機會。

此外，對於失智者居家服務，除了由老人日間照顧中心提供服務之外，亦有老人家屋，提供安置及相關服務。

二、初老的特別福利服務項目

初老（young-old），年齡為65-74歲，傾向於有能力獨立生活，可能選擇去工作，也擁有良好的身體與心理健康，但需社會服務，以維持健康。據以申言，老年人在初老階段，可能需要下列特別的福利服務：

1. 退休前規劃的協助：有些人未滿65歲（命令退休年齡）提前退休，另外有些單位允許老年延到67歲或70歲退休。退休可能有很多好處，但是退休後如何適應新的生活，常需福利服務工作者協助他們進行退休前規劃（pre-retirement planning），以新的方式去打發自己的時間。

2. 老人就業服務：退休涉及收入減少，有些老人在初老階段

的生涯，工作變成他們個人認同的另類選擇（Kirst-Ashman, 2017: 332）。但是，老人通常缺乏就業資訊，也容易遭受雇主的老人歧視（ageism）與就業年齡歧視（age discrimination in employment），有賴福利服務工作者居中協助，包括：提供就業市場訊息、轉介第二專長訓練及輔導就業。

無可否認，退休已成為一種社會制度，老人退休後想繼續工作有相當大的挑戰，除了老年人有較佳的健康與工作的能力之外，還要看整體經濟成長的可行性（Colby, et al., 2013: 90）。例如，2020年新冠肺炎疫情對於全球經濟造成嚴重衝擊，極可能在往後幾年限縮老人退休年齡與就業機會。

三、中老的特別福利服務項目

中老（middle-old），年齡為75-84歲，開始在移動上受到一些限制，自我認同為老年人，不再進入職場，但可能有身體健康、心理健康的問題，需要社會服務，以維持功能與極小化依賴。據此申言，老年人在中老階段，可能需要下列特別的福利服務：

1. 居家照顧服務：為因應中老階段老人可能有移動困難及／或身心健康的問題，福利服務單位在生活照顧方面，特別為他們提供居家服務方案。居家照顧服務（home care services）也稱為「住所照顧服務」（domiciliary care services），是由專業人員與志工到那些基本自我照顧（basic self-care）有困難的老人住處，提供：家事管理服務（homemaker services）、送餐服務（meals-on-wheels）、雜務服務（chore services）、家庭保健服務（home health services）、喘息服務（respite care）及陪伴服務（attendant care）（Barker, 2014: 195）。

2. 交通接送服務：通常，公共交通運輸對於65歲以上老人提供優惠措施（半價優待或一定次數免費搭乘），問題是中老階段的老

人，即使不是身心障礙，也常需家人或他人陪伴，才放心讓他們外出。目前，有些老人福利機構為老人提供「預約叫車」（on-call）服務，如同復康巴士，接送老人就醫、參加老人共餐、參加文康活動。

目前，中老階段的老年人，大約出生於1927-1945年之間，稱為圓融／沉默的世代（mature／silent generation），他們的特質與期待是：忠誠、有意工作到死（work still you die）、避免負債（avoid debt）、以老人能奉獻為榮（honored older's sacrifice）（Cox, Tice, & Long, 2016: 225）。即使他們有繼續工作的意願和能力，應該讓他們頤養天年，不宜再輔導他們就業。

四、老老的特別福利服務項目

老老（oldest-old），年齡為85歲或85歲以上，經常有嚴重的健康情境，可能需要個別照顧的協助，例如，洗澡、穿衣、餵食、如廁、行走等。據此申言，老年人在老老階段，可能需要下列特別的福利服務：

1. 長期照顧服務：這項服務是針對那些先天或後天喪失日常生活功能的人們，提供長期性的健康照護（health care）、個人照顧（personal care）與社會服務（social services）（林萬億，2010：328）。老年人在老老階段，功能障礙或喪失的機率大幅度增加，如果通過日常生活功能評估量表（ADLs，又稱Barthel Index，巴氏量表）、工具性日常生活活動能力量表（IADLs）的評估，確定為長期照顧的對象，即可接受長期照顧服務。

2. 臨終關懷與安寧照顧：老人福利服務，除了養老，也要送終。雖然黃泉路上無老少，但是老老階段，不免面對死亡的議題，需要福利服務工作者結合相關人員（醫師、護理師、神職人員、志工），提供臨終關懷與安寧照顧服務。其中，臨終關懷是對於老年人晚期生命的發展，給予關懷及情緒的支持。至於安寧照顧（hospice care），有時候也稱為安寧服務（hospice service），是為末期疾病（terminal illness）的病人安排類似家庭的氣氛，有家人、朋友及重要他人陪伴，而非醫院的設施，通常是臨終者的住家、護理之家及其他集體住宿機構，由一個專業團隊提供系列的照顧及服務（Barker, 2014: 198）。有時候，臨終關懷與安寧服務相互搭配，而且將服務對象擴及臨終老人的家屬，尤其是協助所愛的人因應變故（helping loved cope）（Kirst-Ashman, 2017: 348）。

這裡必須補充說明，老人共同的福利服務項目之間，以及初老、中老、老老的特定服務之間，仍必須注意「轉銜」（transition）的議題（Kirst-Ashman, 2017: 336）。例如，一般老人從有職轉銜為退休，從居家照顧轉銜為社區型照顧；初老階段的老人從部分時間就業，轉銜為中老的居家照顧服務，再轉銜為老老的長期照顧服務，其間都可能相伴而生一些改變，福利服務的工作者必須協助老人學習去適應。

五、對老人照顧者提供支持服務的項目

照顧服務，是老人福利服務的重要項目，而老人的照顧工作，經常由家庭照顧者獨挑大樑。她／他們必須協助老人吃飯、盥洗、如廁、移動，還要清理房間、處理家務、陪伴就醫、安慰情緒、籌措財源，幾乎全年無休，簡直是一種高負荷、高工時、高壓力的工作。

奈何，老人照顧者的困境，長期被國人忽視。事實上，照顧者也需要社會支持與必要協助。根據一項研究指出，照顧者希望獲得協助的項目包括：「有人替代看護」、「金錢方面的協助」、「有人能提供照顧的知識和技術」（引自呂寶靜，2005：31-32）。

所幸，最近幾年，對於老人照顧者的支持措施，有較多的討論（陳雅美、陳品元、游曉微，2016：153；陳正芬，2013：203；呂寶靜，2012：68-70）。歸納相關文獻的論述，對於老人照顧者提供

支持服務的項目可包括：

1. 勞務性支持措施：為照顧者提供臨時性或短期性的喘息服務（respite care），以減輕其身體的負荷。

2. 心理性支持措施：辦理照顧基本知識的訓練或研習、提供照顧者個人諮商及情緒支持；協助照顧者取得相關資訊及服務，以減輕其心理的負荷。

3. 經濟性支持措施：對於照顧者提供稅賦優惠，減稅、免稅或給予一定比率的寬減額，以減輕其財務的負荷。

4. 就業性支持措施：增加就業的照顧者申請照顧假的時間、提供福利給付，提高持續工作的保障，以減輕照顧時間的負荷。

實質上，當老人照顧者獲得適當的支持服務，將有助於提高老人照顧的品質，對於老人也有好處，視其為老人福利服務不可分離的一部分，應不為過。

📖 第三節　特定議題：長期照顧2.0

長期照顧是老人福利服務的重要措施。所謂「長期照顧」（long-term care），是對於某些方面遭到功能損傷，僅能以有限行動去完成日常生活的活動（activities of daily living）的人們，提供社會的、個人的及健康照顧服務的一種系統。長期照顧服務對於老人、有發展性障礙、心理疾病、HIV病症的人，更加重要。它是在政府或民間的援助之下，由專業人員、家庭成員及志工，在護理之家、住宿型家屋（boarding home）、援助生活中心（assisted-living centers）、日間照顧中心，以社區為基礎的設施，提供健康照顧、個案管理及相關服務（Barker, 2014: 251）。簡言之，長期照顧是針對先天或後天喪失日常生活功能的人們，提供的健康照護（health care）、個人照顧（personal care）與社會服務（social service）。

　　長期照顧服務在美國、英國、德國、法國、瑞典等重視福利服務
的國家，已實施有年，並建立制度。在臺灣，行政院於2007年核定
《我國長期照顧十年計畫》（簡稱長照1.0），自2007年開始執行，
至2016年完成。2016年年底，政府通過長期照顧十年計畫2.0（簡稱
長照2.0），實施期間爲2017年至2026年。以下擇要說明長照2.0的服
務對象、服務項目和下一步。

一、長照2.0的服務對象

　　依據長期照顧十年計畫2.0的規劃，其服務對象是在長照1.0原本
因爲老化失能衍生照顧需求者：(1)65歲以上老人、(2)55歲以上山地
原住民、(3)50歲以上身心障礙者、(4)65歲以上僅IADL需協助的獨居
老人等四種對象，再擴大納入其他四種對象。這些服務對象，可依其
身分歸納如下：

　　1. 老年人：65歲以上老人、65歲以上僅IADL需協助的獨居老
人、65歲以上IADL失能之衰弱（frailty）老人。

　　2. 身心障礙者：50歲以上身心障礙者、49歲以上失能的身心障
礙者。

　　3. 失智症患者：50歲以上失智症患者。

　　4. 原住民：55歲以上山地原住民、55-64歲失能平地原住民。

　　其中，65歲以上必須經過IADL評估爲需要協助的獨居老人與失
能之衰弱老人，IADL是一種「工具性日常活動能力」（Instrumental
Activities of Daily Living, IDALs）的量表，包含：使用電話、上街
購物、食物烹飪、家務處理、洗衣、戶外活動、服用藥物、處理財務
等八項能力之最近一個月的表現分數。至於身心障礙者、失能身心
障礙者、失智症，亦需經醫事及相關人員組成的專業團隊之鑑定及
評估。

二、長照2.0的服務項目

　　長期照顧2.0的服務輸送，特別強調整合服務體系的建構，以及預防性的照顧服務。其中，在服務輸送體系的建構方面，依其服務場域，規劃A-B-C三級服務輸送模式，如表6-3：

表6-3　長期照顧2.0之A-B-C三級服務輸送模式

	A級 社區整合服務中心 （長照旗艦店）	B級 複合型日間服務中心 （長照專賣店）	C級 巷弄長照站 （長照柑仔店）
實施場域	1. 醫院、綜合醫院。 2. 小規模、多機能日照中心。 3. 護理之家、衛生所。 4. 偏鄉長照據點。	1. 日間托老據點。 2. 衛生所。 3. 物理治療所、職能治療所。 4. 診所、社區醫療群。	1. 居家護理所、居家服務提供單位。 2. 社區照顧關懷據點、社區發展協會、村里辦公處、社會福利團體。 3. 衛生所、樂智據點。
預期目標	每一鄉鎮區至少設置一處，並依區域人口數酌增，計畫共設置469處。	每一國中學區至少設置一處，計畫共設置829處。	每三個村里設置一處，計畫共設置2,529處。

資料來源：聯合報，2016/7/19，A6版。

　　在表6-3的服務輸送模式之下，長照2.0的服務項目，除了延續長照1.0的服務項目：居家服務、日間照顧、家庭托顧、交通接送、餐飲服務、輔具購買租借及居家無障礙環境改善、居家護理、居家及社區復健、喘息服務、長期照顧者支持服務等十項之外，並增加為十七個服務項目。茲將其歸納為六個領域：

　　1. 預防性的照顧服務：社區預防性照顧、預防或者延緩失能之服務。

2. 一般對象的照顧服務：一般老人的照顧服務（含居家服務、日間照顧、家庭托顧）、居家護理、居家及社區復建、長期照顧機構服務。

3. 特定對象的照顧服務：失智者照護服務、原住民族地區社區整合型服務、家庭照顧者支持服務提供、（照顧者）喘息服務。

4. 配套性的照顧服務：交通接送、餐飲服務、輔具購買租借及居家無障礙環境改善。

5. 銜接性的照顧服務：銜接出院準備服務、銜接居家醫療。

6. 整合性的照顧服務：小規模多功能服務、社區整體照顧服務體系（成立整合型服務中心、複合型服務中心及巷弄長照站）。

上述長期照顧2.0的服務項目，其爲衛生或醫療單位主責者，習慣上稱爲「照護」服務，例如，居家護理、銜接居家醫療；由社會福利單位主責者，一般稱爲「照顧」服務。

三、長照2.0的下一步

長期照顧是一種長時間、持續性的照顧服務。在臺灣，總統曾於2019年12月8日對於長照2.0升級計畫提出十一項目標（蔡英文，2019）。其中，與老人長期照顧服務密切相關者，包括下列八項：

1. 推動一鄉鎮一平價住宿式長照機構，以減輕照顧家庭的經濟負擔。

2. 推展一國中學區一日間照顧中心，並且同步普及失智者社區服務據點。

3. 縮短照顧服務等待時間爲18日以內，讓服務使用者安心。

4. 縮短失能者出院到獲得長照服務等待時間爲7日以內。

5. 放寬外籍看護工從事長照服務的資格條件，擴大外籍看護工之喘息服務。

6. 鼓勵整建友善老人的住宅，並將住宅融入長照服務的元素，

促使長者在自家與社區保持密集互動，以降低長期入住長照住宿型機構之需求。

7. 引進科技，發展智慧型長照；運用人工智慧（AI）、資訊通訊科技（ICT）、引用長照輔助機器人，以減輕長照壓力，提升長照服務效能。

8. 整合相關服務（自立生活、社區整合服務型長照服務、社區福利資源、住宅服務），成為一種互動共生的社區。

綜觀上述長照2.0的升級計畫，大多著重長期照顧的服務輸送面向，例如，增加服務供給單位、縮短服務等待時間。至於服務對象的服務需求及服務項目，則較少著墨，而且前端有預防失能之服務，後端亦應有銜接臨終照護之服務。

再者，老人的長期照顧服務，基本上不放在成本，而放在老人的需求能近便得到滿足，因而可再選擇一些輔助方式（helping hands），包括：(1)改善薪資待遇、工作的情境（improved salaries, working conditions），這是現代政府的核心責任；(2)進口照顧（imported care），由發展中國家進口醫護專業人員、照顧者；(3)技術的使用（technological solutions），例如，在失智老人腦部裝置晶片（microchips），以利於追蹤；(4)增加志工的運用（increased use of volunteers），與志工訂定契約，有需要才來兼任照顧者；(5)托管照顧（mandatory care），例如，挪威規劃一種綠皮書，召集年輕軍人，義務照顧有需要的老人，為期一年（Ronning & Knutagard, 2015: 54-55）。

除此之外，中華長照協會亦指出，長照2.0的計畫，對於服務資源的分配過度強調科學化管理、居家服務未含夜間時段，以致長照家庭需送住宿型機構、自費聘請外籍看護或自行照顧，因而強調推動長照3.0已刻不容緩（金浩鑫，2018）。

無論如何，長照2.0的執行期間預期至2026年為止，期滿之前，

仍有持續評估、滾動式改進及權益倡導的空間。

📖 第四節　老人福利權益的倡導

　　一般而言，老人邁入65歲高齡之後，在生理方面，所有的器官逐漸老化，反應速度與體力也跟著衰退；在心理方面，對於環境變化的認知與問題解決的能力，漸趨緩慢或不足，而有較多風險；在社會方面，容易遭受負面的年齡刻板化，而衍生老人歧視問題（Cox, Tice, & Long, 2016: 236-242）。

　　因此，當老人對於福利服務的需求，沒有得到滿足；對於福利服務的項目，不符合期待；對於長期照顧服務，看得到，得不到，還得自費聘請外籍看護工照顧之時，他們可能沒有體力、缺乏認知、得不到支持，而未能維護自己的權益。在這種情況之下，需要政府、民間團體、福利機構及其工作者的協力合作，為老人的福利權益而積極倡導。茲從動態倡導模式的四個層面（Cox, Tice, & Long, 2016: 74），略述老人福利權益倡導的重點。

一、經濟與社會正義

　　首先，福利服務的工作者在經濟正義方面，必須為那些生活於貧窮或近貧的老年人發聲，促使政府確實保障他們的收入安全。其次，在社會正義方面，必須為促進老人獨立、自主，獲得平等對待，不將老人視為是「依賴」、「社會負擔」的人口群，進而倡導下列觀念及措施：

　　1. 在地老化（aging in place）：支持老年人安全地、獨立地及舒適地生活於自己所擁有的家庭和社區，避免他們住進一種援助生活的設施或護理之家。同時，有關住屋設計、健康照顧及救助技術，也不能忽略。在地老化是一種社會運動，美國曾發展多型態

的老人住所，包括：由退休人員自然形成的退休社區（retirement community），另外也建立實驗性質的長青村（elder's village）（Cox, Tice, & Long, 2016: 243）。至於福利服務工作者的角色，是提供老人選擇住於何處及如何生活的資訊，並協助維持照顧關係。

2. 成功老化（successful aging）：老人學者的基本興趣，在挑戰人們對於老人看法的負面或錯誤，並增進老人晚期生命的潛在角色，乃立基於他們的研究與利益倡導，努力精進老人群體的正面印象，提出成功老化的觀念。根據羅威與卡恩（Rowe & Kahn, 1997: 39）的定義，成功老化有三個基準：(1)良好的身體健康，(2)高度的認知功能，(3)在一種高層次參與社會活動（引自Colby, et al., 2013: 89）。這些基準的達成是立基於中產階級的價值，被批評含有階級文化的差異。無論如何，福利服務工作者的角色，在於增進老人社會參與的機會。

3. 生產性老化（productive aging）：老人學者認為老人是有生產力的，社會必須為老人提供機會，讓老人參與有價值的角色，以增進身體和心理的健康。依據卡羅、巴斯與秦恩（Caro, Bass, & Chen, 2006: 247）等人的定義，生產性老化是指老人從事任何生產財貨或勞務的活動，或者發展他們生產能力的任何活動，無論活動是有酬或無酬（引自Colby, et al., 2013: 89）。簡言之，促進生產性老化的重要目的，在於增進老人對於社會的貢獻。至於福利服務的工作者的角色，是將這種觀念加入老化相關的福利方案，對於老人貢獻的阻礙加以移除，對於老年人的貢獻給予激勵。

4. 活力老化（active aging）：亦稱活躍老化，是世界衛生組織（WHO）於2002年提出的觀念，主張各國在尋求老化對策時，必須正視老人的主體性，重視老人的能力；對於老化政策的建議，則強調健康促進、社會參與、安全維護等三大基礎原則。例如，在健康促進方面，促使人們具備積極、有效的能力，以維護及自主管理健康。在

社會參與方面，當民眾逐漸老化時，鼓勵個人積極投入經濟發展相關的活動及志願服務。在安全維護方面，相關政策的制定，除了強調社會安全，亦加強經濟安全、老人保護、住宅安全、物理環境之安全，並考量老年人口的尊嚴及社會正義議題（呂寶靜，2012：37-39）。至於福利服務工作者的角色，乃在於協助老人自主管理健康、參與有益健康的活動、保護自己的安全。

綜觀上述四種老化的觀念，在地老化，強調老人的獨立自主；成功老化，著重老人的能力及表現；生產性老化，重視老人的貢獻性角色；活力老化，尊重老人的權力。至於福利服務工作者的角色，則在鼓勵及協助老人表現能力、積極參與及貢獻社會，進而改變傳統社會對老人的負面印象。

二、支持的環境

老人照顧是老人福利服務的重要議題，在照顧的光譜上，依序是家庭照顧、社區照顧、機構照顧。但是，無論何種型態的照顧服務，都需要家庭與社區的支持。就此而言，對於老人的照顧，亟需倡導下列兩種服務（Kirst-Ashman, 2017: 338-340）：

1. 以家庭爲基礎的服務（home-based services）：這種服務型態，是在老人自己的家裡，對他們提供援助，可能是由老年人的家庭成員或親戚提供援助，也可能由正式的社會服務機構提供服務。對於老人照顧，家庭是一種重要的非正式支持網絡（informal support network），有時也擴及朋友、鄰里和教友（worshiper）。這些人爲需要照顧的老人提供情緒的、社會的和經濟的支持。例如，一個非正式支持網絡的成員，可能定期開車接送一個不再能開車的老人去雜貨店購物，或者協助有視覺問題的老人付帳或補足支票的差額。此外，正式的支持網絡，包括政府與民間機構及其工作人員，可爲有需要的老人提供健康照顧、社會服務和家務協助。

2. 以社區為基礎的服務（community-based services）：這種服務，是在老人居住的社區，對有需要的老人提供廣泛功能的支持，從健康照顧到滿足心理和社會的需求。下列五個例子，是以社區為基礎的服務：

(1)老人日間照顧（adult day care）：由社區機構為那些住在家裡的老人而其主要照顧者時常必須外出工作者，定期提供家外的日間照顧或安排家外監視，有時候也安排老年人去接受治療服務，以及參與活動的機會。

(2)安寧照顧（hospice care）：這個方案，是針對臨終的老人提供有同情心的緩和照顧。

(3)長青中心（senior centers）：為老人安排廣泛的活動，包括：餐食服務、資源提供、健康促進、交通運輸、志願服務、教育、藝術、休閒等活動。

(4)共餐方案（congregate meal program）：在各種不同的社區座落，為老人提供有良好營養的熱食，並有機會與他們的同儕互動。

(5)老年人住屋的修繕及維護方案（senor home repair and maintenance programs）：可能由手藝精巧的社區志工，協助老人維修住屋，例如，安裝水管、止滑墊、修剪草坪青草。

至於福利服務工作者在這兩種支持服務的工作，可透過溝通與介入的技巧，協助家庭照顧者安排喘息照顧，或者轉介社區資源，強化以社區為基礎的服務。

三、人類需求與權利

聯合國大會於1991年通過「聯合國老人綱領」（United Nations Principles for Older People），提出老人的五種基本人權，包括：獨立（independent）、參與（participation）、尊嚴（dignity）、照顧（care）與自給自足（self-fulfillment）。這是國際老人福利服務追

求的共同目標，必須持續地倡導。

2002年，加拿大亞伯達省（Alberta）提出一種健康老化的模式，立基於充權的觀點，主張老人至少有五種價值應予倡導（Kirst-Ashman, 2017: 326）：

1. 老年人必須受到有「尊嚴」（dignity）的對待；無論他們的情境如何，都應該受到尊重，他們的自尊心（self-esteem）是極為重要的。

2. 老年人自己的生活，必須在他們的「掌控」（in control）之下，做成自己的選擇，並且盡其可能由他們自己決定。

3. 在家庭與社區的活動中，積極「參與」（participation），這對於老人是不可或缺的。

4. 老年人有關於社會政策與實施的看法，必須被鼓勵和高度肯定。老年人必須被公平地對待，並且擁有如同其他市民被公平對待的權利。

5. 老年人有權利獲得「安全」（security），包括：「適當的收入」（adequate income）與「接近於一種安全及支持生活的環境」（access to a safe and supportive living environment）。

這五種價值，與聯合國所提出的老人基本人權，若合符節，前後輝映。尤其，第三種價值「社會參與」、第五種價值「收入安全」，不但是老人的基本權利，也是老人的基本需求，應該一併列入倡導的議題。

附帶補充一個矚目的倡導議題，這是布特納（Buettnar, 2014）訪問希臘三個小島年齡90-100歲的老人，發現他們長壽的十三種因素是：(1)吃綠色蔬菜、(2)小口喝花草茶（sip herbal tea）、(3)扔掉手機、(4)每天午間小睡片刻、(5)不管到何處都走路、(6)跟朋友通電話（保持社會聯繫）、(7)喝羊奶（降低賀爾蒙酵素）、(8)維持一種地中海的日常飲食（Mediterranean diet）、(9)享受一些希臘甜點、

(10)使用橄欖油、(11)自己種蔬果或支持小農市集、(12)上教堂、(13)吃含有酵母及高碳水化合物的島上麵包（避免糖尿病）（引自Cox, Tice, & Long, 2016: 227）。這個倡導，聚焦於老人長壽議題，可視為老人健康照顧的另類需求。

四、政治的接近

老年人口的數量不斷增加，這是全球共同的現象，預料世界將面對至少三個重要議題：(1)由於長壽伴隨著慢性疾病，預期銀髮族將帶來更大的依賴；(2)由於核心家庭增多，婦女勞動參與率提高，預期照顧提供者的供給將出現短缺；(3)由於老人依賴人口增多中，預期國家財務將未能充分提供支持（George, 1997: 60）。

為了回應這些涉及老化的議題，必須立基於老人的利益，針對建立政策及服務著手倡導，包括（George, 1997: 68; cited in Kirst-Ashman, 2017: 325）：

1. 教育社會大眾將老年人視為一種「資源」（resource），而不是一種「負擔」（burden）。

2. 擴大以社區為基礎的照顧，盡可能較久時間將老年人留在他們自己的家。

3. 對於照顧老化親屬的家庭成員提供支持性法案，例如，財務的援助、租稅的獎勵、喘息照顧。

4. 重視老年人的重要性，有足夠的人數去操作政治的影響力（political clout），並且成為政治過程（political process）的重要參與者。

5. 教育即將到來的世代，一方面準備照顧一種增加中的老年比率，另一方面為他們將來年老時，準備他們自己。

此外，尊敬老人、重視光宗耀祖，是臺灣傳統文化的一部分，允宜倡導一種敬老運動，並訂定優惠政策，鼓勵家庭成員優先考慮將老

人留在家裡照顧，其次是自費聘請外籍看護工來到家裡照顧老人，最後不得已才將老人送往住宿型機構接受照顧服務。

　　至於上述有關老人權益倡導的策略，可由社會福利服務工作者運用全國性的組織，例如，退休人員協會、老人福利聯盟，擴大他們的影響力，向政府、議會及政治人物進行遊說，爭取支持，以改進老人福利服務相關法規、政策、程序及服務措施。

　　總而言之，一個人「不在於你有多老」（It's not how old your are），而「在於你老了之後如何」（It's how you are old）（Jules Renard, cited in Cox, Tice, & Long, 2016: 252）。我們從事老人福利服務，也不在於老人有多老，而在於如何協助他們晚年過得更好。

第七章

身心障礙者福利服務

　　「障礙」（disability）一詞，依據世界衛生組織（WHO, 2013）的解釋，是指一個人在功能上有一種短期（temporary）或長期（permanent）的降低（Cox, Tice, & Long, 2016: 159）。障礙的類別，一般可區分為身體障礙、心智缺陷（原稱智能障礙）、發展性障礙，統稱為身心障礙。

　　對於身心障礙的定義，以國際健康與功能分類（International Classification of Functioning Health and Disability, ICF）架構為基礎，是指：一個人的功能不全，係因疾病、意外事故或其他健康方面的因素，經與環境互動後，造成日常生活中的限制或社會參與之侷限導致之結果（劉燦宏，2014：87-88）。

　　隨著身心障礙定義逐漸明確，顯示身心障礙無論是由於先天遺傳，或者後天意外事故、生病、病毒所造成，環境都是不可忽視的危險因子。因此如何協助身心障礙者排除環境的挑戰，在日常生活中有平等權利及社會參與的機會，是社會福利服務的重點工作。以下略述身心障礙者的福利服務需求、服務輸送項目、反障礙歧視、權益倡導。

📖 第一節　身心障礙者福利服務的需求

　　身心障礙可能出生時就有，也可能發生於出生之後的任何階段，而且其發生的障礙程度也有所不同。如果沒有適時提供處遇，還可能隨著歲月流轉而增加障礙程度或衍生其他類別的障礙。

　　然而，有關於身心障礙者的福利需求指涉範圍甚廣，而且障礙類別與障礙程度不一，對於需求調查有較多的挑戰，不易實施問卷需求評估。也許，我們可從家庭生命週期（family life cycle）的觀點，來思考不同年齡階段身心障礙者的福利需求。

　　例如，嬰幼兒階段的障礙者，主要是早期療育的需求；兒童及少年階段的障礙者，主要是特殊教育的需求；成年階段的障礙者，主

要是就業安置的需求；老年階段的障礙者，主要是長期照顧的需求。再者，各年齡階段的障礙者也有共同福利需求，例如，健康及醫療、經濟安全、無障礙環境。而且，各年齡階段障礙者的福利需求，經常相互交錯，不是非此即彼。在這裡，我們按照障礙者福利需求的重要性，擇要列舉並說明如下：

一、健康醫療的需求

身心障礙者在身心某一方面的結構和功能，受到不同程度的損傷，有接受定期醫療或長期復健的需求。同時，身心障礙者的抵抗力較弱，容易生病或受到病毒感染，對於健康促進及醫藥治療的需求，也比一般人更加殷切。

二、經濟安全的需求

身心障礙者對於經濟安全有比較多的需求，其主要理由：一是障礙者常需接受醫療或復健，其醫療費用是一筆不小的負擔。二是障礙者就業機會較少，薪資報酬也較低，難以維持生計。三是障礙者常需他人的照顧，如果由家人照顧，則擔任照顧的家人相對減少工作，甚至離職在家照顧，因而減少家庭收入；如果僱請他人照顧，又要增加照顧費用的支出。因此，身心障礙者對於經濟安全的需求，往往比一般人強烈。

三、個人照顧的需求

身心障礙者行動或移動較為不便，在生活起居方面，或多或少有家人照顧的需求。如果障礙程度較為嚴重，則可能有日間及住宿式照顧、居家照顧或家庭托顧的需求。再者，就學階段的身心障礙者，也可能有課後照顧的需求。

四、工作安置的需求

工作是人類生活的一部分，而且有工作才有收入。對於身心障礙者而言，工作也是心理復健與職業重建的一環。因此，我們不能忽視身心障礙者的工作需求與工作意願，並且依其障礙類別、障礙程度，以及可能的工作機會，提供適當的職業訓練、就業輔導，協助他們滿足就業的需求。

五、社會參與的需求

人在環境中（person in environment），無法離群索居，身心障礙者也是如此。尤其，身心障礙者由於身心機能或所處環境的限制，可能較少接觸人群，疏於參與公共事務或休閒活動，對其生活重建或心理復健可能有不利影響。因此，無論基於人性、人權，或增進人際關係及復健功能，身心障礙者都有社會參與的需求。

六、其他福利的需求

身心障礙者的福利需求，具有多樣性與異質性（黃志成、王麗美，2015；李易駿，2011：308），特定的障礙者往往有其特殊的福利需求。例如，視覺功能、聽覺功能、肢體功能等類障礙者，對於無障礙環境有特殊的需求。再者，身心障礙者的主要照顧者（primary caregiver）承擔照顧的責任，可能引起生理、心理、經濟、社會等層面的負荷，因而需要協助與支持（林敏慧等，2014：222），也就是照顧者支持服務的需求。此外，還有：保護服務、輔具服務、交通運輸（復康巴士）、停車位、手語、聽打、引領犬等需求，常因人而異，不勝枚舉。

必須補充說明，我國衛生福利部依規定每五年必須定期辦理身心障礙者生活狀況調查，對於保健醫療、特殊教育、就業及訓練、交

通及福利等需求，提出調查結果及分析。我們可從最近的調查結果，觀察障礙者最近的福利需求，加以參採運用，作為規劃福利服務輸送項目的基礎。另外，實務工作者在接觸障礙者個案之後，仍必須進一步針對障礙者的個別情況，進行需求評估，據以建議福利與服務的項目，或者將某些項目轉介相關單位提供協助（林敏慧等，2014：260）。

📖 第二節　身心障礙者福利服務的項目

本質上，社會福利服務是社會福利制度的一環，著重於「服務」的部分，有別於社會保險及社會救助著重於「給付」的部分。但是，「給付」與「服務」之間，唇齒相依，難以完全切割，而且有些「福利給付」也可延伸相關服務。茲對照前一節次所述福利服務需求，提出身心障礙者福利服務的主要項目：

一、健康及醫療服務

身心障礙者的健康及醫療服務，包括：健康檢查、醫療、復健、保健服務等項。這些都屬於醫護專業人員的職責，對障礙者的給付著重於實物給付，例如，病床及針劑。

至於福利服務方面，相關聯的服務是依據障礙者的需求，提供醫療或復健保健資源的資訊；協助障礙者克服就醫所遭遇的困難，例如，協助障礙者搭乘醫院接駁車或申請復康巴士、協助障礙者申請醫療費用補助或輔具費用補助。

二、經濟安全相關服務

身心障礙者經濟安全保障的措施，在社會保險方面，包括：國民年金保險、勞工保險、公教人員保險、軍人保險、農民保險等類保險

之中的障礙給付或失能給付，以及政府對於低收入障礙者參加社會保險自行負擔保險費之補助。

在社會救助方面，包括：身心障礙者生活補助、照顧費用補助、醫療費用補助、輔具費用補助、房屋租金及購屋貸款利息補助、購買停車位貸款利息補貼或承租停車位補助等項。這些給付、補助或補貼，著重於現金給付。

至於福利服務方面，相關聯的服務是為符合資格的障礙者，提供社會保險給付與社會救助補助的相關資訊及資料（例如，查詢戶籍、稅額），並協助他們申請障礙或失能的保險給付，以及社會救助的各項補助或補貼。

三、個人照顧服務

身心障礙者的障礙類別與障礙程度不盡相同，通常依據障礙者個人所需的支持及照顧，提供適當的照顧服務，包括：

1. 居家服務：針對障礙程度較輕的身心障礙者，留在自己的家庭中，由實務工作者或家務服務人員提供日常生活的照顧服務，包括：身體照顧（例如，沐浴、穿換衣服、進食）、家務服務、友善訪視、送餐服務、居家無障礙環境的改善等項目。

2. 社區照顧服務：針對18歲以上且有居住社區意願的身心障礙者，或未滿18歲經主管機關同意的身心障礙者，就近在社區提供照顧服務，包括：日間照顧、臨時或短期照顧、社區居住、餐飲服務、復康巴士服務、休閒服務等項目。

3. 機構式照顧服務：針對自我照顧活動能力經常或全部有困難的身心障礙者，提供全日或夜間照顧的機構式照顧服務，包括：早期療育、日間照顧或／與夜間照顧、社區日間作業設施服務（簡稱「小作所」，例如，園藝、手工藝、陶藝）、社區樂活補給站（例如，文化休閒、體能活動）、住宿養護等項目。

4. 長期照顧服務：目前係針對年滿49歲以上領有身心障礙證明且失能者，提供長期的照顧服務，包括：居家服務、社區照顧服務、住宿式照顧、輔具服務等項目。未來，將視長照服務資源整備及財源情形，逐步將全部失能人口納入長期照顧的對象。

再者，對於上述個人的照顧服務之間，必須輔以生涯轉銜服務。其具體做法，可在身心障礙福利機構成立生涯轉銜服務工作小組，或召開生涯轉銜聯繫會報，結合社政、勞政、教育、衛政等部門的相關人員，共同協調障礙者生涯轉銜事宜。例如，在照顧服務方面，由住宿式照顧服務，轉銜社區照顧服務；由日間照顧服務，轉銜自立生活的支持服務。

抑有進者，在身心障礙者的長期照顧方面，與前一章提及的老人長期照顧，兩者都是長期照顧，是否整合為一？大致上，贊成合一者認為：(1)不論何種原因造成生活自理能力退化或喪失，應該給予同樣的長期照顧服務；(2)有利於資源整合，事權統一。相對的，主張分立者認為：(1)障礙者與老人的生命歷程不一，障礙者是因為身體功能受損而造成障礙或失能，老人是因為年齡增長而造成身體退化或失能，兩者情況不同，服務模式有異，不宜混為一談；(2)只要兩者分別建立完善的長期照顧服務，無須強求整合（林萬億，2014：352-353）。

平情而論，障礙者與老人之間的長期照顧，合一或分立，各有其利弊，一時難有定論。當務之急，允宜各自落實其長期照顧的項目，以滿足各自服務對象的不同需求，例如，復康巴士、輔具服務，是多數障礙者必要的服務，而老人有此等需求者，通常不多。至於兩者在長期照顧如果有共同需求，例如，送餐服務、友善訪視，則可透過個案管理服務，進行資源整合及服務協調，藉以提高服務輸送的效率及效益。

四、就業安置服務

為了回應身心障礙者有關工作安置的需求，進而保障他們的工作權，在身心障礙者的就業促進方面，除了運用定額僱用機制、提供職業重建、職業訓練、開發就業資源之外，可依其就業能力選擇適當的就業安置型態：

1. 競爭性就業（competitive employment）：即一般性就業，針對身心障礙程度較為輕微，且有就業意願與工作能力的身心障礙者，協助他們尋找一般就業市場的就業機會（葉琇珊，2014：396）。在競爭性就業方面，主要的福利服務，包括：提供就業市場資訊、媒合就業機會、工作適應情況之追蹤輔導。

2. 支持性就業（supported employment）：係針對有就業意願與工作能力，但尚不足以進入競爭性就業環境的障礙者，提供個別化就業安置與一段時間的專業支持，以使其能在職場中獨立工作（林萬億，2010：301-302）。在支持性就業方面，主要的福利服務，可包括：提供職場支持、訓練工作技巧、輔導職場適應、協助建立人際關係。

3. 庇護性就業（sheltered employment）：針對在社區中使用其他方法無法找到工作或維持工作的身心障礙者，提供個別化工作環境的一種方案，而且案主（被安置者）必須在緊密的督導之下進行工作，而其報酬通常低於最低工資（minimum wage），或者以工作的生產量為基準，在達成一定的產能時，斷斷續續地支付工資（類似按件計酬）（Barker, 2014: 390）。

上述三種就業安置的型態之中，庇護性就業也具有醫療復健的性質，通常由政府補助經費，鼓勵雇主配合辦理障礙者庇護性就業。

五、社會參與

儘管身心障礙者在移動方面較為不便，甚至需要家人、友人或志工的陪伴，才得以行動，但是基於處群、保健或復健的需求，實務上仍應提供適合於身心障礙者參與的活動，包括：

1. 休閒及文化活動：例如，參加休閒旅遊活動、參觀名勝古蹟、參觀文化藝術展演活動、參加社區文康休閒活動、參訪社區福利機構。

2. 體育活動：例如，參觀體育表演、參觀社區運動會、參加社區體適能活動、參加障礙者奧林匹克相關運動。

3. 資訊活動：例如，透過國際網路，隨時獲得線上訊息、加入line群組與社群互通訊息、透過臉書（Facebook）與臉友分享心得、透過電郵（email）與親友保持聯繫。

4. 繼續學習：例如，參加社區大學、長青學苑、樂齡學習中心等社會教育機構的學習活動，參加書法、美術、攝影、民俗技藝等研習活動。

5. 公共事務：例如，參加社區志願服務工作、擔任社區照顧關懷據點志工、擔任身心障礙團體志工、參加社區公益活動。

6. 政治參與：例如，參加身心障礙者團體或聯盟，為爭取障礙者權益而與政府及政治人物進行溝通協調；參加公共論壇，提出身心障礙者的意見。

對於上述身心障礙者的社會參與，必須提供平等參與的機會，克服參與的障礙（例如，環境障礙、資訊障礙），減免或補助使用者的費用（包括障礙者及陪同者一人），藉以激勵社會參與的意願，達致福利服務的目的。

六、保護服務

為了維護身心障礙者的尊嚴，保障身心障礙者的人身及財務安全，避免遭到歧視或不當對待，在保護服務方面，可歸納為四項：

1. 禁止虐待或疏忽：防止任何人對身心障礙者有遺棄、身心虐待、限制其自由的行為，或者置無生活自理能力的障礙者於容易發生危險或傷害的環境。如有違犯，依法懲處。

2. 禁止歧視性報導：禁止傳播媒體對身心障礙者有歧視性之稱呼、描述，或者有不符事實、誤導閱聽人對於障礙者產生歧視或偏見之報導。如有違犯，依法究辦。

3. 禁止不當利用：禁止任何人利用障礙者行乞或供人參觀、禁止強迫或誘騙障礙者結婚、禁止利用障礙者行使犯罪或不正當之行為。如有違犯，依法處分。

4. 辦理財產信託：鼓勵及媒合信託業者（金融機構）辦理身心障礙者財產信託，藉以保障無能力管理財產之障礙者的財產權。

簡言之，身心障礙者是社會的弱勢者，其人身與財產的安全應受法律保障，實務工作者必須提供相關保護服務，藉以防止障礙者受到傷害。

七、照顧者支持服務

通常，障礙程度比較嚴重的身心障礙者，尤其重度與極重度障礙者，需要家人或其他照顧者較長時間的照顧。國內研究顯示，身心障礙者的主要照顧者（primary caregiver），以障礙者的父母或配偶居多，其他還有受僱的保母、專業看護或幫傭；其照顧期間最長者有三十年，最少者為六個月；每週最多照顧七天，每天平均照顧時數約九小時（林敏慧等，2014：220）。

無論如何，照顧者長期承擔障礙者照顧的主要任務，難免出現

「三高」──高工時、高負荷、高壓力的情況，對於照顧者造成許多層面的負面影響。例如，在生理層面，身體疲累，引發慢性疾病；在心理層面，心力交瘁，衍生自戕意念；在經濟層面，費用增加，收入減少，屋漏偏逢連夜雨；在社會層面，社交範圍限縮，甚至遭到社會排除。因此，在實務上必須爲照顧者提供支持性服務，亦即喘息服務（respite service）。

　　所謂喘息服務，也稱爲喘息照顧（respite care），是一個人對於其他人的家庭照顧工作，暫時性替他承擔照顧的責任。例如，一個智能損傷兒童的父母，由來到他們家裡幫忙的人，承擔少數幾天的照顧責任，或者安排這個兒童到某一種照顧設施，接受幾天的照顧。其目的在使照顧提供者得以暫時卸下照顧的責任，放鬆長期緊繃的壓力，去做某些自己有興趣的事，或者處理個人的危機，而這個兒童仍可保留在機構之內照顧（Barker, 2014: 366）。

　　就此定義而言，對於障礙者的主要照顧者之支持性服務，可包括下列幾項：

　　1. 爲障礙者提供臨時或短期照顧：將原本由主要照顧者負責照顧的障礙者，安排其他人或機構給予臨時或短期的照顧，而讓原來的主要照顧者得以喘一口氣，休息一下。

　　2. 爲障礙者提供家庭托顧：將原本由主要照顧者負責照顧的障礙者，媒合具備家庭托顧條件的家庭（例如，家庭空間達規定坪數、照顧者有意願和照顧能力、品德良好、家庭成員單純、家人關係和諧），負責照顧一段時間，以便原來的主要照顧者可暫時減輕照顧的負荷。

　　3. 爲照顧者提供訓練及研習：經需求評估認定已出現照顧負荷情形者，安排其參加訓練及研習，其內容可包括：照顧技巧、人際互動、資源運用、壓力調適、自我照顧、照顧科技之應用（例如，洗澡機、進食器）等。

4. 定期進行家庭關懷訪視：由負責福利服務的實務工作者，或者安排訓練有素、有經驗的志工，定期訪視障礙者個案的家庭，關懷照顧的情況，給予情緒支持，提供諮詢方面的服務，協助其處理照顧的相關問題。

事實上，除了主要照顧者之外，支持性服務也應擴及家庭其他成員，因為他們也協助照顧，有壓力或挑戰，需要情緒支持。

八、無障礙環境

有關身心障礙者的福利服務，幾乎都必須在無障礙環境之下，始能有效輸送到障礙者個人及其家庭。尤其，感官功能（眼、耳及相關構造）、移動功能（神經、肌肉、骨骼及相關構造）有損傷或不全的身心障礙者，特別需要空間無障礙環境的服務。事實上，對於無障礙環境的服務，已逐漸擴及其他層面，包括：

1. 設施無障礙：著重於生活環境的無障礙設施。例如，在公共建築物及活動場所，提供無障礙的通道、升降設備、客房、廁所盥洗室、停車空間、輪椅觀眾席位、標誌、按鍵盤引導設施、語音引導設施等（黃耀榮，2014：469-470）。

2. 訊息無障礙：著重於訊息取得或意見表達的無障礙。例如，對於福利訊息的傳布，提供手語翻譯、聽打服務、點字文件、無障礙網路等。

3. 制度無障礙：著重於身心障礙者權利的維護，不因身心障礙而在制度上遭受不平等的對待。其相關制度包括：

(1)教育制度無障礙：多數國家對於障礙學生都採「零拒絕」（zero reject）原則，每一學齡階段的障礙兒童，都有權利在免費適性公共教育的系統中接受教育，學校人員不能不按程序將他們趕出學校（林勝義，2019：128）。

(2)就業制度無障礙：對於障礙者求職、面談、工作分配、升

遷、調動、核薪等措施，不能針對身心障礙員工設定特殊條件，或者藉故延緩辦理相關程序。

(3)醫療制度無障礙：通常，大型醫療院所設有障礙者特別門診，掛號及領藥的櫃檯降低高度，並提供輪椅或輔助設施，讓障礙者在整個就醫過程沒有障礙。

4. 心理無障礙：著重於在心理上平等看待身心障礙者，沒有任何偏見或歧視。例如，餐館不拒絕導盲犬進入、父母不排除孩子與顏面損傷的兒童一起玩耍。

當然，身心障礙者的福利服務相當龐雜，絕對不只上述八項，至少還有：輔具服務、居家照顧、生活重建、心理重建、婚姻及生育輔導、住宅、停車位、交通運輸、優惠措施，以及障礙兒童的早期療育、課後照顧等項。這些福利服務項目，在服務輸送過程可能遇到一些阻礙或藩籬，這已顯現反歧視是一個不容忽視的議題，有必要深入探討。

第三節　特定議題：反障礙歧視

聯合國於2006年通過《身心障礙者權利公約》（Convention on the Rights of Persons with Disabilities, CRPD），在第1條開宗明義指出立約的目的，在促進、保障和確保所有身心障礙者充分及平等享有所有人權及基本自由，並促進對身心障礙者固有尊嚴的尊重。但是，世界各國，包括臺灣，仍不時上演歧視障礙者的戲碼，而反障礙歧視的運動，似乎也未曾終止。茲略述反障礙歧視的意涵、重點項目、面臨問題及推動策略。

一、反歧視的意涵

各國對於反障礙歧視的訴求，大多數逐步遞增，非一次到位，

因而有關反歧視的意涵，也是倚重倚輕，不易界定。就澳洲的情況而言，1992年澳洲聯邦的反歧視法案，強調盡可能消除一切加諸於身心障礙者生活各領域的歧視，包括直接歧視與間接歧視（Bigby & Frawley, 2010；林萬億，2014：334-335）：

1. 直接歧視（direct discrimination）：是指在相同的情況下，對待身心障礙者比對待其他人較不受歡迎。例如，屋主在同樣的租金之下，不將房屋租給有身心障礙兒童的家庭。又如，企業招募員工，在面談過程當面告訴應徵的身心障礙者：「我們沒有僱用障礙員工的需求。」簡言之，反歧視，就是反對直接剝奪障礙者的平等權。

2. 間接歧視（indirect discrimination）：是指採取「一體適用」（one size fit all）的政策，而排除或不利於身心障礙者。例如，有些金融機構規定開戶手續，一律要本人親自簽名，始能開戶，即使雙手失能者或眼睛失明者，也不例外。又如，在官網公告福利服務的訊息，並規定截止申請給付的期限，而未考慮身心障礙者的資訊能力。簡言之，反歧視，就是反對間接影響障礙者的應有權益。

有時候，反歧視也擴及感知歧視與聯想歧視，只要身心障礙者感覺到或聯想到自己受到不平等的對待，就是一種歧視，應予反對。

二、反歧視的重點項目

由於國情不同，有關於反障礙歧視的項目，也不盡相同。就美國而言，他們在1990年通過《美國身心障礙者法案》（Americans with Disabilities Act, ADA），納入反歧視條款，首先阻止歧視的項目是就業，然後擴及公共服務、公共空間（public accommodation）、電信（telecommunication）（引自林萬億，2014：333-334）。茲以此項目為基準，再加上常見的反障礙歧視，舉例說明如下：

1. 反就業歧視：例如，《美國身心障礙者法案》規定企業不得在僱用、補償、訓練、升遷、終止僱用，對身心障礙者有歧視。瑞典

《反歧視法》禁止就業、教育及社會等各個領域的歧視；我國《就業服務法》第5條規定，為保障人民就業機會平等，雇主對求職者或所僱用員工，不得以種族、……身心障礙或以往工會會員身分為由，予以歧視。

2. **反公共服務歧視**：例如，《美國身心障礙者法案》禁止任何形式的公共運輸工具對於身心障礙者有歧視對待；我國《身心障礙者權益保障法》第60條規定，視覺、聽覺、肢體功能障礙者由導盲犬、導聾犬、肢體輔助犬陪同……，得自由出入公共場所、公共建築物、營業場所及公共設施，不得額外收費、拒絕其自由出入，或附加條件。

3. **反公共空間歧視**：美國1990年通過《美國身心障礙者法案》（ADA）之後，促使美國積極從事境內相關公部門建築物、一般公共建築物內外、食衣住行的無障礙系統之建設（例如，交通運輸、休閒娛樂、學校等場所），並促進身障者運動賽事的參與，建立職場、就學等反障礙歧視的相關規定；我國《身心障礙者權益保障法》第16條規定，公共設施場所營運者，不得使身心障礙者無法公平使用設施、設備或享有權利。

4. **反電子傳播歧視**：例如，《美國身心障礙者法案》要求五十個州必須建置聽覺障礙者公共電信設備，並且要提供電信轉接服務（telecommunication relay service），以利聽覺功能障礙者經由電信設備與他人溝通。我國《身心障礙者權益保障法》第61條規定，縣市政府得依身心障礙者之實際需求，提供同步聽打服務。

5. **反教育歧視**：例如，瑞典《反歧視法案》課以政府責任，採取積極行動，以改善障礙者就業生活與教育體系，並設置「公平權利維護者」（equality ombudsman），負責執行；我國《身心障礙者權益保障法》第27條規定，各級教育主管機關應主動協助障礙者就學，正在接受醫療、社政等單位服務之學齡障礙者，應主動協助解決

其教育相關問題。

上述五個焦點項目之中，就業與教育是障礙者的主要生活領域，也是反障礙歧視應該優先關注的項目。當然，其他有關公共服務、公共空間、電信傳播等項的反歧視議題，也不容忽視。況且，這些項目都面臨一些問題，需要有效處理。

三、反歧視面臨的問題

聯合國早在1966年批准兩公約 ——《公民與政治權利國際公約》與《經濟社會文化權利國際公約》（1976年生效），以維護基本人權。到了2007年，又公布《聯合國身心障礙者權利公約》。兩者的實體規定大致相同，何以歷經三十年之後，再度重申前令？可能是全球身心障礙者的政治、經濟、社會、文化等權利，仍未普遍受到重視，也經常發生歧視的問題。

同樣的情形，臺灣於2007年修正公布《身心障礙者權益保障法》，第16條明文規定：身心障礙者之人格及合法權益，應受尊重及保障，對其接受教育、應考、進用、就業、居住、遷徙、醫療等權益，不得有歧視之對待。2014年通過《身心障礙者權利公約施行法》，呼應聯合國重視障礙者權利的主張。然而，時至今日，身心障礙者在生活中的歧視仍無所不在、無奇不有。例如，障礙者想去餐廳吃飯，因通道障礙而無法進入，還被老闆說：「你們不方便，還出來吃飯！」臺鐵賣票人員因聽語障者無法清楚表達需要，也無手語翻譯或協助的窗口，而以不耐煩態度來對待購票的障礙者（郭洛伶，2019）。

推究這些反障礙歧視問題之所以長久存在，而且層出不窮，我們認為其所面臨的問題，至少可歸納為四方面：

1. 政府無心推動：有關於反障礙歧視的公約、法律及行政規定，已相繼完成，而且經常修正及更新，但是徒法不足以自行，良法

還需要美意。政府各部門及各層級相關人員，可能是不了解反歧視對於障礙者的價值，或者因為障礙者處於弱勢地位，不會走上街頭為自己爭取權益，而無心推動反歧視的相關規定。如果立法遲遲推行不了，顯示政府漫不經心、不在乎，這就是政府帶頭的歧視（伊東弘泰，2017）。

2. 企業無意配合：我國《身心障礙者權益保障法》對於無障礙環境（第57條）、身心障礙者進用比例（第38條）、所進用之障礙者不得為任何歧視待遇（第40條），都有明確規定。然而，企業單位往往優先考慮成本與效益，而非企業的社會責任，導致配合辦理之意願不高。例如，大型企業所經營的百貨公司、商場、餐館、旅館等場所，無意改善無障礙環境者，幾乎所在多有。另外，企業界無視於障礙者定額僱用比率規定，寧願繳交罰款，而不願足額進用者，亦屢見不鮮。至於進用障礙人士之後，發生不當對待事件，亦時有所聞。即使有些商場聘用身障人士，但大部分的公司都把身障人士擺在後臺，這也是一種歧視（伊東弘泰，2017）。

3. 大眾無動於衷：傳統以來，社會大眾對於身心障礙者的看法，仍殘存一些偏見，甚至汙名化。他們視障礙者為一種「殘缺」、「五不全」、「不正常」、「不健康」的病態；認為障礙者是「個人不幸」、「障礙無法改善」、「障礙者不值得協助」，導致對於身心障礙者遭受歧視或不當對待，經常袖手旁觀，無動於衷。影響所及，身心障礙者看起來似乎容易落入「次等公民」，成為依賴人口，而無法與一般公民同樣享有人格尊嚴及平等權利。

4. 障礙者無可奈何：大部分身心障礙者由於身體系統的結構或功能受到損傷、不全或失能，而在就學與就業兩大生活領域的參與，比一般人遭遇更多的挑戰。連帶著，障礙者自我權利的意識較為不足，獨立生活的能力較為欠缺，也比較沒有能力或機會為自己的權益發聲，因而對於政府或善心人士的「援助」、「補償」或「保護」，

即使不符合自己的實際需求，也是無可奈何，只好逆來順受，不然你又能怎樣？

當然，反障礙歧視所面臨的問題不只這些，障礙福利相關機構及團體、障礙者所處家庭及社區，對於反障礙歧視能否及時覺察、正確認知及正向支持，也是我們必須關注的問題。

四、反歧視的推動策略

提出問題，只是揭發病症，並沒有提出處方。站在福利服務著重實務的立場，實務工作者必須針對反歧視面臨的問題，對症下藥，提出有效的推動策略：

1. 強化反歧視宣導活動：實務工作者可就其服務經驗，蒐集歧視身心障礙者的案例，再透過DM、專刊、電子報、官網身心障礙專區、公共論壇、辦理活動等多元宣導方式，傳達聯合國《身心障礙者權利公約》（CRPD）的重要觀念，以增進社會大眾對於障礙者人格尊嚴及平等權利的尊重，進而減少障礙歧視。同時，反歧視的宣導對象，也應擴及政府與機構相關部門及人員，以便凝聚反歧視的共識，至少避免使用歧視用語，例如，殘障車位、殘障者優惠。

2. 協助障礙者自我充權：實務工作者應秉持優勢觀點，肯定任何障礙類別與程度的身心障礙者都「有能力」、「有機會」、「有資源」、「能成功」，並協助他們自我充權（self-empowerment）。這也就是協助障礙者突破自我限制，發掘自我能力，為了維護自我權利而自我發聲，為了反對歧視而自我努力、自我決定。換言之，我們應該思考如何協助身心障礙者更多機會為自己發聲，而且任何有關障礙事宜的決定，都要納入身心障礙者的參與，正如丹尼·肯史東（Diane Kingstone）所言：「沒有我們的參與，就不要替我們做決定。」（Nothing about us without us.）（郭可盼，2017）。

3. 整合各種反歧視立法：透過立法，使反歧視行動有更堅實的

後盾。目前，反歧視立法大概有三種路線：一是美國1990年通過的《美國身心障礙者法案》（ADA），將反歧視與障礙者其他權益放在一起；二是日本2016年實施的《身心障礙歧視禁止法》（JDA），專門針對反歧視、不平等做出規定；三是英國2010年的平等法及歐盟國家的反歧視法案，將各領域的「歧視」合併為單一法案。有鑑於身心障礙的歧視往往與其他弱勢、性別等歧視交織而成，我國不妨參考英國及歐盟的路線，將社會福利、衛生醫療、勞工就業、教育、文化、交通運輸，以及年齡、性別、性傾向等領域可能發生的歧視，加以整合，訂定《反歧視基本法》，適用於所有領域，使反障礙歧視的推動更加周延，也更加有效。

　　4. 共通設計無障礙環境：傳統的思維，無障礙環境或無障礙設施，是專為身心障礙者量身打造的。但是這種思維，意味著障礙者需要「保護」，仍有歧視之嫌。近年來，歐美國家對於生活環境的設計，有一種「共通設計」（universal design）的新思維，值得我們借鏡。所謂共通設計，就是「為全民而設計」（design for all users）。無障礙環境應能提供任何人使用，並非特定為身心障礙者而設計，無障礙環境是全民生活必備的條件，即使後天性失能、短暫性失能，都需要無障礙環境（黃耀榮，2014：450）。如果我們將身心障礙者當作一般常人，同樣使用共通設計的環境，何來歧視？

　　簡言之，反障礙歧視的推動，必須強化宣導、整合立法、充權案主、共通設計無障礙環境等多種途徑，齊頭並進，庶幾有成。

📖 第四節　身心障礙者權益的倡導

　　討論反障礙歧視專題之後，我們有必要回到福利服務的整體面，檢視當前身心障礙者的權益有無不足之處？並且前瞻如何提供更佳服務？

　　一般而言，身心障礙者處於弱勢地位，比較沒有能力和機會爲自身權益而發聲，需要實務工作者加以倡導。茲參考相關文獻，從動態倡導模式的四個層面（Cox, Tice, & Long, 2016: 74）略作說明。

一、經濟與社會正義

　　每一個身心障礙者都有其人格尊嚴與社會參與的權利，不因經濟或社會的因素而受到壓抑或剝削。基於經濟與社會的正義，有幾方面可以倡導：

　　1. 強化輔具的研發與整合服務：任何身心障礙者在適應生活的過程，常需使用某種輔助器具。雖然目前已有輔具資源中心，可以借用二手輔具，但是有些障礙類別在整形外科或復健運動中，需要特殊的輔具（例如，義肢、洗澡機），且以市場爲基礎，接受特定設備和器具的服務，仍有經濟現實與先天不正義的問題（Cox, et al., 2014: 172）。因此，有必要倡導輔具科技的研發，以因應任何障礙者的特定需求。而且，臺灣目前設置於衛生、社政、教育、各縣市的輔具服務窗口，以及交通、體育、文化、建設、工務、科技研究、經濟、金融、通訊傳播等部門有關於專用輔助器具的規劃、推動和監督事項，都應該運用資訊科技進行整合（李淑貞，2014：442），以利身心障礙者近便使用。

　　2. 增加對非政府照顧的督導角色：當人們與任何身心障礙者一起工作時，可能需要提供緊急照顧、慢性照顧或喘息照顧。這些照顧服務，一般有保險支持或法律涵蓋，但提供的援助或救助有一定限制，有時需要私人或營利機構的介入。爲了維護經濟與社會正義，政府部門以機構或以社區爲基礎的照顧設施，其實務工作者必須充當有警覺的看門人（watchdog），對於私人或營利機構所輸送的健康照顧與障礙服務，增加非政府部門的督導角色（Roish, 2000）。臺灣也有這種情形，在衛生福利部（2019）對地方政府執行社會福利績

效考核報告中，也發現部分縣市契約委外辦理障礙者照顧服務時，僅重視服務輸送的數量（人次、時數）是否達到契約規定，而忽視照顧品質的提升，亟需倡導「量質並重」的督導實務。

3. 消除職場相關的歧視與汙名化：在職場中，身體或心智障礙的受雇者，其收入經常無法支撐他們自己的財務負擔，實務工作者必須認知障礙方面的政策，為障礙案主的合法薪資或補助而進行倡導。再者，員工被汙名化，可能來自被僱用或被處遇的家庭有障礙之成員。例如，某一員工遭到歧視，是因為她的丈夫有一種障礙，這也不合乎正義。不管怎樣，有必要從法律面進行倡導，禁止任何就業樣態的歧視，包括：僱用、辭退、支薪、工作分派、暫時停工、訓練、員工促進、附加福利，以及其他期間或就業的情況（Watesstone, 2014; cited in Cox, Tice, & Long, 2016: 173）。

質言之，只要身心障礙者遭到不適當或不合法的對待，實務工作者必須與服務對象共同伸張正義，維護權益。

二、支持的環境

有某種障礙的人（Person With a Disability, PWD），無不期待其所處環境對於他們的日常生活能給予友善的支持，但是這種期待經常被忽略。我們可從物理環境與社會環境兩方面，來思考亟需倡導的議題：

1. 室內環境設計的無障礙：在物理或空間的環境方面，室外公共空間與公共設施的無障礙，已有較大幅度改善。相對的，室內環境的無障礙，較少受到關注，其改善情況也參差不齊。有些建築物，包括醫療院所、健康中心、福利機構，其出入口狹窄、內部有臺階阻擋、通道與牆角的標示欠明、盥洗設備不適當，對於身心障礙者的健康照顧或住宿安排造成阻礙。此外，在臺灣各種住宅類型中，居家環境之無障礙設施，也有一些共同性問題，包括：臥室空間狹小，缺

乏輪椅迴轉空間；臥室有高架地板，容易造成跌落；浴廁入口有門檻，輪椅無法通行；牆面未裝設扶手，且地面材料不止滑（黃耀榮，2014：464）。這些都需透過倡導，推動修法，責成環境設計者（含建築設計者、室內設計者）徹底改善。

2. 城鄉環境規劃的無障礙：在社會環境方面，人與環境互動之規劃，對於身心障礙者的友善程度，常有明顯的城鄉落差。例如，家住臺北市，住家與上班地點鄰近捷運，且受過定向行動與生活重建的盲人，可能在日常生活相對地獨立自主。然而，一旦搬到外縣市，當地沒有捷運，僅提供以就醫為主的復康巴士，亦無計程車特約服務，則可能衍生當事人對於居家服務的需求（李英琪，2013；林敏慧等，2014：215）。由這個例子顯示，城鄉無障礙的社會環境，應有不同的考量及規劃，尤其在公共交通運輸不方便的地區，宜提供一些替代性服務，以支持該地區身心障礙者對於社會環境的需求。

再者，有關無障礙環境的提供，私人公司也可能涉入。專業的實務工作者必須以消費者為中心，協助有障礙的人，在環境需求與資源供給之間，增加獨立選擇的自由（Cox, Tice, & Long, 2016: 173）。

三、人類的需求與權利

人類必須生活於沒有迫害、歧視、壓迫的社會，並且有接受重要資源，表達意見和選擇資源的自由。這些基本需求與權利，身心障礙者應該平等擁有。尤其，照顧服務的需求與權利，更不能等閒視之，例如：

1. 機構照顧模式仍有存在必要：在1960至1970年代，美國有一些福利改革者對於身心障礙者的照顧制度，積極地倡導「去機構化」（deinstitutionalization），將障礙者從機構移動，整合於社區，或者進入自立生活中心（independent-living centers）。然而，只有幸運的少數能進入自立生活中心，而且有些障礙者沒有能力克服自立生

活的障礙，也有少數族群的障礙者在社區遭到歧視，甚至有些精神障礙者因機構關閉而被遣送回家了其殘生（Cox, Tice, & Long, 2016: 166）。另外，有些家庭發現難以照顧障礙的家庭成員時，機構變成一種選擇。因此，機構照顧對某些障礙者仍有存在的價值，不能偏廢。當然，機構照顧的缺失，包括：住民失去自由、公民權被剝奪、過去曾被虐待，也必須一併倡導改革。也許，權宜之計是保留障礙者選擇機構照顧的權利，並協助他們接受最適當的照顧服務。

2. 障礙者老化應更新照顧模式：身心障礙者由於身體系統的構造或功能受損或不全，其老化程度比一般民眾快速，對於照顧的需求也隨之產生變化。因此，身心障礙福利機構建構老化照顧模式已刻不容緩。在美國，界定障礙者50歲，進入老化照顧。在臺灣，衛生福利部界定障礙者老化的標準，是以45歲做切割。無論如何，對於障礙者的老化，應協助他們由原有的照顧模式，轉銜進入老化照顧式。所謂「老化照顧模式」，依據日本社區整體照顧模式的理念，是結合醫療、介護、住宅、預防、生活支援等各項服務一體化之照顧體系。至於美國老人全包式照顧計畫（The Program of All Inclusive Care for the Elderly, PACE），則是整合醫療和長期照顧的照顧資源，透過跨領域專業團隊（Inter-Disciplinary Team, IDT），提供完整的全人照顧。然而，國情不同，我們可參考兩者優點，再根據服務機構資源及障礙者需求，建構適切的老化照顧模式。

這裡必須強調，實務工作者應平等尊重各個障礙者權利，傾聽他們的故事，以了解他們的需求，並對他們的家庭提供必要支持，而不是將他們當作照顧的被動接受者。

四、政治的接近

身心障礙者的福利服務，有時需要透過政策與法律及行政程序，以確保服務對象的權益。下列兩種攸關障礙者權益的倡導，也不

例外：

1. 矯正對障礙者的不當用語：在社會政策與法律中，描述身心障礙者的用語，常會影響人們對於障礙者的態度，也會影響障礙者本身的日常生活。我們在前面討論反障礙歧視時，曾提及有些政府員工使用「殘障車位」一詞，就容易使障礙者覺得自己好像是「次等公民」。有鑑於此，我們有必要倡導使用「以人為優先的用語」（person-first language），也就是將「人」放在「障礙」或「失能」之前。譬如說：「那個人需要一張輪椅」，而不說「那個坐輪椅的人」，強調的是那個人，而不是那種障礙，因為障礙只是那個人的許多特徵之一，況且障礙可能因為復健而變好。當然，實務工作者也要避免使用「天生缺陷」（birth defect）、「聾啞」（deaf and dumb）、「弱智」（retard）、「愚蠢」（stupid）、「殘疾者」（cripple）、「發瘋」（crazy）等不當字眼來描述身心障礙者（Cox, Tice, & Long, 2016: 168）。

2. 修正對障礙者的附加條件：有時候，由於福利資源有限，福利服務的提供者可能採取「限量配給」（rationing）與「使用者付費」（fee for service）的策略，從供給面與需求面來控制資源配置（Gilbert & Terrell, 2010: 175）。在供給面，常以「資格標準」限制可取得福利服務之障礙者的資格，在法律規定的資格之外，又附加某些條件，例如，需設籍本市若干年；在需求面，附加某些規定，以降低障礙者接受福利服務的需求，例如，必須親自排隊。這些附加條件，明顯對於某些身心障礙者不利，甚至侵犯他們的平等權，必要時可接近政治人物，借重他們在政治上的影響力，促使政府修改不合理的規定。

諸如此類政治性妨礙身心障礙者的議題，實務工作者也可調查歧視的個案，作為倡導的依據，或者協助他們整理請願、訴訟的檔案，循行政或法律的程序，討回公道。

第八章

原住民福利服務

臺灣位於亞洲緊臨太平洋的一個美麗島嶼，居住著各種族群。其中，原住民的人口為57萬3,086人，占臺灣總人口的2.42%（2020年4月底），是人口數較少的一個族群。

目前，經過行政院認定的原住民族，計有：阿美族、泰雅族、排灣族、布農族、卑南族、魯凱族、鄒族、賽夏族、雅美族、邵族、噶瑪蘭族、太魯閣族、撒奇萊雅族、賽德克族、拉阿魯哇族、卡那卡那富族等16族，分布在30個山地鄉，25個平地鄉，748個部落，有42種方言別。

2015年，有一位教師為了協助學生容易記住這16個原住民族的名稱，提出「邵太太打卡，阿薩不魯哥，被嚇得跑走啦」16字口訣。然而，在2016年國慶典禮被主持人引用這個口訣之後，引發原住民族嚴重抗議，認為「阿薩不魯哥」是歧視原住民族。這位教師從善如流，隨即將口訣更改為：「夏太太派瀟灑哥背走路？啊！不得打卡啦。」（張崴喦，2016）

基本上，臺灣原住民族各有自己的語言、文化、風俗習慣與社會結構。但是近年以來，隨著社會變遷與結構轉型，原住民在經濟上移居平地謀生者漸多，在家庭結構上隔代教養者亦復不少，連帶影響社會福利服務的需求與供給。以下略述臺灣原住民社會福利服務的需求、服務項目、拉近原漢差距、權益倡導。

📖 第一節　原住民福利服務的需求

有關臺灣原住民的福利需求，應該尊重原住民的主體性，儘量讓他們自己發聲。因此，這裡除了引用「臺灣原住民族經濟狀況調查」、「原住民族就業狀況調查」等「量化」資料之外，也同時引用「質性」資料中原住民的相關發言各一則，擇要說明臺灣原住民對於福利服務的需求。

一、經濟協助的需求

目前，臺灣原住民遭遇的困境，主要是土地流失、家庭經濟困難、健康指標差距、族群教育問題。就家庭經濟困難而言，依據原住民族委員會2018年公布「106年臺灣原住民族經濟狀況調查」結果，對於改善經濟狀況的需求，有57.13%的經濟戶表示需要政府協助，其需要協助的項目，以提供補助金為第一優先，占31.72%。另外，有63.38%經濟戶表示，希望申請原住民綜合發展基金貸款案。

再者有一位原住民作家，尤哈尼·伊斯卡卡夫（2005：87）表示：「貧窮與匱乏是臺灣原住民普遍存在的問題，亦是原住民社會議題的核心，原住民因貧窮而缺乏自信，宿命、教育水準低落、健康不佳、平均壽命短、兒童營養不良，住屋環境惡劣，酗酒、家庭不和與暴力。尤有甚者，因極度貧窮，原住民常有出賣女兒為娼、鋌而走險參與走私行竊，以及因負債與生活壓力自殺等悲劇。」（引自李明政，2020：31）

事實上，大多數原住民家庭的經濟狀況並不寬裕，年輕人必須到都會地區工作，而老年人和小孩留在原鄉，依靠老年津貼過日子。這種情況，亟需政府提供經濟協助。

二、就業促進的需求

根據原住民族委員會2019年第四季「原住民族就業狀況調查」報告顯示，15歲以上設籍於臺灣地區的原住民，多數從事勞動密集工作，製造業15.01%、營建工程14.46%、住宿及餐飲業11.22%。這類工作，容易受到產業外移、外籍勞工引進、基本工資調漲、一例一休等因素的影響。接受調查的原住民表示，需要政府提供的就業服務項目，依序為：就業資訊（10.34%）、就業媒合（5.49%）、就業資源（4.37%）。

再者，有一位泰雅族的社工員表示：「有些（原住民）婦女真的需要工作，可是她們希望的是我能夠照顧到家裡，工作機會是在部落，可是我們有這樣的工作機會嗎？少之又少，你一定要出門，那怎麼辦？這是我們覺得部落很嚴重的問題。」（引自黃源協，2014：169）

這樣看來，原住民無論出外工作或者在部落就業，都可能遭到一些困難，需要政府提供就業促進措施。

三、醫療保健的需求

臺灣原住民有一些「特有疾病」，包括：痛風、口腔癌、肝硬化、高血壓、退化性關節炎、意外傷害。這可能與原住民的生活習慣有關，有些原住民有嗜好醃肉、烤肉，過度吸菸、喝酒、嚼檳榔等不良習慣，影響身體健康。

然而，原住民部落的醫療資源有限，設備也不足。況且，有一部分原住民未參加健康保險，或者未能按時繳交健保費，以致無法近便就醫。

有一位阿美族的生活輔導員表示：「部落地方比較偏遠，那地方基礎醫療設備不足，像那個蘭嶼，只能到衛生所，疾病的話就直升機到臺東。可是臺東人又往臺北榮總跑，所以比較偏遠的地方真的沒有辦法享受到那比較好的醫療，……那些小病拖大病，大病可能出去路程又遠又來不及。」（引自黃源協，2014：220）

就此而言，原住民的特有疾病，需要透過健康促進，協助他們改善不良的習慣。至於部落的醫療資源不足，則需要政府強化部落醫療的可近性及可及性。

四、兒童及少年保護的需求

依據衛生福利部2018年統計，在2017年全國家內事件之受虐

兒童及少年人數為4,135人，一般身分受虐兒童及少年3,685人，占89.12%；原住民受虐兒童及少年450人，約占11%，而原住民族兒童及少年的人數約占全體兒童及少年人數的3.7%，顯見原住民兒童及少年保護確實是值得重視的議題。

此外，原住民兒童及少年的安全問題也不容忽視。有一位泰雅族社工員表示：「我這邊很多，十二點小朋友回家，自己開門就在那邊，那安全會危險都沒有去考量，那父母親就是工作嘛，然後晚上就回來，……我看到這邊很多的小朋友不是在外面溜達，就是去網咖，那種小朋友你說以後國中會好嗎？高中會好嗎？」（引自黃源協，2014：252-253）

無論如何，原住民兒童及少年遭受虐待或者安全上出現問題，都需要有關單位及人員提供適切的關懷、輔導及保護服務。

五、婦女暴力防治的需求

臺灣原住民族16族之中，多數以男性為主。在父權主義的作祟之下，婦女地位不如男性，而且有些男性飲酒過量，容易衍生家庭暴力問題，婦女可能動輒遭到親密關係暴力。

有一項我國婦女遭受親密關係暴力的調查研究（潘淑滿、張秀鴛、潘美英，2016：204），顯示原住民婦女曾遭到家庭暴力的比率為38.9%，高於非原住民婦女受暴比率的24.4%。其中，遭受肢體暴力的比率，原住民婦女為27.8%，非原住民婦女為9.5%，在統計上的差異已達顯著水準（df = 2、p = 6.374）。

然而，原住民社會的家庭暴力狀況，可能存在許多未通報的黑數。有一位布農族的協會社工處長表示：「（家暴案）黑數很高，為什麼？因為她們不曉得怎樣通報，也不願意通報，……而且也覺得通報的時候，可能接電話的人不大聽得懂原住民的母語，所以她想要用國語表達有可能是又怕講錯，或是講得不標準，所以就乾脆不講。」

（引自黃源協，2014：241-242）

通報的管道是可以克服的，但是原住民婦女遭到家庭暴力的問題，需要知悉家暴情事的相關人員在24小時內通報，因而需要家庭暴力暨性侵害防治中心提供救援、安置、保護等相關服務。

六、老人長期照顧的需求

臺灣原住民老化的情況，相當嚴重。依據內政部人口統計資料，2015年，全國民眾65歲以上人口占總人口12.5%，而原住民65歲以上人口占6.2%，合計55歲以上人口（原住民55歲可領老年年金，算老年）占16.4%。同時，原鄉地區年輕的一輩，多數移居都會地區，導致老人照顧成為一個重要議題。

在一項研究中，有一位受訪的原住民長者表示：「因為現在孩子們都不在村裡，大家都去外面工作，就沒有想到爸爸媽媽。可是孩子們在外面工作也很辛苦，還要請假照顧，孩子也需要生活，所以這是個很大問題。希望日後托顧能留在部落，而且是建在每一個衛生站，讓那些老人可以在地被照顧，才不會不適應。」（引自許俊才、林宏陽、王仕圖，2018：54）

由此可知，雖然原住民的老人期待能在部落就地老化，但是多數年輕人必須離開部落到外地工作，無法在家照顧而有老人長期照顧的需求。而且，在部落裡，「照顧」不是單向的服務，而是一種雙向的身心靈健康的議題（許俊才、林宏陽、王仕圖，2018：57）。

七、都市原住民住宅改善的需求

依據2016年臺灣原住民族經濟狀況調查顯示，原住民自有住宅的比率為74.35%，低於全體國民自有住宅率89.27%。在原鄉部落，多數人繼承家中長輩的房子，比較老舊，常需修繕。至於移居都會地區的原住民必須面對的問題，除了在漢人社會找工作的問題之外，就

是居住的問題。在資源有限的情況下，有些原住民在都會近郊搭蓋違建，作為暫時棲身之所，或者自行租屋居住，只有少數申請入住原住民國宅。

有一位移居都會地區的泰雅族原住民表示：「像原住民國宅我有申請到，可是我在外面住比較划得來，因為進去住就沒有租屋補助。租屋補助是每個月三千塊，我每個月外面租金只要三千，但原住民國宅要實繳六千，原住民國宅等於沒有幫助原住民。」（郭俊巖、黃明玉，2010：68）

簡言之，留在原鄉的原住民對於住宅，有修繕服務的需求；移居都會地區的原住民對於住宅，也有租金補助或者是改善原住民國宅的需求。

除了上述七項福利服務的需求之外，臺灣原住民對於申請福利補助、申請原住民國宅、申請原住民綜合發展基金貸款、處理原漢的土地糾紛，甚至辦理離婚手續，經常不知道要問誰，以致權益受損，因此也有諮詢服務，尤其是法律諮詢或法律扶助的需求。

📖 第二節　原住民福利服務的項目

原則上，臺灣原住民的福利服務，是在全國社會福利總體架構之下實施。不過，為了因應原住民福利服務的特殊需求，在行政院之下設有原住民族委員會（內部設社會福利處），並且訂定《原住民族社會安全發展四年計畫》（目前為第三期四年計畫），作為推展社會福利及相關服務的依據。以下根據此計畫及相關文獻，對應前述福利服務的需求，略述臺灣原住民福利服務的主要項目：。

一、急難救助方案

原住民族委員會於2017年訂頒《原住民族委員會輔助原住民

急難救助實施要點」，其救助對象為具有原住民身分者，救助項目包括：

1. 死亡救助：戶內人口死亡無力殮葬，負責家庭生計者死亡，給予一定金額補助；其非負責家庭生計者死亡，補助金額減半。

2. 醫療補助：負責家庭生計者遭受意外傷害或罹患重病，致生活陷於困難，給予一定金額補助。

3. 生活扶助：負責家庭生計者失業、失蹤、應徵召集入營服役或替代役現役、入獄服刑、因案羈押、依法拘禁或其他原因，無法工作致生活陷於困境，給予一定金額補助。其他因遭受重大變故，致生活陷於困境，經核定機關訪視評估，認定有救助需要，給予一定金額補助。

4. 重大災害救助：遭受水、火、風、雹、旱、地震或其他災害，致損失重大，影響生活，其死亡或失蹤、重傷、無人傷亡，給予一定金額救助。

其他特殊情形，經專案核定，亦可給予補助。至於負責家庭生計，是指負擔家庭生活費用三分之一以上者。

二、就業服務方案

原住民族委員會、直轄市政府原住民族行政局、縣市政府原住民族事務委員會，對於都會區原住民提供個別化就業服務，並委託專案管理中心輔導九個區就業辦公室：臺東、花蓮、北基宜、新北桃、竹苗、中彰投、雲嘉、高雄、屏東，提供外展性與陪伴的就業服務。原住民就業服務項目包括：

1. 就業媒合服務：提供就業市場資訊、接受原住民就業諮詢、媒合原住民就業機會。

2. 辦理職業訓練：設置就業基金，提供原住民可近性的職業訓練。例如，2019年根據「原住民族就業狀況調查」，辦理族人最需

要的職業訓練課程：社會福利服務業、觀光旅遊服務業、文化產業技藝類。

3. 促進原住民青年就業：辦理原住民高中職青年職涯探索Easy Go、辦理原住民大專青年職感生涯暨就業心方向座談，並辦理原Young青年返鄉工讀體驗，以增進青年返鄉就業的意願（王慧玲，2020：48）。

4. 協助中高齡就業及二度就業：對於45-64歲中高齡有就業意願的原住民，以及因為婚姻、生育、料理家務、照顧老人、傷病、退休，導致中斷工作而有意再就業的原住民，提供職業訓練及就業媒合服務。

此外，依據《原住民族工作權保障法》規定，政府機關（構）、公立學校、公營事業機關、依政府採購得標廠商，需進用一定比例的原住民，也是促進就業服務的重要措施。

三、醫療保健服務方案

原住民的醫療保健服務，大致上比照全國社會福利總體架構：全民參加健康保險，兒童定期接受預防注射，婦女定期接受乳癌及子宮頸抹片篩檢，老人免費參加健康檢查。

此外，為推展部落醫療保健工作，原住民族委員會依原鄉的特殊性，訂頒各項補助要點，以期增加健康服務的可近性，其主要措施包括（黃源協，2014：108）：

1. 補助原住民就醫交通費：為減輕偏遠地區原住民因病就醫及轉診之交通費負擔，於1997年8月發布《補助原住民就醫交通費實施要點》。

2. 補助原住民結核病醫療費：為鼓勵原住民肺結核病患者，按時接受藥物治療，並防止結核病傳染，於1997年3月發布及實施《原住民結核病患補助要點》。

3. 補助原住民參加健康保險費：為補助因經濟困難致無法參加全民健康保險之原住民，於1998年7月發布及實施《補助原住民全民健康保險費實施要點》。

4. 補助原住民社區衛生推展經費：為鼓勵民間醫事團體、醫院、大專院校，共同推展原住民族疾病防治與醫療服務，於1999年8月發布及實施《推展原住民社區衛生保健服務作業補助要點》。

再者，原住民族委員會最近正積極規劃經濟弱勢原住民團體意外保險，提高原住民族參加意外保險的比率，減輕案主發生意外時之經費負擔（王慧玲，2020：48）。這些，對於促進健康也有幫助。

四、兒童保護服務方案

原住民族委員會對於原住民兒童遭受虐待或疏忽，對於原住民少年遭受人口販賣或墮入色情行業，都相當重視，並透過教育、社區衛生等途徑，加強宣導及防範。至於原住民兒童及少年的保護服務，則參照全國社會福利總體架構實施，並沒有特別的設定。茲以兒童遭受身體虐待的保護服務為例，其主要服務項目包括：

1. 緊急救援：任何人知悉兒童疑似遭受身體虐待，都可撥打「113」保護專線，或直接向當地主管機關通報，福利人員接獲通報，立即會同警察前往救援。

2. 緊急安置：如果兒童受虐情況相當嚴重，可將受虐兒童暫時安置於緊急庇護場所（不得超過72小時），並依法定程序對施虐者提出告訴。

3. 家庭維繫：如果兒童受虐情況並不嚴重，可讓受虐兒童留在原生家庭，並由福利人員對兒童的家庭提供親職教育等協助，藉以維繫家庭的基本功能。

4. 家外安置：如果受虐兒童緊急安置的期限已屆滿，且經評估確定兒童不適宜居住於原生家庭，則將受虐兒童進行家外安置，例

如，家庭寄養、機構寄養。

5. 家庭重建：受虐兒童安置於寄養家庭或寄養機構，是暫時性措施。兒童福利人員仍應協助兒童的家人重建家庭功能，以期兒童最後可重返原生家庭。

即使原住民受虐兒童的緊急救援與緊急安置，可能因為地區偏遠，交通不便，也缺乏近便性、可得性的庇護場所，但是為了保護受虐兒童的安全，維護原住民兒童的最佳利益，福利服務人員仍應克服困難，努力達成任務。

五、婦女保護服務方案

臺灣原住民婦女的保護議題，有其特殊性，也有其一般性。在特殊性方面，原住民族的文化思維不同，認為家庭暴力是家庭的問題，受暴婦女因擔心家暴事件曝光，而不願意向外求助。在一般性方面，原住民婦女也是臺灣整體社會的成員，遭受家庭暴力，應依法處理，以獲得保護。

就此而言，原住民婦女遭受家庭暴力的保護服務，依其處理的優先順序，大致上可歸納為三種機制：

1. 由部落耆老或家族協助處理：在原住民社會中，部落的頭目、長老，或者家族的長輩、耆老，具有崇高地位，深受族人尊敬。一旦發生家暴事件，族人首先想到的是交由部落長老或家族長輩協助處理，對施暴者曉以大義，約束不得再犯，藉以保護婦女免於繼續遭受家暴。

2. 由部落教會神職人員介入協助：在原住民部落，多數族人信仰基督教、天主教，對於神職人員相當尊重，受暴婦女也有機會向教會求助，而獲得神職人員的關懷、撫慰、保護，以及教友們的支持、協助。

3. 由縣市家暴防治中心依法處理：即使受暴婦女不願意通報，

任何人知悉疑似家暴情事，都可撥打「113」專線或直接向當地主管機關通報。家暴防治中心接獲通報之後，必須依照法定程序，施予緊急救援、安置、聲請保護令、轉介身心治療或心理諮商等服務。

　　簡言之，對於原住民婦女的保護服務，適宜從部落的人情事理著手，不得已再尋求外部的法律協助，並且需要長期預防及持續服務。

六、老人長期照顧方案

　　在臺灣原住民族社會中，多數青壯族人到平地工作，許多老人留守部落，需要長期照顧服務。目前，政府對於原住民老人的照顧方案，約有兩方面：

　　1. 設置原住民族文化健康站：於2015年，將原住民部落長者日間關懷站（簡稱日間關懷站），更名為部落文化健康站（至2019年為314處），提供具有文化內涵的健康照顧服務，其服務項目包括：

　　(1)生活諮詢。

　　(2)照顧服務轉介。

　　(3)健康促進活動（例如，手工藝、藝術、語言、樂舞）。

　　(4)活力健康操運動。

　　(5)文化心靈課程。

　　2. 因地制宜建置長期照顧資源：配合長期照顧計畫2.0（2017-2026年），推動四項工作（祝健芳等，2020：204-206）：

　　(1)發展日間照顧服務：補助興建或修繕舊有館舍，成立日間長照中心。

　　(2)推動家庭托顧服務：加強設立托顧家庭工作。

　　(3)辦理交通接送計畫：補助長照服務資源不足地區交通接送所需車輛費用，並獎助營運費用。

　　(4)辦理整合型長照計畫：在文化健康站或其鄰近空間，成立微型日間照顧中心，提供臨時托顧服務或社區健康服務，並在量能許可

下，外展居家照顧服務。

綜觀上述老人長期照顧的服務項目，乃在提供部落老人可近性、可及性、多元服務的照顧，以保障原住民老人獲得適切的生活照顧及必要服務。

七、住宅福利服務方案

臺灣原住民族因為文化與生活方式的差異，各族有不同的住宅類型。但是，無論原鄉的傳統住宅或移居都會地區的住所，都有改善的需求。原住民族委員會對於改善原住民的居住品質，至少可提供下列方案：

1. 提供住宅修繕貸款：設置原住民綜合基金貸款，提供原住民申請貸款，作為修繕住宅使用。

2. 興建原住民國宅：例如，高雄市原住民族住宅、新北市汐止區花東新村、臺東市花東新村、自強新村。

3. 提供租屋補助：對於移居都會地區之低收入原住民，需要在外租屋者，提供租屋補助，目前每戶每月補助三千元。

4. 輔導申請社會住宅：對於居住於都會邊緣地區且環境不良的原住民部落，例如，新北市三鶯部落、溪州部落、桃園市撒烏瓦知部落、新竹市那魯灣部落，居住條件不良的原住民，輔導他們申請入住當地的社會住宅。

對於上述七項原住民福利服務的方案，在這裡必須補充三點說明，以使福利服務的輸送更加有效：

第一，各種福利方案的規劃及實施，除了依照原住民族的架構實施之外，也有一部分必須在全國社會福利的整體架構之下實施，例如，醫療保健服務方案、兒童保護服務方案、婦女保護服務方案。因此，在服務輸送時，可採「社福單位」與「原民會」跨域合作的方式實施，至少必須加強單位之間的協調與整合，以避免疊床架屋，浪費

資源。

　　第二，有些原住民福利服務方案涉及現金給付，例如，急難救助、醫療補助、租屋補助。此時，福利服務人員必須著重於服務面向，提供相關資訊、協助辦理申請手續，而不是直接發放經費。

　　第三，原住民散居於山地、海邊、離島、都會區及都會邊緣，福利服務的輸送必須力求近便性與可及性。

　　就第三點而言，也凸顯原住民與全體國民之間的服務提供，仍有某種程度的差距，必須有逐漸拉近差距的策略。

📖 第三節　特定議題：拉近原漢差距

　　依據原住民族委員會統計資料，截至2020年4月，原住民族人口57萬3,086人（占全國總人口2.42%）。其中，居住於山地鄉計16萬9,308人（占原住民人口28.95%），平地鄉計13萬1,870人（占原住民人口23.19%）、都會區（非原住民族地區）計27萬4,908人（占原住民人口47.97%）。

　　由這些數據的比較，不難看出原住民人口在全國人口之中，屬於少數。同時，因為社會經濟環境變遷，原住民勞動人口移入都會區的比率提高，造成部落漸趨空洞化，相較於全體國民，乃處於相對劣勢的狀態。即使移居都會的原住民族人，相較於一般國民，也有被邊緣化的狀況。因此，如何在原住民與全體國民之間拉近差距（closing the gap），是一個有待深入探討的議題。

　　對於原住民與全體國民之間的差距，經常被簡化為「原漢差距」（邱汝娜，2002：197；郭俊巖、賴秦瑩，2019：166；王慧玲，2020：46）。雖然在全體國民之中，除了閩南、客家、外省等三個族群（合稱漢人）之外，也包含原住民族在內。不過，原住民的人數所占比率有限（2.42%），兩相比較，還是可以看出其間的

差距。因此，在缺乏原漢的對比資料之下，此處仍然沿用「原漢差距」。以下略述原漢差距的成因、狀況及拉近原漢差距的策略。

一、原漢差距的成因

臺灣的原住民族，是最早住在臺灣島上的居民，後來卻被迫移居到山地、海邊、離島，成為一種「邊緣的民族」，甚至一度被稱為「黃昏民族」。

推究臺灣原住民族與漢人之間形成差距的原因，源遠流長，錯綜複雜，而且文獻浩瀚，罄竹難書，此處僅就可得的資料，歸納為下列四種成因：

1. 歷史上的殖民化：在十六世紀末期，漢族大規模移入臺灣開墾，在原漢共居的平地，由漢人制定規則，以武力及土地契約買賣詐騙原住民土地，原住民被迫大量退居深山之中。1885年，清朝派劉銘傳來臺，實施「開山輔番」政策，對山地林產（例如，樟腦）進行開發，直接衝擊深山原住民的生活。1895年，日本占領臺灣，實施「討番事業」，以武力鎮壓與同化政策，控制原住民的自主權。1945年，日本戰敗，國民政府接收臺灣，實施「山地保留」辦法，但公私企業或個人報准後，可租用或借用原住民土地，1960至1970年代，原住民土地大量由漢人租用，甚至假借觀光開發，侵占原住民祖傳的土地（王增勇，2011：312-316）。這種歷史上的殖民化，不但帶給原住民長久的創傷，而且迫使原住民從臺灣島上唯一的主人，淪為邊陲的少數族群，在各種生活處境都遠不如漢人。

2. 地理上的隔離化：臺灣原住民族的傳統領域，分布在30個山地鄉、25個平地鄉。山地鄉境內多數為海拔500公尺以上的丘陵地，耕地有限，山林產值不多。即使平地鄉，也是處於偏遠地區。同時，由於地理環境特殊，幅員遼闊，交通不便捷，醫療資源的可及性不足，青壯人口紛紛外移，部落的傳統結構與功能，出現變化。這種地

理上的隔離化，可能是造成原住民族在就業機會、家庭收入、生命餘年等指標，落後於漢人的重要因素。

3. 文化上的特殊性：臺灣原住民族目前有16族42方言別，各族的價值觀念、風情民俗、部落組織等各有特殊性。在語言方面，族語是凝聚「民族認同」的動力來源，但是族語的使用，侷限於本族部落，在大社會中影響的力量微弱。在禁忌方面，各族因生活環境與價值觀念的不同，各有不同的呈現。例如，花蓮阿美族的海田祭，由男性主其事，女性不可參加；新竹賽夏族的矮靈祭期間，不能打獵、不能丟石頭、不能生氣打小孩；雅美族認為生病者帶來惡靈，患病者為體恤及避免家人感染而自行隔離。這種文化的特殊性，通常漢人不了解，而對原住民族產生誤會、偏見與歧視。

4. 生活上的獨特性：臺灣原住民部落普遍存在「分享文化」，遇有捕獲獵物或農產豐收，都將部分收穫與族人分享。各族群原住民也有傳統食物的偏好，例如，排灣族吃小米、阿美族吃多樣野菜、布農族喜歡肉食。另外，原住民長者長期以來有吃檳榔的習慣。部分原住民族群因為飲食習慣，患有特定疾病的比率較高，例如，布農族、泰雅族罹患痛風。這種生活上的獨特性，本應受到尊重，但是過量喝酒、嚼檳榔、吃烤肉，可能影響健康、就業、收入、壽命，而與漢人之間有所差距。

當然，這四種成因並非單獨存在，很可能連動影響，交相衝擊，而造成原漢之間更大的差距。例如，原住民在殖民歷程，土地被奪，只好移居深山，又常因地理的隔離，使用語言的不同，就業不穩定，往往「工作一天，彈吉他三天」、「借酒澆愁，愁更愁」，又影響身心健康。

二、原漢差距的狀況

事實上，世界各國的原住民族，往往處於一種相對劣勢的狀

態，無論在貧窮率、失業率、教育程度、平均餘命、家庭暴力、酒癮、抽菸、單親家庭及新生兒死亡率等指標上，都與主流社會有不小的差距（黃源協，2014：69），臺灣原住民族的生活處境也不例外。表8-1是臺灣原住民族與全體國民生活狀況差距之比較：

表8-1　臺灣原住民族與全體國民生活狀況之比較

項目／時間	原住民族	全體國民	差距
65歲以上人口（2020/2）	8.23%	15.62%	−7.39%
平均生命餘年（2018）	72.57歲	80.69歲	−8.12歲
家庭平均年所得（2017）	818,053元	1,292,578元	−474,525元
個人平均月收入（2018）	29,855元	39,477元	−9622元
貧窮率（2019/9）	5.60%	1.62%	+3.98%
失業率（2019/12）	3.90%	3.67%	+0.23%
勞動參與率（2019/12）	62.35%	59.22%	+3.13%
自有住宅率（2017）	74.35%	89.27%	−14.92%
隔代教養率（2014）	4.95%	1.89%	+3.06%
單親家庭（2014）	17.48%	9.82%	+7.66%
身心障礙人口比率（2014）	5.64%	4.92%	+0.72%
大專以上教育程度（2019/12）	19.79%	38.84%	−19.05%
家庭連網率（2017）	60.71%	85.09%	−24.38%

資料來源：參考王慧玲，2020，p.46；黃源協，2020，p.20，並依據2017年「原住民族經濟狀況調查」、2019年第四季「原住民族就業狀況調查」，更新相關數據。

茲將表8.1所列項目，歸納為五種社會指標，並略加說明：

1. 人口狀況：原住民族65歲以上人口占8.23%，比全體國民65歲以上人口的15.62%較少，差距為−7.39%；原住民族平均生命餘年

72.57歲，比全體國民的80.69歲較少，差距為−8.12歲；原住民族單親家庭占17.48%，比全體國民的9.82%較多，差距7.66%；原住民族隔代教養率4.95%，比全體國民的1.89%較多，差距為+3.06%。

2. 教育程度：原住民族大專以上教育程度占19.79%，比全體國民的38.84%較少，差距為−19.05%。

3. 健康狀況：原住民族身心障礙人口占5.64%，比全體國民的4.92%較多，差距為+0.72%。

4. 經濟狀況：原住民族家庭平均年所得818,053元，比全體國民的1,292,578元較少，差距為−474,525元；原住民族個人平均月收入29,855元，比全體國民的39,477元較少，差距為−9622元；原住民族貧窮率5.60%，比全體國民的1.62%較多，差距為+3.98%；原住民族自有住宅率74.35%，比全體國民的89.27%較少，差距為−14.92%；原住民族家庭連網率（使用國際網路、智慧型手機）占60.71%，比全體國民的85.09%較少，差距為−24.38%。

5. 就業狀況：原住民族勞動參與率62.35%，比全體國民的59.22%較多，差距為+3.13%；原住民族失業率3.90%，比全體國民的3.67%較多，差距為+0.23%。

由上述說明，可知原住民族與全體國民在社會指標中的差距，除了15歲以上人口的勞動參與率較多之外，其餘各項都不如全體國民。尤其在人口狀況與經濟狀況兩項指標，實質上屬於負面的差距更多，應該是如何拉近原漢差距的重點項目。其主要理由：一方面因為老人、隔代教養、單親家庭，是福利服務的主要對象；另一方面福利服務的目的，在於保障家庭與個人的收入安全、改善居住品質。

三、拉近原漢差距的策略

長久以來，原住民族委員會無不重視原漢差距的議題，並透過各種策略，努力拉近其間差距。例如，連續實施1、2、3期原住民族社

會安全發展四年計畫、每年辦理「原住民族經濟狀況調查」、每季辦理「原住民族就業狀況調查」，作為持續改善原住民族福利及相關服務的基礎。

　　近年來，原漢之間的各項社會指標，已逐步拉近差距。不過，原住民族委員會有一位高階事務官曾表示：「在平均餘命、健康、所得、失業率、教育程度落差上，雖已朝縮短原漢差距的方向前進，但從社會福利政策來改變是有侷限的，因此需經常跨部會協商。」（王慧玲，2020：46）

　　在國際上，紐西蘭政府為促進毛利人（Maori）與一般國民間之社會和經濟的平衡發展，於1998年採取「拉近差距」（Closing Gap）策略，已獲實際效益，或可提供我們借鏡。紐西蘭拉近差距的策略，有三個重點（Horomia, 2000，引自黃源協，2020：28），茲略加申述：

　　1. 增加政府對原住民族計畫的責信：政府對於原住民族的各項計畫，例如，2025年衛生福利政策白皮書原住民族專章、我國長期照顧計畫2.0原住民族專章、原住民族住宅四年計畫（106-109）、原住民委員會中程施政計畫、原住民委員會年度施政計畫等有關社會發展的計畫，均應按計畫進度實施，並將實施結果向民意機構提出報告，以示責信。

　　2. 改善政府對原住民族的支出效益：政府對於推動原住民族福利及相關事務的預算、各項補助經費，例如，低收入原住民生活補助、醫療補助、就醫交通費補助、參加全民保險補助、租屋補助等，均應遵循「成本─效益」（cost-benefit）的原則，讓其受助者確實受益。

　　3. 建構原住民族社區決策及達成目標的能力：就是採取能力建構（capacity building）的策略、積極的作為，以充權（empower）與使能（enable）的方法，培養原住民自我解決問題的能力，進而扶

植他們從事部落／社區的規劃及執行，發展及達成原住民族自己的目標。

　　簡言之，拉近差距的策略，在於結合政府與原住民族的力量，以集中資源改善原住民族的經濟與社會發展，進而增進原住民族的福利權益。

📖 第四節　原住民福利權益的倡導

　　在原住民福利服務的輸送過程中，可能因為原住民的能力建構有所不足，而不知真正的福利需求是什麼？或者因為福利工作者未能掌握原住民特殊的福利需求，致使原住民的需求未獲充分滿足。這些情況，可能影響原住民應有的權益，福利服務工作者除了努力服務之外，必須協助原住民為自己的權益進行倡導。以下依據動態的倡導模式（Cox, Tice, & Long, 2016: 74），舉例說明。

一、經濟與社會正義

　　臺灣原住民族長期遭受殖民者的不平等對待，歷史創傷世代傳襲，難以撫平。政府為協助原住民回復正義，選在2016年8月1日「原住民族日」，於總統府成立「原住民族歷史正義與轉型正義委員會」（簡稱原轉會），下分為土地、文化、語言、歷史、和解等組。

　　原轉會成立初期，著重於原住民保留地權利的回復，以及傳統語言的復振，至於福利服務，則殊少著墨。實質上，土地回復就是一種經濟正義，因為有土斯有財，有恆產，始有恆心；語言復振也是一種社會正義，因為透過族語溝通，始能了解及回應原住民的真正需求。

　　就語言的復振而言，紐西蘭學者密里亞瑪（Miriama）與羅賓（Robyn）曾於2019年的國際原住民族社會工作實務研討會上，提出一些反思的議題，例如，在原住民族的實務工作中，能力是決定因

素，如何正確定義「能力」？並且強調要重新拿回（reclaim）、重新命名（rename）、重新架構（reframe）（許俊才Kui Kasirisir、李美儀Ciwang Teyra，2020：331）。茲舉例說明：

1. 重新拿回：拿回原住民族的空間、知識、語言、實務及認同。以拿回語言為例，我國原住民族委員會於2020年6月出版《原住民族施政成果專刊》，首次以阿美族語作為書名：「O Pitiri'an to Heci^ no Nitayalan no Yin-cu-min-cu」，內文目次附有16族的族語，顯示政府推動「原住民族語為國家語言」的決心。

2. 重新命名：重新使用原住民祖先在傳統文化原有的稱呼。例如，訪問屏東排灣族女性長輩，直接使用母語稱呼「VUVU」，而不使用閩南語「阿嬤」或客家話「阿婆」。

3. 重新架構：要榮耀原住民祖先留下的資產，重新建構實務的專業架構。例如，在原住民社會，祖先留下來的「戶外」，就是很好的會談室，在原住民心中，土地、山林、微風、溪流、陽光，是呼吸的一部分，是族人最熟悉、最放心的場域，也是族人能侃侃而談的空間（陳翠臻，2011：487）。

就此而言，在部落從事福利服務，也要轉型而認同族人的語言、稱呼、助人方式，否則就沒有正義可言。

二、支持的環境

臺灣的原住民族，雖然各有其語言、習俗、祭典儀式及生活方式，但是也有一些共同的特質，那就是認同部落文化，尊重家族長輩，這正是福利服務不可忽視的支持環境。因此，下列兩件事，特別值得倡導：

1. 推動以部落／社區為基礎的福利服務：部落中的頭目、長老、村長，往往是排解族人衝突的關鍵性人物；村子裡基督教會與天主教會的神職人員，深受族人信任，而且教會通常設有關懷小組；部

落的民間團體，是關懷族人權益的非營利組織。這些都是可貴的資源，在部落從事福利服務，必須妥善結合及運用，據以推動一種以部落或社區為基礎的福利服務。

2. 強化原住民族家庭服務中心的服務：目前，原鄉部落及原住民人數較多的都會地區，已設置63個原住民族家庭服務中心。然而，與全國社會福利體系所設置的家庭服務中心比較（如表8-2），雖各有優缺點，但也有一些值得借鏡及強化之處。例如：(1)更聚焦於家庭服務項目，減少建立統計資料之行政業務；(2)酌增原住民隔代教養之親職教育；(3)配合社會安全網之建立，強化原住民族脆弱家庭的關懷服務；(4)加強與當地社政體系的家庭服務中心聯繫，增加外部支援，避免服務重疊。

表8-2　原住民族體系與社政體系家庭服務中心之比較

	原住民族家庭服務中心	社政體系家庭服務中心
服務對象	具原住民身分的居民	1. 戶籍所在地的居民 2. 現居地的居民
服務項目	1. 社會工作個案服務 2. 專案服務：運用團體工作、社區工作專業方法推展福利服務 3. 原住民族各項權益宣導或講座 4. 推展志願服務 5. 建立社會資源網絡平台 6. 建立服務地區人文與福利人口群統計資料 7. 其他創新服務或社會福利服務事項	1. 家庭福利服務： (1)家庭福利需求評估 (2)脆弱家庭關懷服務 (3)社會救助服務 (4)重大災難案件處理 2. 社會福利服務： (1)社會福利諮詢與宣導 (2)托育資源諮詢與媒合 (3)志願服務 (4)安家實物銀行 3. 家庭支持服務方案： (1)各項兒童、少年、婦女、老人及弱勢家庭服務方案 (2)親職教育、成長團體 (3)親子角系列活動

資料來源：原住民族委員會，109年度補助直轄市及縣（市）政府推動原住民族家庭服務中心實施計畫、桃園市政府社會局官網。

三、人類的權利與需求

臺灣原住民對於福利服務有許多特殊的需求，例如，醫療交通費補助、部落就業訊息缺乏、部落老人長照設施不足、都會地區原住民面臨居住問題。雖然原住民族委員會已定期辦理「原住民族經濟狀況調查」、「原住民族就業狀況調查」，可間接推測原住民一般的福利需求，但是無從得知各類變項的福利需求。

因此，亟需比照《老人福利法》、《身心障礙者權益保障法》、《兒少福利與權益保障法》之規定，在《原住民族基本法》或其他法規之中，明定每四或五年辦理原住民族生活狀況及福利需求調查一次。同時，根據調查資料，分析原住民族年齡別、區域別之福利需求，使福利服務的提供更能貼近族人的實際需求。

至於原住民的基本權利，長久以來並未受到應有重視。目前，所謂「文化福利權」（cultural right），其定義及內涵較不明確，尚未形成共識，可能有礙落實。事實上，聯合國於於2007年通過的《聯合國原住民權利宣言》（United Nation Declaration on the Right of Indigenous People），對於原住民族基本權利有明確的規範。其中，與福利服務相關的基本權利有五個條文，茲加上小標題，摘要如下：

1. 自決權：原住民享有自決權。……他們可自由決定自己的政治地位，自由謀求自身的經濟、社會和文化發展（第3條）。

2. 人身安全權：每個原住民都享有生命、身心健全、人身自由和人身安全的權利。……不應遭受種族滅絕或任何其他暴力行為的侵害，包括強行將一個族群的兒童遷移到另一個族群（第7條）。

3. 免受歧視權：原住民有權不受歧視地改善其經濟和社會狀況，尤其是在教育、就業、職前訓練及在職訓練、住宅、衛生、醫療和社會安全的領域（第21條）。

4. 受保護權：各國應特別關注原住民老人、婦女、青年、兒

童，以及障礙者的權利和特殊需要。……與原住民族共同確保原住民婦女和兒童得到充分的保護和保障，免受一切形式的暴力和歧視（第22條）。

5. **發展權**：原住民有權確定和制定其行使發展權的重點和策略。……尤其有權積極參與制定和確定影響到他們的醫療、住宅及其他經濟和社會方案（第23條）。

臺灣雖然不是聯合國的會員國，但是《聯合國原住民權利宣言》是一種普世價值，很值得我們加以倡導，以期確保原住民的基本權益。

四、政治的接近

原住民的社會福利服務，指涉範圍甚廣，必須建立完整福利服務體系，以提高福利服務輸送的效率，進而確保所有原住民的權益。

我國中央社會福利主管機關與原住民族委員會，曾以專案委託學者專家進行：「建構原住民社會工作體系之研究」（2000年）、「建構原住民社會救助制度之研究」（2001年）、「建立原住民族社會安全體系之規劃」（2008年），對於精進原住民族福利服務有一定程度的助益。

其中，「建立原住民族社會安全體系之規劃」結案之後，又經受委託者數度修改，並送請學者審查，前後歷經六年，內容更臻完備。茲將其有關原住民族福利服務體系之建置（黃源協，2014：365-379），擇要陳述如下：

1. **原住民兒童及少年福利服務**：原住民兒童及少年福利服務的制度設計，必須建立在「多元文化」的基礎上，並且依據原住民兒童及少年發展的特殊需求，提供：托育服務、課後輔導、個案管理、母語學習、心理諮商、休閒娛樂等服務。

2. **原住民婦女福利服務**：原住民婦女福利服務的制度設計，必

須特別著重「優勢」的觀點與「充權」的途徑，並且針對原住民婦女經濟自立與家庭暴力防治的特殊需求，提供：就業資訊、就業媒合、家庭暴力防治及處遇、法律諮詢、終身學習等服務。

3. 原住民老人與身心障礙者福利服務：原住民老人與身心障礙者福利服務的制度設計，必須從「反社會排除」的途徑介入，並且依據原住民老人與身心障礙者對於照顧服務的特殊需求，提供：養護或長期照護、輔具租借、社區型日間照顧、營養餐食、居家服務、文康休閒、諮詢、轉介等服務，並鼓勵原住民老人投入原住民相關機構之志願服務。

4. 原住民家庭福利服務：原住民家庭福利服務的制度設計，必須建立在「整合服務輸送系統」的原則，並且針對經濟弱勢、單親、隔代教養、潛在因素（貧窮、酗酒、失業）影響健康等問題之原住民家庭，提供：家庭經濟扶助方案、資源連結、諮詢，以及兒童、少年、婦女、老人與身心障礙者之全方位的服務。

總體說來，上述有關原住民權益的倡導，必須獲得政府與政治人物的認知及支持，始能逐步形成政策或法制。因此，從事原住民福利服務的工作者必須結合部落／社區、民間團體及意見領袖，透過適當的倡導途徑，積極爭取決策當局的重視、接納，並制定完整的原住民福利服務體系，以落實原住民福利權益之保障。

第九章

新住民福利服務

　　在歷史上，臺灣是一個移民的社會。除了原住民之外，早期所謂「唐山過臺灣，心肝結歸丸」（閩南語）；「唐山過臺灣沒半點錢，刹猛打拼耕山耕田」（客家話），是指三百多年前，大約明朝末年，人民生活艱苦，天災人禍不斷，有些漢人爲了求生存，乃冒險渡過黑水溝，來到臺灣開墾。後來，1962年鄭成功治理臺灣，有一批閩粵軍眷隨軍來臺定居；1949年，大陸失守，國民政府播遷來臺，又帶來大約兩百萬的大陸各地移民。

　　最近一波的臺灣移民，是1980年之後，來自中國大陸、港澳與東南亞國家的婚姻移民（marital immigrants），以女性居多。根據移民署2020年的統計，自1987年1月至2019年12月底，臺灣新住民爲558,653人（僅次於原住民565,561人）。其中，來自中國大陸移民，占新移民總數62.11%，港澳占3.17%、越南占19.57%、印尼占5.47%、菲律賓占1.82%、泰國占1.64%、柬埔寨占0.78%。

　　對於這些新來的移民，在2003年以前，習慣上稱爲「外籍新娘」（foreign brides）。2003年，內政部施行「外籍與大陸配偶照顧輔導措施」，官方開始使用「外籍配偶」與「大陸配偶」。同一年，婦女新知基金會舉辦「請叫我○○○，不要叫我外籍新娘」徵文活動，由南洋姊妹票選，決定採用「新移民女性」（夏曉娟，2018）。事實上，新移民也有男性，只是數量較少。

　　2012年，移民署實施「全國新住民火炬計畫」，使用「新住民」一詞。2015年6月，行政院設置「新住民事務協調會報」，每六個月召開會議，也沿用「新住民」。直至今日，外籍配偶、大陸配偶、新移民、新住民等詞，經常交互使用。

　　無論如何，透過跨國婚姻而成爲臺灣的新住民，可能遭遇生活及文化適應的種種問題，我們應以移民社會的同理心加以關懷，同時也是社會福利服務不容忽視的服務對象。以下針對新住民福利服務的需求、服務項目、新二代、權益倡導等議題，略加探討。

📖 第一節　新住民福利服務的需求

依據內政部移民署「新住民發展基金補助作業要點」，「新住民」界定為：「臺灣地區人民之配偶為外國人、無國籍人、大陸地區人民及香港、澳門居民。」

一般而言，新住民所面臨的問題與福利服務的需求，常因其來臺的過程及居留時間的長短，而有所不同。

無論來自中國大陸及港澳或來自東南亞國家的新住民，大致上都必須經過：入境前面談、入境時簽證、申請居留、取得身分證、歸化後長期在臺生活等五個階段。在這些階段，可能遭遇一些問題，因而有求助的需求。茲依據新住民移入臺灣的不同階段，列舉可能遭遇的問題與福利服務需求，如表9-1：

表9-1　不同移民階段可能遭遇的問題與福利服務需求

移民階段	移民課題	可能遭遇的問題	福利服務的需求
入境之前	被接受	不了解移民程序、害怕面談無法通過。	個別諮詢服務
初次入境	自尊	生活環境陌生、交通路線不熟、適應不良、自信心低落、有問題時缺乏求助對象。	支持性服務
開始居留	被信任	尚未設籍、身分不確定、溝通有障礙、擔心家人不信任、害怕被遣送回國。	生活適應輔導服務語言及文化學習活動
身分取得	角色認同	負擔扮演「為人妻」、「為人媳」、為「人母」等角色，以及面臨尋找工作、分擔家計等問題。	親職教育服務就業服務

移民階段	移民課題	可能遭遇的問題	福利服務的需求
長期在臺生活	歸屬感	子女教育問題、婚姻暴力問題、離婚問題、單親家庭問題。	子女教育服務 家庭暴力防治服務 單親家庭服務

資料來源：表格架構及移民課題，參考戴世玫、歐雅雯，2017，p.31；入境之前及內文係筆者彙整。

由表9-1顯示，新住民在入境臺灣前後各個階段，都可能遭遇一些問題，需要相對應的福利服務。以下分為五階段說明其福利服務的需求：

一、入境之前的服務需求

外籍人士與國人在當地辦妥結婚手續，申請來臺依親居留時，必須向我國外交部駐外館處申請面談，辦理簽證。面談是交叉詢問男女雙方，以了解當事人的家庭背景、交往經過、結婚事實，其目的在過濾虛偽結婚案件，經判定無假結婚情事後，核發來臺居留簽證。然而，外籍配偶對我國的民俗風情及面談程序並不了解，害怕無法通過。這個階段，移民服務的主要課題是協助外籍配偶被接納，因而有個別諮詢服務的需求。

二、入境之初的服務需求

外籍配偶取得依親居留的簽證之後，進入我國國境初期，由於文化差異、習慣不同、語言隔閡，無法在短時間融入我國生活環境。尤其，隻身來臺，舉目無親，生活環境陌生，交通路線不熟，不敢獨自出門，也難與鄰居互動，自信心顯得相當低落。這個階段，移民服務的主要課題是協助外籍配偶恢復自尊，因而有支持性服務的需求。

三、開始居留的服務需求

外籍配偶依親來臺灣居留,還未取得我國身分證之前,不易找到工作,沒有勞健保,生病需要自費,成為依賴家人的附屬角色。同時,由於語言溝通的障礙,價值觀念的不同,容易產生誤解,發生口角,引發衝突,進而擔心家人不信任,藉故藉端趕出家門,甚至被遣送出境,只能忍氣吞聲,導致身心受創。這個階段,移民服務的主要課題是協助外籍配偶取得家人的信任,而語言溝通是基本條件,因而有生活適應輔導服務、語言與文化學習活動等服務的需求。

四、身分取得稍後的服務需求

依據我國《國籍法》規定,來自東南亞的外籍配偶必須在臺居留四年,來自中國大陸的外籍配偶必須在臺居留六年,始得申請戶籍登錄,領取我國身分證。身分證取得之後,正式成為我國國民,連帶面臨扮演母職、教養子女、尋找工作等問題。其中,尋找工作,困難重重,其主要原因包括;家人不放心,怕外出工作被人帶壞;雇主不信任,認為外籍配偶程度低,技術差。這個階段,移民服務的主要課題是協助外籍配偶獲得家人與雇主的角色認同,因而有親職教育服務與就業服務的需求。

五、長期在臺生活的服務需求

外籍配偶落籍臺灣之後,長期與家人一起生活,同時也逐漸融入臺灣的社會之中。然而,外籍配偶與大陸配偶或因年齡差距、認知差異或了解不足等種種因素,對於子女教育方式、生活習慣、處事方法,可能意見相左,引發衝突,甚至暴力相向,水火不容,最後訴諸離婚,成為單親家庭。這個階段,移民服務的主要課題是協助外籍配偶取得家庭與社會的認同感,因而有多方面的服務需求,包括:子女

教育服務、家庭暴力防治服務、單親家庭服務。

以上五個階段的服務需求，只是有關新住民的基本需求或共同需求，由於每一個外籍或大陸配偶及其家庭都是獨立的個案，她們可能還有其他特定的服務需求。因此，從事新住民福利服務的實務工作者，在服務新住民之前還必須進行個別評估，以便提供適切的福利服務。

📖 第二節　新住民福利服務的項目

就一般服務（不限於福利服務）而言，臺灣新移民的服務對象，包括：來自中國大陸、港澳、越南、印尼、泰國、菲律賓、柬埔寨等地的外籍配偶，以及她們的家庭（婆家、娘家）。而且輸送服務的單位，至少涉及衛生福利、內政、勞動、外交、教育、陸委會、退輔會等部門。由此不難想像，新住民的服務項目是如何複雜、多元，簡直不勝枚舉，罄竹難書。

有鑑於此，這裡僅就內政部2018年5月29日修正公布「新住民照顧服務措施」的八項重點工作之中，有關社會福利服務的部分，擇要闡釋，藉觀一斑。

一、生活適應輔導

提供生活適應輔導，其目的在於協助新住民解決文化差異所衍生的生活適應問題，以便於迅速適應我國的社會生活。在這項重點工作之中，有關於福利服務的項目，包括：

1. 提供生活相關資訊：強化入境之前的輔導機制，與各該國政府或非政府組織合作，提供來臺生活、風俗民情、移民法令、人身安全及權利義務相關資訊，以期縮短外籍配偶來臺之後的適應期。

2. 辦理生活適應輔導服務：加強新住民生活適應輔導研習或活

動,充實服務內容,精進服務方法,融入跨文化理念,並鼓勵家屬陪同參與。

3. 強化新住民家庭服務中心的運作:新住民家庭服務中心是提供新住民福利服務的基層單位,其主要服務項目為:關懷訪視、個案服務、整合社區服務據點、建立資源支持網絡。至於運作重點,包括:

(1)由衛生福利部輔導地方政府設置新住民家庭服務中心,運用專業人力與個案管理方法,以家庭為處遇焦點,提供整合性的服務。

(2)由衛生福利部配合內政部辦理「直轄市、縣(市)政府執行新住民照顧服務績效」實地考核。

(3)由衛生福利部鼓勵新住民家庭服務中心依實際需求向新住民發展基金管理委員會申請經費補助。

(4)由衛生福利部社會及家庭署配合內政部移民署、新住民發展基金管理委員會,實地評核新住民家庭服務中心經費補助申請案執行成效。

4. 建構新住民社區化服務網絡:為使新住民家庭服務中心的服務觸角得以深入社區,應結合民間團體設置新住民社區服務據點,以建構社區化的服務輸送網絡。

5. 提供特殊境遇新住民扶助服務:對於設籍前新住民遭逢特殊境遇時,提供相關福利及扶助服務,包括:協助申請緊急生活扶助、子女生活補助、兒童托育津貼、傷病醫療補助及返鄉機票費用等服務。

二、醫療生育保健

提供新住民相關醫療保健服務,其目的在維護新住民及其子女的健康品質。在這項重點工作之中,有關於福利服務的項目,包括:

1. 輔導新住民加入全民健保:對於取得身分證、在臺設籍的新

住民，提供全民健康保險法令及相關資訊，並協助新住民加入健康保險，以維護應有權益。

2. 提供健康及生育諮詢服務：對於新住民婦女，提供一般性健康及生育保健之諮詢服務。

3. 提供優生保健相關服務：對於新住民孕婦，提供一般性產前檢查服務相關資訊，對於設籍前未納入健保者，提供產前檢查服務及補助相關資訊，並協助她們參加產前檢查、申請遺傳性疾病採檢費用之補助。

三、保障就業權益

有關於就業權益保障的服務，其目的在保障新住民的工作權，以協助其經濟獨立、生活安定。在這項重點工作之中，有關於福利服務的項目，包括：

1. 提供就業市場資訊：連結勞動部門、當地就業服務中心，提供新住民就業機會之相關訊息。

2. 提供新住民就業服務：包含求職登記、就業諮詢、辦理就業促進研習及就業推介。

四、提升教育文化

提升新住民的教育文化，其目的在於加強教育規劃，協助新住民提升教養子女的能力。在這項重點工作之中，有關於福利服務的項目，包括：

1. 加強新住民家庭教育服務：以提升其教育子女的知能，並將跨國婚姻、多元家庭及性別平等的觀念，納入家庭教育的宣導之中。

2. 協助新住民參加學習活動：教育單位在地方設有新住民學習中心，辦理家庭教育活動或多元文化學習課程，宜配合鼓勵並協助新住民就近參加學習活動。

3. 協助新住民子女學習母語：教育單位結合地方政府與學校特色，於寒暑假辦理東南亞語言樂學計畫，宜配合鼓勵新住民在學子女參加學習，充實東南亞語文能力。

五、協助子女教養

有關於協助子女教養，其目的在於協助新住民父母提升其教養子女的知能。在這項重點工作之中，有關於福利服務的項目，包括：

1. 提供早期療育服務：對於有發展遲緩的新住民子女，提供早期療育服務。

2. 辦理兒童社區照顧服務：結合法人機構及團體的經費補助，辦理外籍配偶弱勢兒童及少年的社區照顧服務，以及親職教育研習活動。

3. 提供家庭訪視服務：對於高風險的新住民家庭，或需要高關懷的新住民兒童及少年，提供家庭訪視服務。

六、人身安全保護

有關於受暴新住民基本人權的保護，其目的在於提供相關保護扶助措施，以保障新住民的人身安全。在這項重點工作之中，有關於福利服務的項目，包括：

1. 整合相關服務資源：加強受暴新住民的保護扶助措施及通譯服務。

2. 加強緊急救援服務：協助受暴新住民處理相關入出境、居留或停留延期等問題。

3. 提供相關處遇措施：配合地方政府，提供遭逢家庭暴力或性侵害事件之新住民及其子女的處遇服務。

七、健全法令制度

有關於健全法令制度，其目的在於加強查處違法跨國婚姻媒合的營利行爲及廣告，並蒐集新住民相關研究統計資料。在這項重點工作之中，有關於福利服務的項目，包括：

1. 建立相關統計資料：蒐集並建立相關新住民服務的統計資料，提供政府作爲未來制定新住民相關政策及法令的依據。

2. 定期辦理服務績效評量：每半年檢討各機關辦理新住民輔導服務的情形，並規劃辦理整體績效評量，以作爲持續精進輔導服務的依據。

八、落實觀念宣導

有關於觀念宣導，其目的在於協助國人建立族群平等與相互尊重的觀念，促進異國通婚家庭的和諧關係。在這項重點工作之中，有關於福利服務的項目，包括：

1. 宣導多元文化觀念：運用各種行銷管道，宣導國人相互尊重、理解、欣賞、關懷、平等對待等觀念，肯定不同文化族群的正向價值。

2. 舉辦多元文化活動：配合社區或民間團體，舉辦多元文化相關活動，鼓勵在校學生與一般民眾積極參與，促使其接納新住民，建立族群和諧關係。

3. 推動跨國文化交流：推動本國與新住民母國之間的文化交流，增進國人對新住民母國文化的認識。

綜觀上述八個有關新住民福利服務項目之中，生活適應輔導、醫療生育保健、提升教育文化、健全法令制度、落實觀念宣導等項，係依據內政部訂頒的「新住民照顧服務措施」爲之，其服務輸送可由移民署全權負責。另外，保障就業權益的服務，需要連結勞動部門的就

業服務；協助子女教育之中的兒童早療服務，需要結合社福單位的資源；人身安全維護，需要配合地方政府家庭暴力暨性侵害防治機制。後面這三個服務項目，可採「社福單位」與「移民署」跨域合作的方式，進行服務輸送，或者加強單位之間的溝通協調，群策群力，共赴事功。

同時，新住民的福利服務，必須因地制宜，量身打造，因應城鄉的生活差距、新住民的族群特質，而彈性選擇服務項目，有效運用服務輸送管道，以期貼近新住民的實際需求。

📖 第三節　特定議題：新二代

新住民因婚姻關係入境臺灣之後，隨著家庭生命週期的進展，可能很快就會懷孕、生育子女。這些子女，就是新住民的第二代，簡稱為新二代。

依據內政部戶政司統計資料，從1998年至2016年，新住民生育的子女數計有38萬15人，占出生總人數的8.96%。以下略述新二代的涵義、SWOT分析、促進新二代成功的策略。

一、新二代的涵義

新二代就是新住民的第二世代嗎？有關於「第二世代」（second generation）的解釋，常因為國家政策與人口統計對於移民有多樣標準，而變得有些複雜。

依據佛吉爾與翠安達惠利多（Vogel & Triandafyllidou, 2005）的見解，在移民之中，於外國出生的個人，稱為第一世代移民（first generation immigrants）；當他們的孩子出生於接受移民的國家，或者年齡較小的孩子跟他們的父母移居到接受移民的國家，稱為第二世代移民（second generation immigrants）（cited in Valtonen, 2008:

139）。

　　另外一種解釋（Suareg-Orzco & Suareg-Orzco, 2001），是將第二世代移民區分為：移民兒童（immigrant children）與移民的兒童（children of immigrant）兩種。移民兒童是指那些跟父母或其他成人一起移居到徙置國家的兒童；而移民的兒童則是指那些由移民父母在徙置國家所出生的兒童（cited in Valtonen, 2008: 139）。

　　這兩種解釋，涉及年齡、移民的地位、出身（血統）等複合的因素，相當複雜。就我國移民署的政策而言，對於新移民的輔導措施，聚焦於新住民及其結婚後所生的子女。因此，在操作定義上，新二代是指新住民在臺灣所生的子女，也就是移民的兒童，而不包括移民兒童。

二、新二代的SWOT分析

　　早期，臺灣社會對於大陸與外籍配偶經常有刻板化印象，認為她們是為了金錢嫁來臺灣、人口素質比較差。影響所及，臺灣社會對她們所生的子女，也有標籤化的情形。例如，一代不如一代人、身心發展較為遲緩。後來，2003年，《天下》雜誌第271期專題報導「新臺灣之子」，正視新移民的第二代是臺灣人的孩子，而媒體報導與學界論述也逐漸從優勢觀點看待他們。茲就相關文獻，整理新二代的SWOT，如表9-2：

表9-2　新住民第二代的SWOT分析

優勢（S）	劣勢（W）
1. 原生母親有向上的意圖 2. 有雙語學習機會 3. 有跨文化學習機會	1. 家庭處於社經不利地位 2. 父母管教態度較為放任 3. 未來就業市場受限

機會（O）	威脅（T）
1. 民間自助團體逐漸形成	1. 社會仍殘存汙名化
2. 政府實施新南向政策	2. 少數教師缺乏多元文化的素養
3. 政府推動新二代培力	3. 「跨國銜轉學生」難以銜接學習

資料來源：筆者整理。

　　由表9-2顯示，新住民的第二代，在臺灣社會處境之中，有其優勢，也有其劣勢；未來可能有發展的機會，也可能面臨一些威脅。

　　1. 優勢（strengths）：新二代的主要優勢，至少包括：

　　(1)原生母親有向上的意圖：例如，越南，許多鄉下貧窮家庭的女孩子希望嫁給外國人，特別是臺灣，以獲得更好的生活，或改善原生家庭的經濟（許文堂、張書銘，2006：152）。移民有向上流動的意圖，從一個國家到另一個國家，追逐抱負及奮鬥的勇氣，對於子女具有激勵作用，是第二代成功的重要因素之一（Waters, 2010: 90）。

　　(2)有雙語學習的機會：新住民的第二代，除了學習本國語言之外，也有機會學習原生母親的語言。多了一種溝通工具，在競爭上有優勢。

　　(3)有跨文化學習的機會：新住民第二代，不僅處於父與母的雙重生活文化之中，也有機會跟隨母親回國探親或就學而接觸跨文化。移民的兒童在兩種文化系統之間成長，可帶動創新能力，促進第二代成功（Waters, 2010: 91）。

　　2. 劣勢（weaknesses）：新二代處境的劣勢可能有：

　　(1)家庭處於社經不利地位：依據王永慈（2005：2）的研究報告，女性外籍與大陸配偶其臺籍配偶為榮民者，10.06%；身心障礙者，9.29%；低收入戶，2.60%。這種情況，將不利於新住民子女的教養及發展。

(2)父母管教態度較為放任：依據郭靜晃（2017：337）的研究，新住民子女受到父母社經地位較低，管教態度較為放任，也較少指導課業，導致新住民子女在行為上容易產生負面表現，在學業上成績容易低落。

(3)未來就業市場受限：依據監察院調查報告（王美玉等，2018：36），新住民欠缺相關技能，中文能力尚屬不足，僅能從事低薪工作，目前的職業訓練也侷限於長照、餐飲、美髮美甲等產業，已產生相當刻板印象。這種刻板印象，對於新住民及其子女未來找工作產生影響，僅限定及著重於就業門檻低、較易進入職場之工作。

3. 機會（opportunities）：新二代可能的機會至少包括：

(1)民間自助團體逐漸形成：賽珍珠基金會、善牧社會福利基金會，不斷投入外籍配偶的輔導服務。2003年，南洋姊妹會成立，一股由下而上的協力隱然形成。這些民間團體，不僅服務新住民，也關切他們的子女。

(2)政府實施新南向政策：2016年9月，政府推動新南向政策，協助第二代住民利用其語言及文化的優勢，取得相關證照及就業機會，從事母語教育、觀光導遊，並鼓勵大專開設相關科系，給予南向語言優勢的學生加分錄取機會，培育第二代新住民（夏曉娟，2018）。

(3)政府推動第二代培力：2016年起，內政部為激發新住民及其子女潛能，提供就業機會、促進社會參與及增進國際競爭，訂定「展新計畫——全方位新住民培力展能方案」，將各部會涉及的展能項目彙整區分為「語文拓能」、「一代就業」、「二代增能」、「多元服務」及「關懷協助」等五大區塊（王美玉等，2018：56）。

4. 威脅（threats）：新二代面臨的威脅可能有：

(1)社會仍殘存汙名化：直至今日，臺灣社會對於新住民仍有汙名化的現象。除新住民本身受歧視外，子女也在學校中受到歧視、被標籤化，子女對新住民母親身分感到自卑，進而產生排斥情形，也影

響家庭和諧及親子關係（王美玉等，2018：46）。

(2)少數教師缺乏多元文化素養：有些國小、國中、高中多元文化師資相當匱乏，也尚未形塑出多元文化的學習環境。這類缺乏多元教育素養的教師，也缺乏教導新住民學生的意願，影響學生的學習成效。

(3)「跨國銜轉學生」難以銜接學習：新住民的子女年幼時，父母無力照顧，於是將孩子送回母國娘家，之後因家庭經濟狀況改善後，接回臺灣。這些「跨國銜轉學生」約有兩千多名小孩。孩子返臺後經常無法銜接學習（王美玉等，2018：137）。

上述有關新二代SWOT分析中，母親有向上的意圖、跨文化學習促進創新、政府推動移民第二代的政策，是瓦特斯（Warters, 2010: 89-91）認為移民第二代成功的三個理由。

三、促進新二代成功的策略

不僅美國社會致力於協助移民第二世代成功，臺灣近幾年也開始關注新移民第二代的議題，重視新住民第二代培育（戴世玫、歐雅雯，2017：175）、強調新住民子女的培力（夏曉娟，2018）。以下以新二代SWOT分析結果為基礎，從福利服務面向舉例說明促進新二代成功的策略：

1. 將優勢與機會極大化（SO策略）：例如，激勵新二代參加東南亞國家語言及文化的學習方案，並配合政府新南向政策的實施，協助新二代參加東南亞語言認證，餐飲技能檢定、觀光導遊證照考試，以增加就業機會。

2. 發揮優勢以減少威脅（ST策略）：例如，運用第二代原生母親改善生活的強烈意圖，安排她們參加技藝訓練方案，媒合就業機會，改善家庭生活，以減少社會對她們及其子女的汙名化，進而提升新二代的自信與自尊。

3. 運用機會來改善劣勢（WO策略）：例如，運用善牧社會福利基金會及分會、各縣市新住民家庭服務中心，提供新二代學生課後照顧輔導服務，以減少新移民家庭因為無法照顧子女而需送回母國照顧及就學的問題，進而減少新二代返臺之後銜轉學習的困難。

4. 減少劣勢並避免威脅（WT策略）：例如，結合教育單位辦理中小學教師多元文化研習活動，增加教師對於新住民文化的認知，提高教師教導新二代學生的意願及成效，相對上可緩和原生父母指導子女課業的負擔，甚至可減少送子女回母國就學所衍生的困擾。

簡言之，新住民的第一代跨海來臺，有改善自身生活的強烈意圖，她們對於第二代應該也是如此。我們從福利服務協助新二代成功，也是為新住民家庭輸送福利服務的重要項目。

📖 第四節　新住民福利權益的倡導

何以要為移民的權益而進行倡導？其主要理由：一是新移民進入目的地的國家，不了解移民的權利及其取得的程序，必須教導新移民有關他們的權利；二是從事移民服務之外的其他人對於移民的權利、政策及改革的議題，常有不當批評，必須教導他們有關移民權利的議題（Sidhu, 2016: 323-325）。

基於上述兩個理由，我們將從動態倡導模式的四個面向（Cox, Tice, & Long, 2016: 74），扼要說明新住民權益倡導的議題。

一、經濟與社會正義

臺灣政府對於新住民相關事務的處理，是一種因應問題為導向的急就章做法，側重於「防堵查緝」，常讓新住民與夫家無所適從（許文堂、張書銘，2006：149）。

同時，臺灣社會對於新住民仍然存有標籤與歧視的態度，導致不

公不義的現象，層出不窮，引發民怨。為了維護正義，至少必須從三方面加以倡導：

1. 維護經濟正義：新住民未取得身分證之前，無法參加勞保健保，也無法申請社會救助，醫療費用必須自行負擔，不甚合理。即使取得身分證之後，低收入新住民家庭申請房屋租金補助，也常因房東為避免課稅不出具證明，而無法獲得補助。基於經濟正義，應允許以新住民夫家的眷屬身分，參加保險及申請補助。

2. 維護社會正義：新住民從東南亞國家、中國大陸及港澳來到臺灣之後，常遭遇各種困境，包括：語言文化的藩籬、難以突破的困境、無所不在的汙名、受捆綁的家庭與社會生活、法令政策的壓迫（夏曉娟，2018）。雖然政府與民間努力為新住民提供許多福利服務，但是每個新住民遭遇到難題的情況不一，很多時候，新住民連自己的權益根本都不知道，而政府連最基本的資訊提供也做不到，遑論照顧服務？為了維護社會正義，有效提供福利資訊、雙語服務、多元文化，是亟待倡導的關鍵性議題。

3. 維護社區正義：新住民女性入境臺灣之後，多半依賴丈夫及其家庭成員的陪伴，較少與社區居民接觸。對於初始來到陌生國度的南洋姊妹來說，此時此刻更需要支持與協助。作為臺灣島嶼型態的社區，更應該兼顧社區正義，促使資源配置具有公平性（戴世玫、歐雅雯，2017：158）。目前，臺澎金馬22縣市共設置50個新住民家庭服務中心或類似組織，但絕大多數座落於城鎮，不利於偏遠地區新住民使用。為了維護社會正義，應在偏鄉增設社區型態的新住民家庭服務中心或服務據點，以縮短服務輸送距離，提供在地化福利服務。

一言以蔽之，福利需要正義，服務需要人道。對於新住民的福利服務，如果不符合經濟、社會、社區的正義，一切服務輸送可能只是一種形式或一種儀式。

二、支持的環境

　　新住民女性千里迢迢嫁來臺灣，人生地不熟，加上語言隔閡，需要支持的環境。雖然2003年組成自助團體——南洋姊妹會，但是服務範圍侷限於北臺灣。而且，新住民的生活圈可能隨著時間流轉而逐步擴大，因此，支持的網絡也必須對應新住民的需求而逐步建構，以符合其多元需求，包括：

　　1. 提供非正式支持網絡：新住民入境臺灣之前，必須歷經相親、結婚、我國駐外人員面談、簽證等程序，其壓力之大，不可言喻。此時，除了需要我國駐外人員提供個別諮詢服務之外，在臺的新住民實務工作者亦可透過國際非營利組織在當地分支機構（例如，伊甸社會福利基金會越南分會），聯絡新住民的親屬、朋友、鄰居，以及當地華僑，提供相關資訊或經驗分享，給予非正式的支持。

　　2. 形塑家庭支持網絡：外籍配偶來臺的半年內，是生活最難熬的時期。這時的外籍配偶在語言溝通上仍有障礙，而許多問題也都發生在這個時期，心理與身體都需要家人的關心（許文堂、張書銘，2006：164）。此時，從事新住民服務的工作者，必須密集訪視新住民及其家人，使家人形成天生的好幫手，隨時給予情緒支持及協助。

　　3. 建構社區支持網絡：新住民來臺一段時間之後，可能會參加地方政府、社區發展協會或民間團體所辦理的生活適應成長方案、語言與文化學習活動、美食分享體驗、母國民俗節慶展演（例如，泰國潑水節、印尼穆斯林開齋日）。此時，是建構新住民社區支持網絡的最佳時機。從事新住民服務的工作者，應把握機會，請參與者留下聯絡方式，彙整建檔，以備必要時促其相互支持、相互打氣。

　　4. 建置正式支持網絡：目前，22縣市的新住民家庭服務中心、賽珍珠基金會亦接受內政部委託建置五國語言（英、越、印尼、泰、菲）電話諮詢專線，為新住民提供正式的支持服務。然而，正式的支

持網絡應可更加普及，例如，在偏鄉增設新住民家庭服務中心或分支單位、在電話諮詢專線增加其他語言、在2013年官方建置的新住民培力資訊網（http://:fc.immigration,gov.tw）增加一種互動式的支持專區。

5. 連結相關支持網絡：有關新住民的服務業務，橫跨內政、外交、衛生福利、勞動、法務、陸委會、退輔會等部會。新住民對於相關業務的接洽，需要單一的窗口，在支持網絡方面，也需要一種超連結的機制。換言之，前述家庭支持網絡、社區支持網絡、正式支持網絡、相關部會支持網絡，應予相互連結，為新住民提供近便性的支持服務。

當然，這些支持網絡能否有效運用，最大的關鍵可能要先取得新住民夫家的支持。因此，倡導支持網絡的建構或提供，必先對其家人，尤其是婆婆、丈夫，進行倡導，促使他們支持新住民媳婦運用上述支持網絡。

三、人類的需求與權利

根據監察院「新住民融入臺灣社會所衍生相關權益探討」通案性案件調查報告，發現新住民的需求與權利時常遭到不平等的對待與歧視，卻有求救無門的困境（王美玉等，2018：46-61）。就此而言，必須為新住民積極倡導的權利與需求，包括：

1. 保障新住民的生存權：部分經濟弱勢的新住民申請低收入戶時，因無法取得母國文件而被排除。按照規定，新住民入籍之後，即具國民身分，且已放棄原有國籍，應免附母國文件，僅就現有家庭狀況進行財力調查（means test），如符資格，即予救助，以保障其生存權。

2. 維護新住民的工作權：新住民於求職過程，仍有雇主以身分證作為僱用的條件，導致入籍前找工作困難重重。多數新住民係透過

同鄉介紹，從事餐飲、美髮、美甲或其他低技術的工作，薪資低、無勞健保、未提繳勞工退休金。為了維護新住民的工作權，應促成勞動單位放寬新住民入籍前後的就業規定，並且改善其就業待遇及福利措施。

3. 改善新住民的平等權：外籍配偶與大陸配偶在身分權的取得，條件不一，年限不同。再者，現行面談只以「共同生活經驗」作為判斷婚姻真實性的基準，但政府仍可不定時查察而推翻新住民在臺的居留身分，讓新住民惶恐不安。凡此，必須向內政部移民署倡導，促其確定新住民在臺居留的規範，並統整取得身分證的年限，給予外配與陸配平等的對待。

4. 解決新二代跨國銜轉學習的需求：新住民因工作、經濟等因素，不得不將子女託付母國親人照顧，但是子女返臺之後，卻衍生新二代「銜轉學習」的障礙，甚至出現17歲少年安置在小二就讀的案例。對此，應向教育單位倡導，促其適切處理新二代跨國銜轉學習的問題，以免影響兒童的受教權。

5. 滿足新住民醫療保健的需求：懷孕的新住民需在臺居留滿六個月，方能參加健保，不盡合理。再者，新住民常因語言隔閡及生活壓力，不易獲得醫療資訊與健康照護資源。這兩項，應向衛生當局與移民署倡導，促其滿足新住民醫療保健的基本需求。

6. 正視新住民婚姻協談的需求：新住民家庭由於文化差異及價值觀不同，容易引發衝突，導致離婚率偏高，成為單親家庭之後，又面臨經濟及子女照顧的雙重壓力。因此，福利服務單位應自我倡導，正視新住民婚姻協談的需求，並適時提供相關服務。

上述有關新住民基本權利與需求的倡導，涉及法律面、行政面、社會面的議題，有賴行政院新住民事務協調會報、縣市政府新住民事務聯繫會報的統籌規劃、協調及執行。當然，儘早成立新住民事務單位，更有賴從政治面進行倡導。

四、政治的接近

自1990年代起，婚姻移民女性大量移居臺灣以來，政府對於新移民的政策、法規、程序，已因應需求而有一些新的規範或更新。然而，就政治的近便性而言，尚有許多需要倡導之處，包括：

1. 以「管理輔導」政策替代「防堵查緝」：根據許文堂、張書銘（2006：169）的觀察分析，內政部移民署的人員編制中，75%為警察官身分，如果依照「警察辦案」的思考方式來處理新移民問題，恐怕會損及新移民的基本權益。這種呆滯的政府體制無法滿足新住民的需求，必須結合社會福利、人權及公益團體的人力，成為一個擁有活潑腦袋的移民署。不僅如此，其他與新住民業務或服務有關的政府單位，例如，外交部駐外簽證入境單位、戶政婚姻登記單位、新住民家庭服務中心、移民署服務分站，其組織定位與功能，亦應放在「管理輔導」，而不是「防堵查緝」。

2. 儘速完成《新住民基本法》之制定：2017年，立法院曾由不分區立法委員林麗嬋（柬埔寨新住民）發起連署，提出《新住民基本法》草案，也已辦理公聽會，廣徵各界意見，積極進行立法程序。可惜2020年立法委員改選，基於「隔屆不續審」原則，法案進入冬眠狀態。此一法案，預定在行政院設置「新住民事務委員會」、在各縣市設置「新住民行政局」（高雄市已於2020年先行設置），並規定政府應提供新住民關懷協助、對新住民參加社會保險或使用醫療資源無力負擔者應予補助。為了保障新住民之基本權益，《新住民基本法》應儘速完成立法程序。

3. 支持新住民競選民意代表：截至2019年12月底，臺灣新住民人數為558,653人，僅次於原住民人數565,561人，成為臺灣第五大族群，應可比照原住民參加公職人員選舉相關辦法，增設各級公職人員選舉新住民名額，讓新住民有機會為族群的權益發聲，進而促進族群

融合。在《公職人員選舉罷免法》未修正之前，自1990年代入籍新住民所生子女，迄今年滿20歲具備投票資格者、年滿23歲具被選舉資格者，必然與日俱增，估計在2025年之後，將有新住民出任民意代表，我們應樂觀其成，全力支持。

　　總而言之，新住民福利服務，一方面必須針對其需要，提供服務；另一方面必須針對其權益，積極倡導，以期透過福利部門的直接協助與間接支援，持續促進新住民與新二代的福祉，讓他／她們過得更好。

第十章

退伍軍人福利服務

　　對於退伍軍人提供服務，屬於社會福利服務的範疇。我國於2012年修訂「社會福利政策綱領」，在（三）福利服務之19，明文規定：「政府應尊重軍人對國家、社會之貢獻，對清寒之退除役官兵及其眷屬、遺族，應予輔（濟）助，改善其生活品質。」

　　觀察世界先進國家，對於退伍軍人的服務，大多數設有專司部門。例如，美國中央設有退伍軍人事務部（Department of Veterans Affairs, VA），主管退伍軍人醫療健康、退伍軍人權益、退伍軍人紀念等三項業務；澳大利亞設有澳洲退伍軍人事務部，主管退伍軍人相關事務；法國由兩個組織負責退役軍人事務，一個是內閣中的退伍軍人部，主管退伍軍人相關法律，另一個是國家退役軍人署（State Veterans Agency），負責因執行職務而受傷或殘障的軍人安養照顧事項（Cox, Tice, & Long, 2016: 328-329；王德祥，2010：13-20）。

　　在臺灣，為了照顧退除役官兵，政府於1954年成立「行政院國軍退除役官兵就業輔導委員會」（簡稱退輔會），負責退伍除役官兵的就業輔導。1968年，擴大服務項目，改為「行政院國軍退除役官兵輔導委員會」。2013年7月3日配合政府組織改造，修正《國軍退除役官兵輔導委員會組織法》，並於11月1日軍人節，再將退輔會更名為「國軍退除役官兵輔導委員會」，為退除役官兵提供就養、就業、就醫、就學及一般服務照顧。以2018年為例，退輔會對於退伍軍人的安置情形，如表10-1：

表10-1　退輔會2018年安置退除役官兵的情形

	就養	就業	就醫	就學	待（曾）安置	總計
男	37,712	27,386	3,778	1,696	275,384	343,758
女	1,712	939	56	163	13,438	16,267
合計	39,424	28,325	3,834	1,859	288,822	360,025

資料來源：依據退輔會官網公布之2018年統計資料整理而成。

由表10-1顯示，我國目前的退除役官兵人數大約三十六萬人，其
福利服務的項目，以就養安置最多，將近四萬人；其次是就業安置，
將近三萬人；再其次是就醫安置（住院），將近四千人；最後是就
學安置，將近兩千人，其餘是曾經安置或等待安置。同時，在安置之
外，還有一般服務照顧。

我們對於退伍軍人服務的圖像有初步了解之後，接著探討我國退
伍軍人有關福利服務的需求、服務項目、榮民之家、權益倡導。

📖 第一節　退伍軍人福利服務的需求

在臺灣，對於「退伍軍人」（veterans）一詞，係依據《國軍退
除役官兵輔導條例》（簡稱退輔條例）第2條之規定，稱為「退除役
官兵」，係指志願役「退伍」及「除役」的軍官、士官及士兵而言，
並不包括義務役的退伍士官兵。

早期，我國對於退伍軍人的服務，是以退輔條例第2條所界定
的退除役官兵為主要對象。後來，退輔會為了因應政府推動「募兵
制」，乃於2016年3月1日起實施「分類分級輔導措施」，將退除役
官兵分為兩類：

第一類退除役官兵（榮民），包含志願役達十年以上，因戰爭或
公務導致患病、受傷、身心障礙，以及曾經參加關係國家安全重要戰
役之人員（含曾參加1958年八二三臺海保衛戰之官兵與金馬自衛隊
成員），提供輔導措施，沒有設定期限。

第二類退除役官兵，是服役達四年以上，未滿十年的志願役退
除役官兵，於2016年3月納為新增的服務對象（截至2020年4月為
35,429人），提供一定期限的輔導措施。

此外，退除役官兵的眷屬（配偶及未成年子女）、遺眷（广故退
除役官兵之配偶、未成年子女），也經常併同退除役官兵本人，而成

爲退輔會的服務對象。

　　據此以觀，我國退除役官兵輔導的主要對象，可區分爲三種：第一類退除役官兵、第二類退除役官兵、退除役官兵的眷屬。通常，服務對象不同，其對福利服務的需求也可能有所不同，以下略述之：

一、第一類退除役官兵的福利需求

　　這一類服務對象，依規定必須在軍中服務達十年以上。就實際情況而言，最早的一批退除役官兵，大約在1949年隨著國民政府撤退到臺灣，迄今（2020年）已超過七十載，推估其年齡至少85歲以上，而且多數因爲戰（公）致病、傷、身心障礙而退伍除役，其身體狀況欠佳。即使是曾參加1958年八二三臺海保衛戰的退除役官兵或金馬自衛隊成員，迄今也已超過六十載，推估其年齡至少78歲以上。在這種情況下，第一類退除役官兵至少有下列福利需求：

　　1. 機構安置照顧的需求：對於年齡已屆中老（75-84歲）與老老（85歲以上）階段的退除役官兵，或者曾參加八二三臺海保衛戰的退伍軍人及金馬自衛隊成員而言，尤其是隻身在臺，舉目無親，在身體功能衰退，心靈更加寂寞之際，亟需機構式的安置（例如，榮民之家）及長時間的照顧服務。

　　2. 自謀生活關懷的需求：於1949年離開大陸，歷經大風大浪，漂洋過海來臺灣的退除役官兵，有一部分選擇一次提領退休俸而自謀生活。由於他們曾經執干戈衛社稷，爲國家立下汗馬功勞，政府應該給予回饋。況且，退休俸金額有限，自謀生活，談何容易？因而需要政府有關單位（例如，榮民服務處）彙編轄區自謀生活之退除役官兵名冊，持續關懷其生活狀況，適時提供必要協助。

　　3. 健康及醫療服務的需求：有一部分退役官兵因爲戰（公）而致病、傷、身心障礙，需要持續性的醫療、復健等服務。同時，退除役官兵隨著年齡的增長，如同一般老人，身體機能逐漸老化，難免伴

隨一些慢性疾病，需要健康促進及醫療服務。而且需要醫事服務機構（例如，榮民醫院、國軍醫療機構）提供免費或減費的醫療服務，以示對榮民的禮遇及優惠，並減輕其經濟負擔。

4. 協助大陸探親或長期居住的需求：自從1986年政府開放退除役官兵返鄉探親之後，有些「老兵」想望回到大陸探望親人，奈何離鄉背井數十寒暑，難免近鄉情怯，情緒起伏不定，需要情緒上的支持。而且，多數「老兵」對於返鄉探親相關規定，乃至入出國手續的辦理，並不熟悉，也需要協助。另外，1993年開放老兵申請在大陸長期居住之後，截至2019年8月為3,246人，他們對於相關規定及申請手續，常不甚了解，也需要提供諮詢及協助。

5. 臨終關懷服務的需求：第一類退除役官兵隨著年齡增長，體能逐漸衰弱，甚至百病纏身，藥石罔效，瀕臨生命末期。此時，可能需要經專科醫師診斷確定，並徵得老人及／或家屬的同意，提供安寧照顧、臨終關懷，以及身故善後服務。

簡言之，第一類退除役官兵對於福利服務的需求，以就養安置與就醫安置為優先，其他必要的關懷與協助次之。至於就業安置與就學安置，對於第一類退除役官兵，似乎時不我予，已無需求。

二、第二類退除役官兵的福利需求

第二類退除役官兵是2016年3月新增的服務對象，依規定必須在軍中服役達四年以上，未滿十年，而且按其實際貢獻與服役年資分級，由退輔會提供不同年限的輔導。況且，第二類退除役官兵比第一類退除役官兵，年齡較輕，身體狀況較佳，其對福利服務也可能有一些特殊的需求。其需求包括：

1. 就業服務的需求：首先，第二類退除役官兵在軍中服役四年到十年不等，其在軍中所具備的技能，不一定符合就業市場的要求，而需要再接受就業所需的職業訓練。其次，退除役官兵在軍中服務多

年，對於社會就業市場相關訊息，可能較為生疏，而需要就業訊息提供、就業介紹及就業輔導。

2. 就學協助的需求：第二類退除役官兵的年齡尚輕，如有繼續就學的意願，或者基於就業的需求，有意進入職業技術學校或學院，學習一技之長，則需要有關單位（例如，退輔會、榮民服務處）結合教育單位的資源，提供就學相關資訊，包括：就學機會、就學資格、退伍軍人升學優待措施、獎助學金等。

3. 健康醫療服務的需求：第二類退除役官兵，如同第一類退除役官兵，也有健康促進與醫療服務的需求。尤其，第二類退除役官兵入住榮民之家者較少，而散居於臺澎金馬各地者較多，如果當地沒有榮民醫院或國軍醫院，勢必要在附近醫療院所就醫，對於享有部分醫藥費用的優惠措施，也有所需求。

4. 機構式安置的需求：第二類退除役官兵隨著年齡增長，也可能身體變弱，如果缺乏自我照顧能力，也沒有配偶或子女可以照顧，或者子女無力照顧，就可能有機構式安置及照顧服務的需求。至於安置的機構，通常考量其意願及資格，除了榮民之家以外，也可能轉介其他機構，但是需要補助或優惠措施。

5. 諮詢服務的需求：第二類退除役官兵對於就業、就學、就養、就醫、權益維護及其他事務，如果缺乏相關資訊，或者不了解申請、請領、辦理的程序，則需要一般諮詢服務，乃至法律諮詢、專業諮詢的需求。

簡言之，第二類退除役官兵是2016年3月新增的服務對象，無論其貢獻多寡，服役年資長短，只要符合退輔條例的規定，而且對於福利服務有所需求，就應該受到重視與平等對待。

三、退除役官兵眷屬的福利需求

依據退輔會官網公布的業務統計，截至2019年底，退除役官兵

349,333人之中,有配偶者237,535人,占68%,無配偶者36,064人,占10.3%;其他眷屬75,734人,占21.7%。其中,有配偶者,本國配偶236,747人,大陸配偶8,929人,外籍配偶1,859人。同時,退除役官兵與配偶之間的年齡差距30歲以上者,18,304人。無論如何,退除役官兵的遺眷、眷屬、未成年子女,對於福利服務也可能有一些需求。例如:

1. 退除役官兵之遺眷的需求:在退除役官兵亡故之後,其遺眷(以配偶爲主)可能面對情緒哀傷、後事處理、遺產繼承、日後生活等問題,因而有情緒支持、喪葬補助、法律諮詢、生活補助等需求。

2. 退除役官兵之配偶的需求:就退除役官兵的本國配偶而言,由於配偶的年齡差距較大,可能面對長時間照顧「老兵」、居住安排等問題,因而有喘息服務、安養服務等需求。至於退除役官兵的大陸及外籍配偶的需求,可能與前一章探討新住民的需求,大同小異:在入境之前,有個別諮詢服務的需求;在入境初期,有支持性服務的需求;開始居留時,有生活適應輔導的需求;在身分取得稍後,有親職教育、就業服務的需求;長期在臺生活,有子女教育服務、家庭暴力防治的需求。

3. 退除役官兵之未成年子女的需求:無論現存退除役官兵或亡故退除役官兵的未成年子女,都可能面對升學與就業的問題,因而有升學獎金補助、就業協助等需求。

總體而言,第一類與第二類退除役官兵及其眷屬、遺眷、未成年子女,對於福利服務,都有一些特定的需求。不過,這裡必須補充說明兩點:一是退除役官兵及其眷屬,具有雙重身分(含一般國民的身分),其福利需求,有時屬於社政領域,退輔會必須結合社政單位共同服務,例如,貧困榮眷的生活救助。二是退輔會是政府組織,其擁有的資源,也是社會的資源,基於資源共享原則,並因應一般民眾的需求,有時也爲民眾提供服務,例如,對民眾提供自費安養服務。

📖第二節　退伍軍人福利服務的項目

我國對於退伍軍人的服務，係以《國軍退除役官兵輔導條例》（以下稱退輔條例）的規定為主，但不侷限於此。有時候，為了因應社會變遷的需求，必然有所調整。

例如，第一類退除役官兵的服務項目，是依據退輔條例及相關法令規定，提供就業、就學、就醫、就養及服務照顧。後來，為因應2016年3月實施募兵制，而推動短中期退除役官兵輔導，以提高募兵的誘因，乃增加第二類退除役官兵，其服務項目之中，就業與就學，比照第一類退除役官兵辦理，無職者至榮民醫院就醫，免掛號費，並提供急難救助與獎助，以及社會福利事項的協助處理。有鑑於此，以下綜合說明退伍軍人福利服務的主要項目：

一、就業服務

為協助有就業能力的退除役官兵，在退伍之後，找到適當的工作，一方面維持生計之所需，另一方面善盡人力資源之運用，退輔會可依據《退輔條例》第5條至第13條之規定，為退除役官兵提供下列就業服務：

1. 會內安置就業：在退輔會創設的事業機構，安置退除役官兵就業。例如，武陵農場、清境農場、福壽山農場、臺東農場，以及退輔會轉投資的欣欣客運公司，或1998年由榮民工程處轉型民營化的榮民公司，優先安置退除役官兵就業。

2. 外介就業：由退輔會與各地榮民服務處，介紹有意願就業及符合任用資格的退除役官兵，至各類工商企業、機構、學校、社團就業。例如，介紹退除役士官兵到中小學擔任技工或工友。

3. 輔導考試轉任公職：由退輔會洽商國家考試主管機關，辦理

各種考試，協助退除役官兵取得擔任公職或就業的機會。例如，洽商
考試院於1958年起，辦理退除役軍人轉任公務人員特種考試；2003
年起，辦理國軍上校以上軍官轉任公職人員特種考試，以增加退除役
官兵就業機會。

再者，退輔會長期依據退除役官兵的就業需求，自行辦理或委託
其他機構，辦理職業訓練，以增進退除役官兵的就業技能，提高其在
就業市場的競爭力。

此外，依據《國軍退除役官兵就業安置辦法》第10條規定，退
除役官兵無工作能力，生活清苦或其本人死亡者，輔導會得依申請間
接安置其配偶子女就業，並得先予訓練。

二、就學服務

為協助有志向學的退除役官兵，在退伍之後繼續升學或進修，藉
以強化就業能力，並充實國家人力，退輔會依據《退輔條例》第18
條、第19條及相關規定，為退除役官兵提供下列就學服務：

1. 輔導就學：退除役官兵志願就學，並合於就學資格者，由教
育機關予以輔導就學。例如，定期在各地榮民服務處辦理「榮民就學
宣導說明會」，提供就學資訊及就學補助相關訊息。

2. 補助學雜費：退除役官兵就學所需之學雜費，除依規定繳費
外，由退輔會補助之。例如，就讀國內公立或立案私立大學校院（含
日間進修部、進修學院、研究所），以及教育部國外學位採認之國外
研究所，由退輔會提供學雜費補助。

3. 核發獎助學金：對於退除役官兵就學成績優良者，由退輔會
發給獎勵金。例如，就讀國內大學院校學期成績平均達80分以上，
且所修學位學科全部及格；就讀國內研究所學期成績平均達90分以
上，均給予獎勵金。

不過，有關於退除役官兵就讀大學院校的學雜費補助，並不包括

延遲畢業期間在內。究其用意，一方面在於激勵積極向學，另一方面本於公平配置原則。

三、就醫服務

為協助退除役官兵遭遇疾病、傷害、身心障礙時，得到適當的診斷、醫療、復健，以保持身體健康，或者恢復身體機能，退輔會依據《退輔條例》第14條、第15條及相關規定，提供下列就醫服務：

1. 榮民醫院就醫：領有退輔會核發之中華民國榮譽國民證（簡稱榮民證）、義士證、榮民遺眷家戶代表證者，至退輔會設置的榮民醫院就醫，享有免費或減費的醫療服務。

2. 其他公立醫院就醫：退除役官兵至非退輔會所屬之全民健保醫事服務機構就醫，其自行負擔之費用及不在該保險給付範圍之費用，由退輔會補助之。

3. 退除役官兵配偶住院分娩：退除役官兵之配偶，在公立醫院住院分娩者，應予免費或減費之優待。

4. 住院優惠措施：退除役官兵在退輔會所屬榮民醫院就醫，住院伙食費，得予優待。

目前，退輔會設有臺北、臺中、高雄等三所榮民總醫院，並於各區域設置十二所榮民醫院，形成一個完整的醫療網，不僅提供榮民近便性醫療服務，而且自1994年實施全民健保之後，開放一般民眾就醫機會，促進社區共享醫療資源。

四、就養服務

為因應退除役官兵身心障礙或年老、無工作能力者安置就養之需求，退輔會依據《退輔條例》第17條之規定，設立安置就養機構，定名為「榮譽國民之家」，並依據《國軍退除役官兵就養安置辦法》之相關規定，提供下列就養服務：

1. 全部供給制安置就養：退除役官兵符合下列情形之一者，得申請「全部供給制」安置就養：(1)服現役期間因作戰或因公致身心障礙；(2)服現役期間因作戰或因公致身心障礙，退伍除役後其身心障礙情形惡化；(3)前兩項以外身心障礙；(4)年滿61歲。「全部供給制」之安置就養，發給就養給付，並得依意願公費進住榮民之家。

2. 部分供給制安置就養：支領退休俸之退除役官兵，無固定職業，符合下列情形者，得申請「部分供給制」安置就養：(1)因傷、病、身心障礙，(2)年滿61歲。「部分供給制」之安置就養，自付服務費，進住榮民之家。

3. 眷屬自費安置就養：退除役官兵之配偶年滿52歲，或父母年滿60歲，無固定職業並在臺灣地區設有戶籍或核准定居、居留者，得申請自費併同退除役官兵安置於榮民之家。

抑有進者，退輔會自2007年起實施榮民之家資源共享計畫，以協助地方政府安置中低收入戶老人，並開放65歲以上之民眾申請就養。

五、社會救助服務

為了協助遭受特殊困境的退除役官兵及其眷屬，退輔會依據《退輔條例》第28至第30條之規定，提供下列社會救助相關服務：

1. 收容救助：退除役官兵身體衰弱，略具工作能力，而不合於就醫、就養、就學標準者，由退輔會設立半供給制之習藝機構，收容救助之。簡言之，此類收容救助，類似社政單位「以工代賑」或「工作福利」（workfare）的福利措施。

2. 貧困救助：退除役官兵之遺眷，貧苦無依者，應由地方政府優先救助。簡言之，退除役官兵之遺眷屬於特殊境遇家庭時，也是地方政府救助的對象。

3. 災害救助：退除役官兵遭受不可抗力之意外災害時，地方政

府應予適當之救助。簡言之，退除役官兵遭受水災、風災、地震、火災等重大災害，也是地方政府救助的對象。

4. 急難救助：退除役官兵因家境清寒、突發事故、重大傷病，退輔會應予急難救助及慰問。簡言之，退除役官兵遭受緊急事故，導致生活受到嚴重影響時，退輔會及所屬機構（榮民服務處、榮民之家）即應提供急難救助及慰問。

綜觀上述五項退伍軍人福利服務項目，大部分係以退輔會為主要輸送單位，但是有一部分服務項目，涉及其他相關部門的業務，例如，就業服務，與勞動部有關；就學服務，與教育部有關；就醫服務、就養服務、社會救助服務，與衛生福利部有關。因此，就福利服務的輸送單位而言，可採「跨域合作」的方式辦理，至少社福單位作為社會福利主管機關，必須與退輔會（社會福利目的事業主管機關）加強協調，共同努力。換個角度來說，退輔會是一種「委員會」的組織，相關部門的首長通常是委員會的成員，也可透過委員會議進行溝通，或者由相關單位的業務承辦人相互協調，以便為退伍軍人及其眷屬提供最佳服務。

第三節　特定議題：榮民之家

正如表10-1的統計資料顯示，就養服務是退除役官兵使用人數最多的服務項目。同時，在就養服務之中，榮民之家是主要機構。因此，我們有必要將「榮民之家」列為一個議題，探討其設置目的、服務項目、轉型策略。

一、榮民之家設置的目的

榮民之家的設置，有一段相當長久的歷史。大約在1949年，國軍官兵跟隨國民政府撤退來臺。其中，有一些官兵因為戰爭或公務而

患病、傷殘，無法繼續在部隊服役，國防部乃將其安置於聯合勤務司令部所轄「國軍傷殘臨時教養院」，簡稱「臨教院」。

1954年，政府為照顧退除役官兵，成立「行政院國軍退除役官兵就業輔導委員會」（簡稱退輔會），並於1957年起相繼在臺灣各地設置榮譽國民之家（簡稱榮民之家、榮家），總共16所。茲依各榮家的組織沿革，彙整其設置的年代：

1950年代設置：臺南榮家（1953年）、新竹榮家（1953年）、屏東榮家（1953年）、花蓮榮家（1953年）、雲林榮家（1957年）、太平榮家（1957年設置，2013年併入馬蘭榮家）、馬蘭榮家（1957年）、岡山榮家（1959年）。

1960年代設置：白河榮家（1963年）、板橋榮家（1968年）。

1970年代設置：彰化榮家（1973年）、桃園榮家（1974年）。

1980年代設置：佳里榮家（1980年）。

1990年代設置：臺北榮家（1994年，由反共義士生產輔導所與大陸榮民同胞中心合併而成）。

2010年代設置：八德榮家（於1957年原稱山崎榮家，2013年正名為八德榮家）、中彰榮家（於1994年為自費安養中心，2013年改制而成）、高雄榮家（於1994年為臺南榮民自費安養中心，2013年改制而成）。

其中，板橋、八德、新竹、中彰、高雄、岡山、花蓮、白河、臺南、馬蘭等榮民之家，辦理退除役官兵夫婦安養。目前，多數榮民之家也以餘裕的床位，接受65歲以上民眾申請自費安養。

無論如何，各個榮民之家因為座落的地區與安養類別略有不同，其設置目的或許有些差異。然而，總體而言，榮民之家設置的主要目的，在於使身心障礙、年老無工作能力及無子女或子女無撫養能力之榮民、榮眷，以及有意願進住的一般民眾，能夠獲得妥善照顧，頤養天年。

二、榮民之家的服務項目

全國16所榮民之家，依其安養的對象，可能有榮民、榮民及其配偶同住、一般民眾、緊急安置者；依其收費情況，可能有公費安置、自費安置。因此，各個榮民之家的服務項目不盡相同。大致上，榮民之家的服務項目，可依安置對象的健康狀況及照顧需求，分為下面三類照顧服務：

1. 安養照顧服務方面：一般安養照顧的對象，需要他人照顧，沒有扶養義務家屬或扶養義務家屬沒有扶養能力，但是日常生活尚能自理。榮民之家對於安養對象的主要服務項目包括：

(1)生活服務：提供膳食、居住環境整理、個人身體照顧、聯繫親友、被服洗滌等日常生活事項及其他福利服務。

(2)休閒服務：提供書報、雜誌、電視、音樂、慶生會、文康活動、戶外活動，以及其他有益老人身心健康的服務。

(3)專業服務：提供社工人員專業輔導或相關社會福利服務、護理服務、醫療支援服務、營養諮詢、老人衛教及醫療保健服務。

2. 養護照顧服務方面：養護照顧的對象，是生活自理能力缺損，需要他人照顧，或者需要鼻胃管、導尿管的輔助，始能維生。榮民之家對於養護對象的主要服務項目，是醫療服務、護理服務，有時也由社工人員提供關懷及必要協助。

3. 失智照顧服務方面：失智照顧的對象，是經由神經科、精神科醫師診斷為中度以上之失智症，雖具有行動能力，但需他人照顧。榮民之家對於失智症對象的主要服務，以醫療服務與護理服務為主。必要時，社工人員也介入處理福利相關事宜。

除了分類照顧服務之外，榮民之家的綜合性服務項目還可包括：生活照顧、醫療保健、權益維護、宗教心靈服務、亡故善後處理，以及一些事務性的服務，例如，協助院民長者申請鑲補牙齒、換

補手杖、配發老花眼鏡。

三、榮民之家轉型的策略

榮民之家自從1953年設置以來，隨著時空環境的變遷，以及第一類退除役官兵的逐漸老化與迅速凋零，已有多次變革，以及轉型之議。例如，在榮家的設置方面，由訓練中心改制或將小型榮家合併；在安置的對象方面，由第一類退除役官兵，擴及第二類退除役官兵、眷屬及一般民眾；在服務的項目方面，由一般安養照顧，擴及養護照顧與失智照顧。追究這些變革的用意，無非是企圖提升安養的服務品質，讓榮民及住民得到最佳的照顧服務。

然而，追求卓越的服務品質，永遠沒有止境。況且，目前榮民之家正面臨第一類退除役官兵逐漸凋零的問題，以及公民營老人安養機構的競爭，因而必須有適當的轉型策略，以資因應。否則，一個組織不能與時俱進，推陳出新，其功能必然逐漸萎縮，甚至被迫退場。

所幸，退輔會於2002年起每三年辦理榮民之家機構評鑑，各次評鑑報告對於榮民之家的轉型都有一些建議，而且專家學者也有相關論述。以下僅從福利服務的觀點，綜合提出四方面的轉型策略：

1. 由獨自經營轉為策略聯盟：就服務績效而言，目前榮民之家分散於全國各地，各自獨立經營，常因資源（設備與人力）有限，未能滿足住民的多元需求，必須與鄰近的公民營安養機構、醫療院所，進行策略聯盟，形成老人照護相關產業聚落，以顯現安養機構服務的多元完整性、調適的彈性與及時性。而且，對於安養需求者的吸引力，可提供更多的宣傳管道，進而為榮民之家創造更良好的經營績效（張石柱、盧文民、鄧勇誌，2013：55）。

2. 由慈善安置轉為專業服務：就服務方法而言，榮民之家的設置，是早期安頓來臺老弱殘病戰士的慈善機構，也是協助政府穩定社會的軍事設施。現在追求品質、強調科學化管理、消費者滿意度的服

務型組織，必須逐步轉型為專業服務（楊培珊、鄭讚源、黃松林，
2009：175）。然而，目前僅部分榮民之家進用少數社工人員，而非
所有榮民之家都有社工人員，更少運用個案管理，實施個別照顧服
務，而且在管理階層亦缺乏社工專業督導，凡此種種，尚待轉型。

　　3. 由統一管理轉為多元文化考量：就服務模式而言，早期榮民
之家安養的對象為第一類退除役官兵，類似軍隊階級管理的延伸，採
取堂隊方式，由幹部督導榮民，還是軍事化統一管理方式，寢室還跟
部隊一樣（王德祥，2010：39）。然而，2016年3月起配合政府實施
「募兵制」政策，新增第二類退除役官兵可申請安養，已有原住民退
除役官兵進住榮家（截至2019年底，安置43人）。而且，稍早1987
年兩岸關係條例的實施，開放老兵返鄉探親，又增加部分大陸及外籍
配偶來臺，且可併同進入榮民之家。因此，為因應多元服務對象的需
求，榮民之家有必要將傳統的統一管理，轉型為多元文化管理，尊重
不同族群住民的語言、習俗及生活習慣，使照顧管理更具人性化及可
近性。

　　4. 由機構式照顧轉為福利社區化：就服務的性質而言，榮民之
家屬於機構式的照顧服務。雖然退輔會於2004年起配合政府推動社
區發展，而實施「榮家社區環境營造」，加強榮民之家與社區人士的
交流機會，包括：與社區共同辦理撞球、撞球、歌唱、牌藝等文康休
閒活動（林楹棟、賴資雯，2005：51）。但是，這些活動只是增加
社區互動的機會，應逐步轉型為福利社區化。例如，在榮民之家成
立「社區照顧關懷據點」（目前設置者：板橋、中彰、花蓮等榮民
之家），並且招募一般民眾擔任志工，讓需要照顧的老人（含榮家與
社區的長者）「留在社區裡照顧」（care in the community）、「由
社區來照顧」（care by the community），以落實福利社區化「厝邊
隔壁、互相照顧」的精義。附帶一提，各地榮民服務處的榮欣志工隊
亦可比照辦理，除了鼓勵榮眷（配偶、子女）擔任志工，也開放民眾

參與志願服務，而且將服務的對象擴及有需要的居民，俾以促進社會融合。

簡言之，榮民之家是為了服務榮民、榮眷而存在的組織，一旦服務對象有新的需求，或者所處環境有新的變化，組織就需有所變革或轉型。而且，如同一般服務型的組織，必須針對問題或挑戰，評估轉型的可行策略，有計畫、有步驟、有方法，逐步實施，庶幾有成。

📖 第四節　退伍軍人福利權益的倡導

退除役官兵曾經在軍中服務多年，為了維護國家安全而流血流汗，退伍除役之後，政府給予妥善的安置及照顧，這是他們應得的權益。然而，政府與政治人物對於退除役官兵的權益，往往不重視、不支持。有些時候，退除役官兵本身對於自己有何權益，也不了解、不在乎。

無論如何，參與退伍軍人輔導工作的相關人員，包括福利服務工作者，基於維護服務對象的權益，應該協助退除役官兵共同倡導。以下從動態倡導模式的四個面向（Cox, Tice, & Long, 2016: 74）略作說明。

一、經濟與社會正義

近年以來，我國政府對於退伍軍人的輔導照顧，日漸改善，值得肯定。但是，在資源配置方面，國防總預算不在少數，分配退伍軍人輔導的經費有限，這是經濟正義的議題；在輔導措施方面，對於退除役官兵的安置，也常遭到忽視，這是社會正義的議題。因此，為了維護退除役官兵的經濟與社會正義，至少有三個議題值得倡導：

1. 正視退伍軍人的特殊性：志願役軍人在退伍之前，最短有四年（第二類退除役官兵），長則二、三十年（第一類退除役官兵），

在部隊服務，其教育訓練聚焦於作戰需求，不是為退伍就業而準備；其身體與心理長期處於緊張狀態，忍受無數的壓力，甚至因戰爭或公務而導致患病、受傷、殘障，其退伍之時，年齡不輕，就業不易。這些都是退伍軍人的特殊性，對他們的福利服務必須更加努力。

2. 保障退伍軍人的福利：理論上，福利服務的判別標準，可從殘補式（類屬）、補償式、判斷式、制度式（資產調查），形成一種連續相的光譜（如第二章圖2-1）。就退伍軍人而言，長期為保衛國家安全，一旦解甲歸田，國家應予補償，殆無疑義。倘若因戰（公）致病、傷殘，日後謀生不易，不難判斷。因此，軍人光榮退伍成為「榮民」之後，國家應予福利補償，天經地義，不容汙名。

3. 提高退除役官兵給與：提供退除役給與，是國家的責任，也是退伍軍人的權益。2020年，政府對於退除役官兵的就養給與有所調整，或多或少已顯現誠意，但是月給14,558元，與最低保障工資差不多，較諸先進國家更瞠乎其後，難望項背。為了因應2016年「募兵制」的實施，提高青年志願服役的誘因，仍可再適度調高。

簡言之，對於退除役官兵提供福利服務，已經不是一種恩給或施捨，而是一種權益與保障，以期回應經濟與社會的正義。

二、支持的環境

軍隊是社會學所稱的「全控機構」（total control institution）。軍人在部隊服務期間，往往缺乏家庭的支持，也失去社區的支持，即使光榮退伍，回到民間，仍然很少獲得家庭與社區的支持。因此，政府相關部門的支持，便顯得格外重要。尤其，有關退除役官兵的就業、就養、就醫、就學及一般服務照顧，在在需要政府有關部門的支持。例如：

1. 考試院對榮民考試就業的支持：退除役官兵就業的一種途徑，是參加國家考試，取得公務人員的任用資格。這方面，考試院應

予支持，不但爲國掄才，也提供榮民公平就業的機會。

2. 國防部對屆退官兵職訓的支持：國防部於2002年開始實施「屆退官兵就業輔導計畫」，定期辦理屆退官兵職業訓練，以利官兵退伍後順利轉業，已有一定成效。但是，訓練職種與實際就業類別之間仍有落差，應積極倡導類似法國實施的「職涯轉換訓練」（Career Transition Training, CTT）（林鉅銀、尹祚芊、李炳南，2014：14-15），使訓練的技能，具有可轉換性（transferability），能夠符應社會就業市場的實際需求。

3. 勞動部對榮民職訓及就業的支持：退輔會除了自辦退除役官兵職業訓練之外，也經常委託勞動部辦理職業訓練，並輔導就業。榮民就業需要勞動部鼎力支持，不言可喻。其實，榮民具有國民身分，爲榮民辦理訓練及輔導就業，也是勞動部責無旁貸、義不容辭的使命之一。

4. 衛生福利部對榮民照顧的支持：有關老年榮民的長期照顧、社區照顧關懷據點的服務，以及其他相關福利服務，都需要衛生福利部與各縣市社政單位的支持。再度強調，老年榮民同時具有國民身分，支持榮民服務也是衛生福利部門的任務之一。

5. 教育部對榮民就學的支持：有關退除役官兵及其子女的就學，以及就學方面必要的獎助措施，需要教育部的支持與協助，理所當然，不待贅言。

當然，家庭與社區對退除役官兵的支持，也不能輕言放棄，反而應該更積極地倡導。例如，將福利服務的對象，由退除役官兵擴及整個家庭，並且將退除役官兵的福利服務社區化，都是重建退伍軍人的家庭與社區支持環境之可行策略。

三、人類的需求與權利

退除役官兵有其特殊的福利需求，必須獲得滿足；也有其特定

的福利權益，必須獲得保障，前文已大致提及。除此之外，退除役官兵如同一般國民，應該擁有人類基本的權利，並且滿足人類基本的需求。尤其是下列兩項必須優先倡導：

1. 獲得尊嚴生活的權利：榮譽，是現役軍人的第二生命，即使退除役的軍人，應該也是如此。當一個軍人為國盡忠，屆齡榮退，甚至冒險犯難，因此遭受傷殘，從疆場光榮引退，獲頒榮譽國民證，國家有責任讓他們過著有尊嚴的生活。美國退輔計畫的設計重點，即在促使為國傷殘的退伍軍人，能受到妥善的照顧服務，讓他們及眷屬生活得有尊嚴。而且，美國11月11日退伍軍人節，是一個全國假日，對退伍軍人表達崇敬（陳勁甫，2015：21）。相對之下，我國11月1日退伍軍人節，無聲無息，乏人關注，不禁令人感慨。

2. 滿足友善工作的需求：志願役軍人在部隊服務四至十年，或屆齡即需退伍，不像公務人員到65歲退休，因此，多數第二類退除役官兵仍有就業的需求。然而，一般低階退伍軍人就業的比率，約僅四、五成，且以保全（占46.7%）、服務業（35.1%）較多（陳勁甫，2015：2）。除了軍中教育訓練不符社會就業市場的需求，有待強化職業技能訓練以利就業之外，有一個原因是社會對退伍軍人常有負面的刻板化印象：技術不足、固執、缺乏創意、放不下身段。事實上，退伍軍人也有許多優勢：負責任、吃苦耐勞、韌性、抗壓、服從、忠誠及達成使命的能力（陳勁甫，2015：18），我們應該強力加以倡導，讓社會大眾及企業雇主了解及接納，藉以增加退伍軍人就業機會，滿足友善工作的需求。

至於在軍中被壓縮的自由權、表意權，通常要在工作有著落，生活也過得去（well-being），始能逐漸復原，自我實現。如以「倉廩實，而知禮節，衣食足，而知榮辱」形容，可思過半矣。

四、政治的接近

早在1990年代末，我國為推動政府組織變革，成立「政府改造推動委員會」，曾研議將退輔會升為「部」的層級，定名為「退伍軍人事務部」，並將義務役退伍的後備軍人納入服務對象，可惜未獲立法院通過。

根據當時退輔會主委表示：「基於退輔會現有預算額度及人力無法增加，如果全部以現有服務照顧標準，勢必無法負荷，因此未在立法院通過成立退伍軍人事務部。」（引自韓敬富，2003：500）

時至今日，政治環境明顯改變，政黨輪替已成常態，而且為因應2016年5月實施「募兵制」，已新增第二類退除役官兵為輔導對象，退伍軍人對於福利服務的需求也不斷增加之中，應該已經到了倡導成立部級輔導組織的適當時機，其理由至少有三：

1. 提高退伍軍人輔導效能：退輔會有關就養、就業、就醫、就學及一般照顧服務，常需與相關部會協調，如能提升為「部」的層級，平起平坐，較易獲得相關部會的支持，從而提高退伍軍人輔導的效率與效益。

2. 強化「募兵制」的誘因：實施「募兵制」是兵役制度的重要改變，除了大幅度提高軍人服役期間的待遇之外，退伍之後的輔導措施是否完善、令人滿意，也是不容忽視的要素。如同購物一般，售後服務是必要考量。因此，提升退伍之後的服務層級，有助於強化「募兵制」誘因，吸引年輕人投入軍旅的意願。

3. 與國際的退輔趨勢接軌：在退輔制度先進的國家，都有一個強而有力的退輔組織，例如，美國的退伍軍人事務部（VA）是內閣層級14部之一，法國、澳大利亞的退輔組織也與國防部平行，這是世界共同趨勢。況且，我國退輔會常需與國際退輔組織交流，學習退輔經驗，也促進外交，提升退輔層級，勢在必然。

　　然而，提升退輔層級是政治問題，退輔會必先證明其輔導績效卓著，並透過適當的倡導途徑，結合退伍軍人協會等壓力團體，對政府、立法委員及其他關鍵性政治人物進行說明、遊說，爭取他們的了解與支持。

　　最後，引用麥克阿瑟（Douglas MacArther）的一句名言：「老兵不死，只是逐漸凋零」（Old soldiers never die, they just fade away），作為總結。這在福利服務的觀點，可以解讀為：老兵為國奉獻的精神，永遠令人感念，國家為了回報他們多年的犧牲、奉獻，應該在他們凋零之前，提供適當的補償及必要服務，藉以維護退伍軍人應有的權益。

第十一章

其他弱勢者福利服務

　　社會福利服務的服務對象，以弱勢者（disadvantaged group）為主。那麼，誰是弱勢者？這是一個不容易界定，而且經常發生爭議的問題。例如，一個青年整天宅在家裡，依靠父母過活，被稱為「啃老族」，他是不是弱勢者？乍看之下，好像是，因為他失業在家，無法養活自己。但仔細思考，他至少還有家境不錯的老爸老媽可讓他「啃」，怎能算是弱勢者？

　　社會福利服務關注的對象，通常是指社會／經濟相對於一般人處於不利地位者，也就是經濟／社會的弱勢者（economic / social weakness）。我國《住宅法》第4條指出：政府與民間興辦之社會住宅，應至少提供30%以上租予經濟或社會的弱勢者；前項經濟或社會弱勢者身分，指下列規定之一：(1)低收入戶或中低收入戶；(2)特殊境遇家庭；(3)育有未成年子女三人以上；(4)於安置教養機構或寄養家庭結束安置無法返家，未滿25歲；(5)65歲以上之老人；(6)受家庭暴力或性侵害之受害者及其子女；(7)身心障礙者；(8)感染人類免疫缺乏病毒者（HIV）或罹患後天免疫缺乏症候群者（AIDS）；(9)原住民；(10)災民；(11)遊民；(12)其他經主管機關認定者。

　　在這十二種經濟或社會弱勢者之中，兒童及少年、婦女、老人、身心障礙者、原住民等相關議題，已於前面各章討論過。至於感染HIV者或罹患AIDS者，屬於醫療照護領域，擬予保留。其他尚未探討者計有：低收入戶或中低收入戶、特殊境遇家庭、災民、遊民等弱勢者。

　　本質上，低收入戶或中低收入戶的成員（簡稱貧窮者）、特殊境遇家庭的成員（簡稱特殊境遇者）、災民、遊民等四種經濟／社會弱勢者，都與「貧窮」（poverty）有關。因為經資產調查（means test）評定為低收入或中低收入，即屬於貧窮者；特境者的資格要件之一，是家庭收入平均每人每月未超過政府公布之最低生活費2.5倍；災民可能因貧窮（例如，家徒四壁）而易受災變的傷害，或者

本來就窮，遭受災害變得更窮；遊民無家可住，是貧窮者的最貧窮者（the poorest of the poor）（Karger & Stoesz, 2014: 434）。即使這四種弱勢者的協助，多半以救助爲主，還是需要一些福利服務。所以，我們將這四種與貧窮有關的弱勢者合併爲一章，扼要探討其福利服務。

📖 第一節　貧窮者福利服務

貧窮（poverty），是維持生計的金錢或資產有所不足而成爲窮人（being poor）的一種狀態。貧窮的主要型態有兩種：一種是絕對貧窮（absolute poverty），指一個人處於維持生計需要的收入水準以下，另外一種是相對貧窮（relative poverty），指一個人處於維持當地社區的生活標準以下（Barker, 2014: 330）。

貧窮是全球性的問題，也是國家的問題。在地球上70多億人口之中，大約有1.2億人遭到貧窮的打擊，他們在每日一美元或更少的資源之下殘存著（Kornblum & Julian, 2012; cited in Kirst-Ashman, 2017: 247）。至於臺灣的情況，依據衛生福利部統計處的資料，截至2019年12月底，貧窮者人數計有638,707人，占全國總人口數2.7%。其中，低收入人數304,470人，占全國總人口數1.29%；中低收入人數334,237人，占全國總人口數1.41%。

無論是國際或國內的貧窮者，都需要本國（或跨國）政府與民間提供救助及相關服務。以下略述本國貧窮者有關福利服務的需求、服務項目、權益倡導。

一、貧窮者福利服務的需求

貧窮者對於福利服務的需求，指涉範圍非常廣泛。此處僅依據衛生福利部2018年「低收入戶及中低收入戶生活狀況調查」報告，並

參考相關文獻，擇要說明貧窮者對於福利服務的需求：

1. 經濟補助的需求：該調查報告顯示，低收入戶與中低收入戶平均每月收入28,402元，支出29,402元，而其主要經濟來源，工作收入占54.20%，政府補助占40.21%，第一類低收入戶（全家人口均無工作能力且無收入及財產）來自政府補助占90.27%。由此可知，貧窮者入不敷出，需要經濟方面的協助，尤其是來自政府的補助。

2. 健康及醫療的需求：該調查報告指出，低收入戶與中低收入戶的家計負責人，最近三個月罹患慢性或重大傷病者，占69.67%，有身心障礙證明者占42.84%。衡諸事實，窮人往往比其他人群缺少健康。例如，貧窮家庭的嬰兒死亡率高於那些富裕家庭的嬰兒；貧窮婦女在她們的孩子出生時，常有不適當的居住、飲食、衣著，而影響孩子的健康，預期未來的成長過程中，需要更多的健康與醫療照顧（Kirst-Ashman, 2017: 254）。

3. 就業服務的需求：該調查報告顯示，低收入戶與中低收入戶的家計負責人，有工作者占65.48%，無工作者占34.52%。其中，有工作能力但未工作者而重尋工作中，占25.71%；謀職困難致未再尋工作，占11.24%；從事基層技術工及勞力工作，占44.33%；服務及銷售人員，占26.63%。由此可知，貧窮者沒有工作的比率不低，即使有工作，也以非技術性的勞力工作居多，因而有參加職業訓練及協助就業的需求。

4. 居住改善的需求：該調查報告指出，低收入戶與中低收入戶的住宅權屬，租押，占43.00%；自有，占37.55%；借住，占15.54%。其中，第一類低收入的租押比率為64.75%。由此可知，貧窮者的住宅，以租借居多。況且，多數窮人生活於不合標準的住宅，許多房東疏忽住宅設備的裝修。例如，熱水系統可能於冬天故障，老鼠、蟑螂可能跑來騷動，或者租屋押金不安全、每月租金不公平（Henslin, 2011: 197）。簡言之，許多貧窮者始終無法獲得合乎標準

的住所，需要政府協助改善居住條件。

此外，出生於貧窮家庭的兒童，通常比那些出生於富有家庭的兒童得到較少的教育。即使公立學校擁有為所有兒童提供平等機會的理念，但是貧窮兒童仍然處於不利地位。因為窮人兒童進入的學校，較少預算及有經驗的教師、較低的學業測驗成績，而影響往後的教育機會及生活品質（Kornblum & Julian, 2012, 285）。就臺灣而言，貧窮家庭的兒童，可能無力負擔學雜費，也缺乏課後輔導的機會，而需要教育補助及課後照顧服務。

二、貧窮者福利服務的項目

一個人何以成為貧窮者？通常有兩種解釋：一種是個人的因素（individual factors），另一種是結構的因素（structural factors）（Rank, 2008: 251）。就個人因素而言，認為貧窮者是自己有缺點，對工作沒有動機、呈現的態度不正確。就結構因素而言，認為貧窮者是經濟與政治的結構所形塑，例如，在經濟上，產業外移工資較低的國家，本國的工作機會減少，而導致貧窮者增加；在政治上，降低救助的資源，也可能增加貧窮者的人數（Rank, 2008: 391）。

無論何種因素導致貧窮，政府為了因應貧窮者的需求，有責任提供必要的救助及福利服務，藉以維持人民的基本生活：

1. 生活相關補助：例如，對於低收入及中低收入者提供生活扶助；對於婦女及兒童提供生育補助、產婦及嬰兒營養補助、托兒補助、教育補助；於國內經濟發生重大變化時，對於中低收入者提供短期生活扶助。

2. 脫貧方案：大約有三種實施模式：(1)教育投資模式，例如，透過兒童課後照顧服務，累積人力資本，改善就學環境；(2)就業自立模式，例如，轉介就業、輔導創業；(3)資產累積模式，例如，實施兒童及少年未來教育發展帳戶（李美珍、李璧如，2015：16-17）。

3. 健康及醫療服務：例如，對於低收入及中低收入者提供醫療補助、健康保險費補助；對於老人提供免費健康檢查，補助裝配假牙、裝換老花眼鏡。

4. 就業服務：例如，對於低收入及中低收入戶中有工作能力者，依其需要提供就業服務、職業訓練或「以工代賑」，並視其需要，提供創業輔導。

5. 住宅改善措施：例如，對於低收入及中低收入戶優先入住社會住宅，提供承租住宅租金費用、簡易修繕住宅費用、自購或自建自宅貸款利息，並於重大災變發生後，輔導修建房舍。

此外，有些縣市政府成立「實物銀行」或「食物銀行」，對低收入者提供物質的協助，並且結合便利商店或餐飲店，為貧困家庭的在學兒童及少年，提供「代用餐」，這些對於貧窮家庭及其子女的生活，也有實質的幫助。

然而，貧窮者對於上述救助及福利服務項目，可能由於處境不利、資訊不足，也可能擔心被歧視、被排斥，而不知道或不願意使用這些服務項目。因此，福利服務工作者必須主動提供協助，必要時為維護他們的權益而倡導。

三、貧窮者福利權益的倡導

貧窮不僅是一種相對的觀念，也是一種動態的發展過程。由於時空環境的變遷，或者社會政策的變革，經常調整救助基準或更新服務項目，而貧窮者卻缺乏自我覺察，導致權益受損，需要專業人員協助倡導。茲依動態倡導模式的四個面向略述之：

1. 經濟與社會正義方面：就經濟正義而言，例如，2015年度中央政府社會福利支出，社會保險占總支出15.36%、社會救助占0.48%、福利服務占5.91%、國民就業占0.10%、醫療保健占0.95%（李美珍、李璧如，2015：6）。其中，社會救助的經費分配比率

偏低，顯有不公，且不符憲法增修條文第10條「對於社會救助和國民就業等救濟性支出應優先編列」之規定，應予提高。就社會正義而言，例如，2019年社會福利績效考核報告，發現有少數縣市「以工代賑」的服務對象，有連續十五年未曾更換者（衛生福利部，2019a），相對剝奪其他貧窮者的機會，應建立適當的分配機制。

2. 支持的環境方面：依據衛生福利部2018年「低收入戶及中低收入戶生活狀況調查」報告，我國低收入及中低收入的主要經濟來源，政府補助占40.21%。另外，曾接受民間救助者占34.10%，其中來自親戚占3.86%、朋友及鄰居占 2.78%、實物銀行占1.70%。事實上，政府力量有限，民間資源無窮，對於貧窮者的救助，迫切需要建立貧窮者支持系統，包括：

(1)家庭支持系統，擴大家庭的成員及親戚，是天生的好幫手。

(2)社區支持系統，鄰里、社區及慈善組織，可近便提供協助。

(3)跨域支持系統，例如，就業服務需要勞動部門的支持、健康及醫療服務需要衛生部門的支持。

3. 人類需求與權利方面：就需求而言，儘管政府已經發展一些方案，以緩和貧窮問題，但是實務工作者仍應以適當的方式，適時滿足貧窮者的共同需求，例如，食物、住宿和醫療照顧，而且不因官僚的運作而失去彈性。就權利而言，貧窮者如同一般人被賦予生活、自由、表意，以及工作與教育的權利，不應被汙名化為福利的依賴者（Cox, Tice, & Long, 2016: 101）。

4. 政治的接近方面：國內有一項以第一線執行救助行政人員為對象的研究指出，有46%的受訪者同意低收入戶的審查過程中，有很大的裁量權；有44%的受訪者同意在進入低收入戶的門檻寬鬆，如果他已經先入為主地認定申請者門檻是寬鬆標準時，在實際進行時如何裁量，是個值得探討的議題（石泱、孫健忠，2008：122）。據此申言，國內的政治人物，尤其是民意代表，對於承辦救助業務人員施

壓，放寬門檻，讓他們的選民進入低收入資格，以便享有某些福利。這種現象，時有所聞，也令人困擾，必須倡導修法，訂定低收入裁量權的標準化運作程序。

歸結地說，對於貧窮者的服務，固然以現金救助與實物給付爲主，但是相關的福利服務亦不可或缺。同時，爲了維護貧窮者的福利權益，必須倡導救助制度的建立，以期公平對待貧窮者，並杜絕汙名者的悠悠之口。

第二節　特殊境遇者福利服務

2000年，政府爲協助遭到偶發變故導致生活陷入困境的婦女，改善其生活環境，避免一時的經濟因素而造成更大的不幸，乃訂定《特殊境遇婦女家庭扶助條例》。

2003年，有一個單親爸爸因爲適齡女兒入學發生問題，求助無門而抱著年幼女兒在行政院附近天橋大喊「社會不公」，並跨越天橋欄杆準備往下跳，幸經消防人員及時搶救，免於發生悲劇。但此事震驚各界，還被拍成電影《不能沒有你》。也因此，立法院於2009年修法，將特殊境遇的對象擴及男性，變更名稱爲《特殊境遇家庭扶助條例》（簡稱特境條例）。以下依此條例的相關規定，略述特殊境遇者的福利服務需求、服務項目、權益倡導。

一、特殊境遇者福利服務的需求

我們曾經檢閱特殊境遇的相關文獻，目前僅找到兩篇論文（王泰文等，2015：119-131；林妅君、李淑容，2007：101-152），但其討論的對象都是特殊境遇婦女，未涵蓋男性，也沒有提及她們對於福利服務的需求情形。

依據現行的特境條例，特殊境遇者包括：配偶死亡或失蹤、被遺

棄或受虐、家暴、未婚懷孕、獨自扶養年幼子女、配偶服刑、重大變故等七類。另外，有些地方政府亦配合實際情況，增加服務對象。例如，臺北市增加性產業轉業者、被人口販運者；新北市與臺南市增加外籍配偶或新住民。

也許，我們可從這些服務對象的類別，以及特境條例有關服務對象的資格認定，大致了解境遇者對於福利服務的相關需求：

1. 經濟補助的需求：具備特殊境遇者身分的先決條件，是65歲以下，其家庭總收入平均每人每月未超過政府公布最低生活費用2.5倍，及臺灣地區每人每月消費支出1.5倍，而且家庭財產未超過中央主管機關公告之一定金額。簡言之，必須處於貧窮的邊緣或者「近貧」（near poor），始具特殊境遇者資格，因而有經濟補助的需求，甚至有緊急救助的需求，以免生活持續陷於困境。

2. 法律諮詢的需求：無論是配偶死亡失蹤、被遺棄、施虐而離婚、家暴受害、未婚懷孕，或者配偶服刑，都可能涉及複雜的法律問題，不是他們所能了解及處理，而有向外尋求法律諮詢的需求。

3. 就業服務的需求：當特殊境遇者因為被遺棄、施虐而離婚、配偶服刑，導致生活陷入困境，除了需要經濟補助之外，為了長久維持家計，可能有就業服務的需求。尤其，性產業轉業者，更需適當輔導，以轉介適當工作。

4. 保護服務的需求：被遺棄、施虐、家暴，或者是性產業轉業者、被人口販賣者，都可能涉及人身安全的問題，尤其是婦女或兒童及少年，有保護服務的需求，是可以理解的。

5. 關懷訪視的需求：特殊境遇如果發生於子女的情況，包括：因離婚、喪偶、未婚生子，而獨自扶養18歲以下子女，或獨自扶養18歲以下父母（未成年父母）無力扶養的孫子女（含失能者隔代扶養），或者因遭遇重大傷病或照顧6歲以下子女致不能工作者，其生活之困難，不言可喻。因此，除了經濟上的救助之外，日常生活的關

懷訪視，也是一項重要需求。

簡言之，特殊境遇者是弱勢者，舉凡處於特殊境遇家庭的兒童及少年、婦女、身心障礙者、原住民、新住民、退伍軍人，如同前面章節所述，對於福利服務都有其特定的需求。

二、特殊境遇者福利服務的項目

依據衛生福利部統計處公布的統計資料顯示，臺灣於2019年特殊境遇服務人數，計16,232人（含男性2,706人、女性13,526人），其中提供服務的情況，緊急生活扶助5,735人、傷病醫療補助72人、法律諮詢補助50人、子女生活津貼10,254人、兒童教育津貼121人。

上述提供服務的情況，是特境條例所規定的服務項目（另外還有創業貸款補助），但是基於特殊境遇者的實際需求，可再增加一些福利服務項目。茲綜合說明如下：

1. 緊急生活扶助：符合特殊境遇家庭條件者，可於事發後六個月內申請緊急生活扶助補助金。

2. 子女相關補助或津貼：

(1)配偶死亡或失蹤、因配偶施虐而離婚、遭到家暴、而獨自扶養18歲以下子女或孫子女致不能工作，可申請子女生活津貼，一年一次。

(2)特殊境遇者子女就讀高中以上，可申請減免學費。

(3)特殊境遇者有6歲以下子女或孫子女，進入私立托教機構，可申請兒童托育津貼。

3. 傷病醫療補助：特殊境遇者本人及6-18歲未滿之子女或孫子女，未獲其他補助者，可申請自行負擔醫療費用之補助。未滿6歲之子女或孫子女，無力負擔其應自行負擔部分之健保費用者，亦可申請健保所規定應自行負擔費用部分之補助。

4. 法律訴訟補助及諮詢服務：家暴受害者，無力負擔訴訟費用

者，可於事發三個月內申請訴訟費用補助。其他有關法律問題，亦可向當地法律扶助會，申請免費法律諮詢服務。

5.創業貸款補助及就業服務：配偶死亡或失蹤、因配偶施虐而離婚、遭到家暴，而且獨自扶養18歲以下子女或孫子女致不能工作；配偶服刑中，且未滿20歲的特殊境遇者，可申請創業貸款補助。必要時，特殊境遇者、性產業轉業者，可由福利服務工作者轉介就業服務。

6. 保護服務：被遺棄、施虐、家暴，或者是性產業轉業者、被人口販賣者，如有人身安全的問題，可比照（或轉介）婦女、兒童及少年之福利服務，由實務工作者提供適當的保護服務。

7. 關懷訪視：至少有兩種情形必須進行關懷訪視：一是緊急生活扶助核准之後，主管機關派員定期訪視其生活改善情形，以決定繼續或停止補助。二是特殊境遇者申請子女生活津貼、兒童托育津貼，再申請延長補助者，政府亦需派員訪視，以決定繼續或停止補助。

上述服務項目，以現金補助居多，福利服務次之，而且特殊境遇者是弱勢者，可能對於相關訊息及申請程序並不了解。因此，福利服務工作者必須主動提供協助及必要服務。

三、特殊境遇者福利權益的倡導

就特境條例的規定而言，其服務項目聚焦於現金給付，在性質上看起來好像是社會救助的一部分，況且，特殊境遇者的資格認定是處於「貧窮邊緣」或「近貧」。因此，如同前一節次貧窮者的福利權益倡導，特殊境遇者的福利權益也有一些必須積極倡導之處：

1. 經濟與社會正義方面：前引衛生福利部統計處的資料，曾提及臺灣於2018年特殊境遇者的服務情形。其中，法律諮詢補助50人，換算其占該年總服務人數16,232人，僅占0.3%。至於特境條例規定的創業貸款補助，則未見服務人數，可能無人使用。就此而言，

使用人數較少的項目，應定期評估其存廢之必要，對於績效不彰的項目，應降低或刪除其經費配置，轉而挹注其他有效的項目，以符經濟與社會正義原則，並確保多數服務使用者的權益。

2. 支持的環境方面：特殊境遇者對於相關救助及服務，有其緊急性，必須適時提供服務，以助其度過難關。然而，政府必須依法行政，從申請到核發補助，往往有一定的等待期。因此，有必要強化特殊境遇者的支持環境，以因應政府服務輸送延宕期間之需求，並促進受助者之權益。其具體措施：

(1)建立社區支持系統，運用當地社區發展協會、村里組織，就近關懷，相互照顧，以發揮「遠親不如近鄰」的效益。

(2)建立家庭支持系統，連結特殊境遇者的親戚、朋友，形成一種非正式的支持網絡，以發揮「救急不救窮」的作用。

3. 人類需求與權利方面：雖然特殊境遇者的處境較為困難，擁有的資源較為有限，然而其基本的需求及權利，與其他人一樣，應受平等對待。尤其「尊嚴」與「生存權」，是重中之重。在尊嚴方面，人生而平等，即使特殊境遇者是被遺棄、施虐而離婚、配偶服刑，仍應免於被歧視或汙名化，而能有尊嚴地接受所需救助及服務。至於生存權方面，即使特殊境遇者是配偶死亡、失蹤，或遭到重大變故，導致生活陷於困境，但其本人及未成年子女，仍有維持基本生活的權利。因此，對特殊境遇者提供各種生活補助及就業等相關服務，是政府的責任，也是人民的權利。

4. 政治的接近方面：特境條例於2000年公布實施之後，政府於2008年為因應國際金融風暴帶來貧富差距擴大，又實施「馬上關懷急難救助」措施。其中，「馬上關懷急難救助」為優先申請，核發補助往往比特境條例的「緊急生活扶助」快速。雖然兩者的補助金額有扣抵關係，但是兩項急難救助措施似有重疊，亟需有效整合急難救助機制，建置急難救助資訊整合系統，以達簡政便民，及時救助之效能

（李美珍、李璧如，2015：24）。簡言之，必須遊說政治人物，尤其立法委員，將特境條例的「緊急生活扶助」與「馬上關懷急難救助」整合，列入社會救助法，成為「專章」。

一言以蔽之，特殊境遇者是弱勢者之中特殊的一群，其福利服務的需求，必須受到特別關注，其福利權益也必須特別加以倡導。

📖 第三節 災民福利服務

災難（disaster），肯定是社會福利的議題，因為在災難事件中損害最嚴重、影響最長久的往往是貧窮的人與弱勢群體（Rogge, 2003；引自鄭麗珍，2010：73）。

依據美國《社會工作辭典》的解釋，災難是一種不尋常的事件，無論是天然的或人為的，集中於相同時間與空間發生的結果，往往傷害人們的生命或健康，以及財產的損失，因而阻斷社會制度持續履行其實質的功能（Barker, 2014: 120）。

就臺灣而言，近年發生令人印象深刻、且開始有社會工作專業人員介入協助的重大天然災難，可能是九二一震災、八八（莫拉克）風災、美濃震災造成臺南市永康維冠大樓倒塌等三件，其所造成的傷害情形，如表11-1：

表11-1　臺灣近年重大災難事件造成傷害情形

災難／日期	死亡數	失蹤數	受傷數	房屋全倒	房屋半倒
921震災／1999	2,415	29	11,305	51,711	53,768
88風災／2009	699	18	1,560	99	250
0206震災／2016	117		504	466	283

資料來源：根據內政部統計處月報整理而成。

　　由表11-1顯示，遇有重大天然災難發生，經常造成許多家庭失去親人的悲痛、房屋倒塌損壞的浩劫，更帶給受災民眾（簡稱災民）生活劇變的極大壓力，而必須政府與民間緊急救援及重建，以便儘速協助災民恢復正常生活。

　　然而，災難的救援及重建，是一種相當複雜的過程，往往涉及警察、消防、國防、醫療、福利、志願團體及其他相關部門。其中，社會福利單位是災難管理體制內重要的一環，因此在這裡，僅就福利服務的範圍，略述災民有關福利服務的需求、服務項目、權益倡導。

一、災民福利服務的需求

　　災民對於福利服務的需求，通常在災難的不同階段有不同的需求。一般而言，災難管理的過程，大致可區分為；減災、整備、應變、重建等四個階段（林萬億，2011：10）。

　　馬斯伯與布瑞沙（Mathbor & Bourassa, 2012: 295）則將災難管理的架構分為兩部分：一是災前時期（pre-disaster period），強調：預先評估易受害的地區、減少災難、防災準備；二是災後時期（pro-disaster period），強調：災難救援、災後重建。再將這兩部分整合起來而形成：評估（assessment）、減災（mitigation）、整備（peparedness）、救援（relief）、重建（recovery）等五個階段，如圖11-1（見次頁）。

　　由圖11-1可知，馬斯伯與布瑞沙（Mathbor & Bourassa）對於災難管理階段的區分，比四個階段多一個「評估」（assessment）階段，而且列為首要階段，使後續的管理工作聚焦在容易遭受災難的區域，有助於節約成本（含時間成本）。再者，他們以「救援」（relief）替代一般的「應變」（response），更可發揮目標管理的功能，而非廣泛地因應災難變化的局勢。以下根據災難管理的五個階段，申言災民對於福利服務的需求：

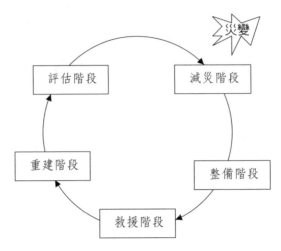

圖11-1　災難管理的五個階段

資料來源：參考美國急難管理署（FEMA）官網資料修改而成。

1. **在評估階段的需求**：這個階段，是在發生災難之前，對於比較脆弱的區域或場所，進行全面評估。例如，容易淹水、容易土石流崩塌、土壤液化的區域，以及年久失修的房屋、道路、橋梁，事先勘查，列為「警戒」。就此而言，民眾雖然還不是災民，但可能有預知「警戒」訊息的需求。如果是貧窮者、特殊境遇者，則可能有申請修繕住宅補助的需求。

2. **在減災階段的需求**：這個階段，是在認清經常發生災難的原因，並採取因應措施。例如，颱風季節來臨之前，先行清除水溝、修剪路樹、提早勸導低窪地區的居民搬到安全區域，以減少災難造成傷害。就此而言，潛在的災民，可能有暫時避難安置的需求。

3. **在整備階段的需求**：這個階段，著重於災難防備的規劃，對於避難場所、疏散路線、救援物資、救援演習，都準備就緒，以因應災難。就此而言，潛在的災民，可能有參與救援演習、準備或配置防備物資的需求。

4. 在救援階段的需求：這個階段，是動員救災人員，緊急救援遭受災難影響的災民，包括：將災民撤到避難場所、搜尋倖存者、啟動緊急救援物資、醫療服務、後勤補給（例如，帳篷、飲用水）。就此而言，災民可能有安置於避難場所、獲得救援物資、使用醫療服務等需求。

5. 在重建階段的需求：這個階段，可分爲短期安置與長期重建。其中，短期安置包括：將災民安置於臨時住所（例如，中繼屋）、清除危險建物、恢復供水供電、轉介臨時工作等。至於長期重建則包括：受損房屋整建或永久安置（例如，永久屋）、基礎工程修建、社區生活重建等。就此而言，災民可能有居住、就業、就學、心理諮商、生活救助及其他福利服務的需求。

對於上述五個階段的需求，通常以救援與重建階段的需求爲主。前面三個階段雖然是「超前部署」，但也有其必要，因爲這五個階段是循環運作，周而復始。而且，災民對於福利服務的需求，可能有特殊案例的需求，也可能在某項需求滿足之後，又衍生其他需求，因此，實務工作者在服務過程中，仍需定期評估災民的需求。

二、災民福利服務的項目

面對災難議題，提供福利服務，乃在於滿足災民的相關需求。以下針對災難管理的不同階段，提出相關的服務項目：

1. 評估階段的服務：著重於災害警戒，其主要服務項目，包括：因應居民的需求，提供評定爲「警戒」區域的相關資訊、協助申請房屋修繕補助、提供避災的諮詢服務。

2. 減災階段的服務：強調災前預防工作，其服務項目，包括：擴大災難警報宣導、勸導潛在危險區域的居民暫時搬至安全區域、預先提供「救難包」以備不時之需。

3. 整備階段的服務：重視臨災準備的服務，包括：協助居民儲

備救災物資、提供居民撤退路線規劃的資訊、提供居民參與防救災演習、關懷訪視獨居老人及障礙者並協助其做好安全措施。

4. 救援階段的服務：強調災時緊急救援，主要服務項目，包括：協助災民搶救重要物資、短期收容安置災民、提供生活必要物資、協助申請災難補助、發放民間捐助之善款、慰問罹難者的家屬、協助辦理罹難者後事、訪視關懷倖存者及受創災民、防止受創災民自殺、協助受傷災民就醫、轉介災民臨時工作等。

5. 重建階段的服務：著重於協助災民恢復正常生活。以莫拉克風災社區生活重建中心為例，其主要服務項目，包括：心理、就學、就業、生活、福利、轉介等六項服務（林勝義，2014：365）。同時，在社區生活重建之後，實務工作者通常必須對災民的生活情況，持續進行一段時間（例如，半年）的追蹤輔導及服務。

上述這些服務項目，如同前述災民的需求，也有彼此連動的關係，而不是單一的服務項目就能充分滿足災民的需求。況且，前一階段的服務做得好，後一階段的服務就比較省時省力。因此，實務工作者對於服務項目的提供，必須保持彈性，靈活運用，以收最大效益。當然，災民的權益受損，也必須協助他們倡導。

三、災民福利權益的倡導

從事福利服務的工作者，面對災民遭到不尋常的災難衝擊，導致生活陷入困境時，如果發現災民的權益遭到延遲、不足、不近人情的對待，基於服務弱勢者的職責，必須仗義執言，挺身而出，與災民共同倡導，藉以伸張權益。茲參考動態的倡導模式（Cox, Tice, & Long, 2016: 70-72），略述倡導的面向如下；

1. 經濟與社會正義方面：在經濟正義方面，以民間善款的分配為例，有些民間團體在災民臨時安置場所，擅自發放慰問金，不但造成災民排隊領款失序，而且引發未領到善款者不滿。嗣後，應比照聯

合勸募模式，彙集各界捐款，再統籌接受專案申請，並按資格及標準
核發。至於社會正義方面，以永久屋爲例，在莫拉克災後重建過程，
有某宗教慈善團體認養興建原住民部落永久屋，禁止原住民傳統入厝
祭典，引發災民抗議。其實，安置場所應尊重不同族群的宗教信仰、
生活習慣，始符社會正義。

2. 支持的環境方面：在災難管理過程中，經常涉及許多不同部
門的支持及合作，始能有效達成預期目標。以重建階段爲例，除了社
會福利部門的努力之外，至少還需下列公部門的支持：

(1)教育部門：提供閒置教室臨時安置災民，提供災區學童就學
服務。

(2)衛生部門：提供或轉介傷病災民送醫，提供災區防疫服務。

(3)勞動部門：提供災民臨時工作及就業服務。

(4)交通部門：調度車輛，載運救災物資、接送救援人員。

(5)工程部門：搶修災區中斷之道路、橋梁，修復災區供水、供
電設施。

3. 人類權利與需求方面：政府的力量有限，民間的資源無窮。
每逢重大災難發生，國人往往踴躍捐獻金錢與物資，或者親赴災區擔
任志工，協助救援與重建，令人動容，且被讚譽爲「臺灣最美的風
景」之一。奈何，無論九二一震災、莫拉克風災或0206臺南永康震
災發生之後，民間捐獻的物資，仍可發現有些非民生物資夾雜於其
間，例如，高跟鞋、旗袍、香水、助行器、工程帽。這些物資，既不
符合災民的需求，亦不尊重災民維護自尊的權利。顯然，國人的合理
助人觀念，仍有待倡導。

4. 政治的接近方面：一項有關災難的本土研究，針對九二一震
災之後，政府重建資源分配之決策因素的量化分析發現，本土災後資
源分配的狀況，並非完全符合越弱勢者，資源分配越多的一般趨勢，
卻呈現政黨的偏好，影響資源分配的決策，同樣凸顯出資源分配不公

平的風險，進而在區域資源分配不均的狀況下，難以監控區域內不同階層群體資源分配的公平性（洪鴻智，2007，引自鄭麗珍，2010：75）。這是政治人物的問題，也許我們只能透過選票，支持那些秉公處理、沒有偏私的政治人物，讓他們能為災民的福利做出最有利決策。

　　綜合觀之，不但災民的需求、服務及權益倡導，千頭萬緒，百廢待舉；而且災後的重建工作，任重道遠，似無止息。無論如何，災後重建不是災後才開始，災後重建的引擎必須在承平時期心平氣和的情況下，先行架設起來，災後只要注入油料即可啟動（謝志誠，2009，引自張麗珠，2010：94）。

📖 第四節　遊民福利服務

　　遊民（homelessness people），早期習慣上稱為「流浪漢」（hobos），後來也稱為「街友」（street people），是指那些沒有家或不回家而經常露宿街頭的人。

　　然而，各國對於遊民的解釋，常因其政策差異而有不同界定。例如，中國有些地方將乞丐（beggars）與流浪者（vagrant）都視為遊民，但是北京地區將流浪者稱為「野營者」（campers）（Zufferey & Yu, 2018: 42-43）。再者，澳大利亞將遊民區分為三個層次：(1)基本層（primary）：是臨時湊合的住所、睡帳帳篷或「露宿者」（rough sleepers）；(2)第二層（secondary）：是從一種臨時住所移動到另一臨時住所的人；(3)第三層（tertiary）：是住所比當地社區標準低的人（Zufferey & Yu, 2018: 136）。

　　此外，依美國《社會工作辭典》的解釋，無家（homelessness）是缺乏永久性處所或無法獲得持久性住所的一種情境。通常，遊民（homeless person）是臨時湊合、短暫住宿，而且缺乏社會技巧與

情緒穩定性，除非有人提供協助，否則難以改善那種情境（Barker, 2014: 196-197）。由此可知，遊民是弱勢者，需要他人協助。以下略述遊民有關福利服務的需求、服務項目、權益倡導，以期協助遊民改善其生活的情境。

一、遊民福利服務的需求

在臺灣，衛生福利部於2014年頒布《遊民安置輔導自治條例範例》，其第2條規定，遊民指經常露宿街頭、公共場所或居無定所者。這是遊民輔導及服務的法定對象。

再者，依據衛生福利部統計處公布的資料，截至2019年底，臺灣列冊遊民人數為3,040人（含街頭遊民2,194人、安置收容846人）。其中，男性遊民2,621人，占86.22%；女性遊民419人，占13.78%。可見，街頭遊民多於安置收容的遊民，男性遊民又多於女性遊民。

至於遊民對於福利服務的需求，內政部社會司曾於2004年、2013年委託學者進行「遊民生活狀況調查」（鄭麗珍，2004／2013），但這兩次調查著重遊民的成因及生活狀況，對其福利需求殊少著墨。倒是臺北市政府社會局於2016年委託辦理的「臺北市遊民生活狀況調查」（李淑容，2016），涵蓋「目前所需要的服務」一項，其原始資料經過歸納整理，如表11-2：

表11-2　臺北市2016年遊民所需服務次數分配表

歸類	所需服務	次數	百分比
經濟補助	現金補助、租屋補助、協助福利申請。	262	33.80%
生活支援	物質提供、供餐；盥洗、理髮服務。	152	19.61%
就業服務	求職就業服務、職業訓練、以工代賑。	135	17.42%

歸類	所需服務	次數	百分比
居住服務	租屋協助服務、提供長期性居住（六個月以上）、提供長期性居住（六個月以下）。	113	14.58%
醫療保健	協助就醫、心理諮商服務。	68	8.77%
安置服務	進住身心障礙、養老機構。	6	0.77%
其他	申請資料證件、協助尋找親友、協助返家、其他。	39	5.03%
合計		775	100%

資料來源：依據2016年臺北市遊民生活狀況調查報告，p.97表1-46的原始資料加以歸類整理而成。

　　表11-2係臺北市遊民對於所需服務的統計資料，雖非全國性調查，但實施調查當時（2016年），臺北市的遊民人數558人，占該年全國遊民總人數2,770人的20.14%，是全國遊民人數最多的縣市，況且其他縣市遊民到臺北市活動者，為數不少（來自新北市者約占33%），故其調查結果應可了解遊民福利需求的梗概。茲據此申言遊民對福利服務的需求：

　　1. 經濟補助的需求：遊民的形成因素很多，有些遊民本來就是低收入者，約占遊民總人數8.7%（李淑容，2016：31），其他可能是長期失業、罹患精神疾病、身心障礙者，沒有收入，即使有臨時工、粗工、雜工，多屬低薪，不足以因應日常生活所需，因而有經濟補助的需求。

　　2. 基本生活援助的需求：多數遊民，居無定所，餐風露宿，有一餐沒一餐，過一天算一天。但是為了維持基本生活，仍有賴政府或民間團體提供餐食、衣物、盥洗、理髮等基本生活援助的需求。

　　3. 就業服務的需求：失業是遊民的主要成因之一，其年齡較輕、有工作意願的遊民，對於就業諮詢、職業訓練、就業服務有所需求，以便賺一些錢，購買日常生活必需品，並藉以增加自信及自尊。

4. 居住安排的需求：居住問題是遊民最常遭遇的問題，平日沒有固定或合一般水準的住處，在車站下層、橋下、地下道、廢棄建築物，或坐、或躺、或臥，可能隨時被驅離。如果遇有寒流、熱浪、暴雨、颱風，缺乏避寒避暑、遮風避雨的棲息場所，因而有租屋協助或其他住宅安排的需求。

5. 醫療保健的需求：有些遊民罹患精神疾病、慢性疾病，或者受傷、生病，而有醫療、復健、身體或心理健康促進的需求。尤其，沒有參加勞、健保或未具低收入及中低收入資格的遊民，可能有醫療保健的困境，需要協助處理。

除此之外，遊民屬於弱勢者，經常遭到不公平對待。例如，被辱罵、毆打、被騙充當債務或受刑的「人頭」（李淑容，2016：4）；女性遊民也可能遭到性騷擾、性剝削。凡此，基於維護人身安全，也有保護服務的需求。

二、遊民福利服務的項目

為了回應遊民的福利需求，我國各級政府與民間團體提供許多服務。衛生福利部並且參考美國的機制，對於遊民的收容及輔導，採取緊急服務、過渡服務、穩定服務等三個服務階段，以協助遊民生活重建及適應（李美珍、李璧如，2015：17）。以下按照這三個服務階段，略述遊民福利服務的主要項目：

1. 緊急服務措施：以「外展服務」為主。由政府結合民間團體的力量，辦理街頭外展服務，其主要服務項目，包括：

(1)緊急生活補助：接獲通報遊民臨時陷入生活困境，經查屬實，於三天內提供一定數額生活補助，其具低收入資格者，轉介申請急難救助。

(2)低溫禦寒服務：提供熱食（便當）、沐浴、理髮、禦寒衣服、睡袋等服務，以因應遊民生活的緊急需求。

(3)衛生保健服務：針對路倒（含餓昏）、受傷、生病的遊民，隨時協助就醫治療，或者轉介心理諮商及其他衛生保健服務。

2. 過渡服務措施：以「收容安置」為主，由地方政府設置專人，承辦遊民收容安置及相關服務，其主要服務項目，包括：

(1)機構收容安置：對於罹患精神疾病、身心障礙、身分不明，或者有意願入住收容機構的遊民，將其安置於遊民收容所，接受相關服務。

(2)協助返回家庭：協助遊民尋找親友，並協助他們重返家庭。

(3)臨時安置服務：對於流落街頭、無家可歸，或者不願接受機構安置的遊民，機動提供臨時性安置場所。

3. 穩定服務措施：以「就業與居住為主」，由地方政府提供相關服務。其主要服務項目，包括：

(1)就業服務：對於有工作意願及工作能力的遊民，由社政單位協調勞政單位，提供職業訓練、職業諮詢、就業服務，或者轉介以工代賑。

(2)居住協助：對於流落街頭、居無定所的遊民，補助他們在社區租屋；其具低收入資格的遊民，協助他們優先申請租借社會住宅。

(3)其他相關服務：例如，關懷服務、防止不當驅趕、人身安全保護服務、家庭支持服務。

綜言之，有關遊民的福利服務項目，相當複雜，而且有個別的差異性。甚至有些遊民是自我放逐，選擇流浪作為另類生活方式，並不願接受服務。因此，如有充分的人力及資源，也許採取個案管理，量身打造，是較佳的服務輸送。

三、遊民福利權益的倡導

平情而論，我國政府與民間對於遊民的服務，費時費力，也有一定成效。然而，可能是遊民的人數不多，政府配置的福利經費也不

高，遊民福利仍處於相當邊緣的地位，遊民的權益仍有被忽略之處。
茲就動態倡導模式的四個面向，擇要略述遊民權益的倡導：

1. 經濟與社會正義：就遊民而言，經濟與社會正義，可能非居
住正義（housing justice）莫屬。觀察歐美國家對於遊民的界定，多
數聚焦於住宅空間的不足，認為遊民的關鍵性議題是居住問題，因
而強調居住正義，以降低居住的不公平。例如，美國提出「居住優
先」（housing first）的政策，有屋可住不是特權，而是一種權利，
優先協助遊民脫離沒有家，成為有家可住，他們也被賦予一種新的機
會去檢視相關議題，自我充權以決定他們自己復原的過程（Zufferey,
2017: 83; Ambrosino, et al., 2016: 188）。這種理念，正如華人社會
的一句諺語：「有土斯有財，有恆產有恆心」，必先協助遊民找到適
合居住的場所，隨後再協助他們處理其他問題。

2. 支持的環境：遊民議題，相當多元，必須整合相關服務體系
的專業，提供綜合性的服務，始克有成。例如，2015年，美國前總
統歐巴馬（President Obama）為遊民方案編列將近57億美元的年度
預算，用以預防及終止遊民（prevent and end homelessness），支持
這個方案的執行單位，總共涵蓋了六個聯邦部門，以及一個民間組織
（Ambrosino, et al., 2016: 187-188）：

(1)衛生暨人群服務（Health and Human Services）：執行遊民健
康照顧、遊民（心理疾病、物質濫用者）轉銜援助方案、遊民個別給
付補助。

(2)住宅及都市發展（Housing and Urban Development）：執行
緊急食物及避難所方案、連續照顧方案（含永久性住宅、快速換屋、
居住優先）。

(3)教育（Education）：補助州政府建立或設計兒童及少年遊民
的教育協調機制、發展與實施兒童遊民教育方案。

(4)司法（Justice）：為性騷擾、親密關係暴力、約會暴力或／

與被跟蹤的受害者轉銜住所補助方案，提供相關支持服務（例如，有執照之兒童照顧）。

(5)勞動（Labor）：執行沒有家的退伍軍人再整合方案，協助沒有家的退伍軍人找到有意義的工作。

(6)退伍軍人事務（Veterans' Affairs）：執行沒有家的退伍軍人居住照顧方案。

(7)美國遊民機構間理事會（United States Interagency Council on Homelessness）：確保機構間協力合作與地區參與、協助引導遊民補助款用於有效減少美國的遊民。

3. 人類權利與需求：即使遊民比較脆弱，經常被邊緣化，但是他們仍然享有人類的基本權利與需求。早在1848年聯合國《人權宣言》第25條即揭示：每一個人有權利生活於適合他們健康福祉的生活水準，包括可近性的食物、衣著、住宅及醫療照顧。最近2016年，聯合國提出《聯合國一貫的適當居住權利》（United Nations Rapporteur on the Right to Adequate Housing），從遊民的人權與社會不平等，提出三個層面的權利界定（UNHR, 2016: 1; cited in Zufferey, 2017: 5）：

(1)第一個權利界定的層面，是住家的欠缺（absence of home）一詞，包括它的物理結構（physical structure），以及它的社會樣貌（social aspects）。

(2)第二個層面，聚焦於系統的歧視（systemic discrimination）與社會排除。

(3)第三個層面，承認人們為了生存、尊嚴及居住權利的擁有而奮鬥，以期產生可能的改變。

4. 政治的接近：福利服務的輸送，難免受到社會政策改變的影響。反而言之，透過倡導途徑，促使決策者改變社會政策，將有利於福利服務的執行。祝斐莉與尤氏（Zufferey & Yu, 2018）在《亞大地

區遊民的面貌》（*Faces of Homelessness in the Asia Pacific*）一書，對於日本、中國、印度、斯里蘭卡、韓國、香港、菲律賓、澳大利亞等地遊民政策有詳細描述。茲截取其中五個政策亮點，提供我國作為倡導遊民權益之參考：

(1)日酬勞工（day laborers）：在日本，配合公共救助，定點接受遊民打零工，當天即可獲得薪資，藉以維持勞動習慣，進而減少遊民（p.23）。

(2)外展健康服務（outreach health service）：在香港，補助健康服務單位，以巡迴方式，定期為香港所有區域的遊民，主動提供身心健康服務（p.109）。

(3)以社區為基礎的替代方案（community-based alternative）：在韓國，2011年的法案，改以社區為基礎的遊民政策，替代以機構為中心的取向（facility-centered approach），並以遊民為主體，在社區內提供醫療處遇及復健服務（p.89）。

(4)修正有條件給付現金以協助露宿街頭的遊民家庭轉移住所（Modified Conditional Cash Transfer for Homeless Street Families, MCCT-HSF）：在菲律賓馬尼拉，一向沒有專門的遊民政策，最近在社會保護法案中，首次增列社會福利與發展部（Department of Social Welfare and Development）的福利預算，用以支助MCCT-HSF方案，隨同相關服務，將遊民從街上移轉到永久性住宅（p.111）。

(5)遊民分層次（level of homelessness）：在澳大利亞，依據居住場所的情況，將遊民區分為三個層次，循序漸進，先行處理那些住在臨時的家、帳篷、「露宿者」（rough sleepers），並以土著遊民（indigenous homelessness）為最優先協助的對象（p.138）。

總體說來，不但遊民的福利權益有待倡導，前述貧窮者、特殊境遇者、災民的福利權益之倡導，也不能被忽略。因為福利服務的實務工作者，基於專業的職責，必須透過倡導，促使不當或不足的福利服

務政策、法規、程序,獲得改變或更新,進而確保弱勢服務對象應有
的權益。簡言之,隨著時空環境的變遷,服務對象有新的需求,服務
項目與權益倡導必須及時因應,豈能以不變應萬變?

第十二章

社會福利執行績效之考核

社會福利服務是一種持續性服務，關於福利服務的項目是否妥適？能否滿足服務對象的需求？有無需要改革或倡導之處？都必須透過定期辦理的績效考核（performance appraisal），藉以檢討過去（review the past），策勵來茲（plan the future）。

然而，福利服務屬於社會福利領域的一部分，專以社會／經濟弱勢者為服務對象，其績效考核通常併入社會福利考核一併辦理，是否單獨辦理福利服務績效考核，似乎尚無前例。

在臺灣，早期中央政府對於地方政府的經費補助，係由各縣市依其實際需求，擬定計畫提出申請，再由中央政府審查及核定補助金額，似乎也未曾辦理有系統的績效考核。通常在行政上，由社會福利主管機關邀請政府相關單位（例如，衛政、勞政、財政）的高階官員、民意代表、專家學者，組成團隊赴各縣市進行社會福利業務考察，並依據考察結果，對表現優良縣市加以獎勵表揚，對於表現較差縣市提出糾正。

自從2001年起，中央政府改採社會福利經費設算制度，並以「社會福利績效考核」作為配套措施，定期對直轄市及縣市政府執行社會福利的績效，進行實地考核，並依據考核結果，作為增加或減少各地方政府當年度或以後年度所獲一般補助款的核計基準。

所謂「設算制度」，是一種預先設定社會福利補助經費的分配。這種制度，是由行政院主計總處參考國家財政狀況，預先匡定該年度可補助地方政府的金額總數，然後按照一定公式（含各縣市人口數、財務等級的權重），計算補助個別地方政府的金額，並於會計年度開始之前，將補助金額通知地方政府，納入地方政府的預算之中。

績效考核，是上級單位對下級單位的一種評核，與績效評鑑不盡相同。我國中央政府為辦理社會福利績效考核，特訂定《中央對直轄市與縣（市）政府計畫及預算考核要點》（最近於2017年2月修正）、《中央對直轄市與縣（市）政府執行社會福利績效實地考核實

施計畫》（依考核年度公布實施，簡稱中央社福考核計畫，以及《公益彩券發行條例》相關規定，作爲辦理社會福利績效考核的法源，藉以確認地方政府使用中央補助款及公益彩券盈餘分配款的狀況。

這一章，我們將以中央社福考核計畫的辦理情形爲探討的主要範圍，至於縣市政府對於府內各局處或其所屬單位辦理社會福利績效考核，自可參照中央社福考核計畫辦理之，此處限於篇幅，略而不論。以下扼要說明社會福利績效考核的目的及原則、程序及準備、服務面的考核重點、資源面的考核重點、社福考核政策改革之倡導。

📖 第一節　社福考核的目的及原則

中央社福考核的實施，至少涉及兩造，一是考核單位（中央政府），二是受考核單位（縣市政府）。原則上，在實施考核或接受考核之前，考核單位或受考核單位都必先了解績效考核的目的及其原則，俾以正向的態度實施考核或接受考核，進而促使績效考核在雙方合作之下，順利進行，如期完成。

一、社福考核的目的

依據中央社福考核計畫第2條所示，社福績效考核的目的在於：協助、引導各地方政府擬定其社會福利施政發展方向及重點，提升社會福利補助經費、公益彩券盈餘之使用效能，增進辦理社會福利績效，並促進各地方政府轄區內民眾對社會福利服務取得之可及性、近便性。

上述社福考核的目的，能將「社會福利服務的可及性與近便性」列爲社福考核的目的之一，值得肯定，但其核心目的是「提升補助經費使用的效能」，似乎含有「社會控制」意圖，而顯得比較狹隘。因此，我們以此爲基礎，並參考相關文獻（Lewis, Packard, &

Lewis, 2012: 209-210; Denhardt & Grubbs著，黃朝盟等譯，2010：341），擇要闡釋社福績效考核的目的，如下：

1. 檢視社福績效：一般而言，政府在執行社會福利措施之前，必須擬定年度社會福利計畫或方案，並於年度終了，提出執行成果報告。推究績效考核的目的之一，即在檢視社會福利計畫或方案的執行結果，作爲後續相關決策的依據。例如，調整所需資源（含經費、人力）的配置、強化服務輸送的效率、改善福利服務的品質。

2. 履行政府責信：政府社會福利的經費預算，大部分來自人民納稅及上級政府的補助，少部分來自民間捐贈或其他收入。因此，政府必須定期辦理社會福利績效考核，以便向納稅者、補助者、捐贈者等利害關係人，證明其推展社會福利已具績效，俾能繼續獲得利害關係人的支持，同時也顯示政府在行政上克盡其爲民服務的一種責信（accountability）。

3. 發現問題及需求：通常，當局者迷，旁觀者清，因此，聘請來自政府外部的專家學者或有經驗的實務工作者擔任考核委員，透過客觀及中立的考核過程，較能發現受考核單位自己未能察覺的問題及需求，同時提供具體的建議事項，協助受考核單位改善問題，滿足人民的實際需求。

4. 樹立學習標竿：實施社會福利績效考核之前，必先訂定考核項目、考核指標及其分數配置，作爲受考核單位準備考核資料的基準。而且，考核單位在實地考核之前還會舉辦行前會議，召集受考核單位相關人員確認考核指標，或者說明考核指標的操作性定義。這些考核指標，正是受考核單位必須努力達成的標竿。再者，在績效考核之後，其獲得績優的單位，也經常成爲其他受考核單位進行標竿學習（benchmarks learning）的標的對象。

5. 累積服務經驗：社會福利績效考核是針對前兩年度受考核單位執行社會福利的情況，進行一次總檢查。其績效表現良好的部分，

或成功的經驗，促其繼續精進，再創佳績；如有績效不如預期的部分，或失敗的經驗，亦可提供受考核單位引以爲戒，避免重蹈覆轍。簡言之，累績服務經驗，可增進服務成效。

6. 建立社福制度：社會福利是服務弱勢的工作，必須長期耕耘，始能看出績效。因此，社會福利績效考核不是單次活動，而是長期性、持續性的機制，藉以了解受考核單位長期努力的成果，其目的即在於建立可長可久的制度。況且，考核指標之中，有關於政策方向、計畫執行、資源管理及運用等，已有一定規範。績效考核就是針對這些制度或規範的執行情形，逐一檢視，促使社福制度建立更加周延、可行。

綜合言之，社會福利績效考核的最終目的，在於建立完備的社福制度。倘若社福制度健全，凡事有規範可循，對於補助經費的使用效能、施政方向及重點的發展、民眾對福利服務的取得，都可望水到渠成，迎刃而解。

當然，上述社會福利績效考核的目的，並非固定不變，也可能隨著福利資源的榮枯，或者服務對象需求的變化，而必須因應發展其他新的目的。

二、社福考核的原則

我國中央政府對地方政府執行社會福利績效考核的規劃及實施，係結合社會福利經費補助設算制度，而搭配績效考核等監督機制。這種政策性考核，對於補充地方政府社會福利財務資源、擴大辦理社會福利服務，具有一定的激勵作用。

然而，過往考核委員與受考核縣市相關人員，對於績效考核實務，也有一些負面評論。例如，考核與被考核雙方格外依賴書面資料的呈現，造成擅長文書作業的縣市，較容易獲得分數（王榮璋、黃琡嵩、高珮謹，2014：279）。另外，還有一個引發爭議的問題是，考

核指標的給分標準，明明是量化指標，因此地方政府只準備量化資料，但是委員實地考核時，不只看量化資料給分，還要看延伸質性的資訊（王光旭、李衍儒、李天申，2018：45-46）。

　　為了減少社會福利績效考核實務遭到受考核單位的批評或質疑，以下僅就個人參與實地考核的經驗及所見所聞，提出實施考核的一些基本原則：

　　1. 考核指標要有共識：績效考核是考核單位與受考核單位之間的一種互動，考核單位最好能邀請受考核單位共同討論考核指標，如果是多數受考核單位做不到的部分，應不予列入。即使僅由考核單位邀請專家學者訂定考核指標，事後也應該辦理說明會，公開向受考核單位說明，並開放詢問及釋疑，彼此形成共識之後，再據以實施。

　　2. 考核過程必須公平：考核單位對於實地考核委員的安排，在不同縣市而同一組別的委員人數應該相等，而且同組委員必須全程參與考核工作，否則考核委員對於考核指標的理解不同，可能影響評分標準的寬嚴，容易引起爭議。至於在各受考核單位實地考核的程序及時間，也必須相同，以示公平。

　　3. 彈性因應資源落差：城鄉不同的縣市政府，有關社會福利的經費預算、人力配置、資訊取得，可能有所落差。為了因應受考核單位擁有資源的差異性，對於考核項目、考核指標、評分標準，應該有一些權宜措施或彈性處理。

　　4. 兼顧量與質的績效：社會福利是協助弱勢者的工作，其投入的經費有所提高、提供服務的時數或次數有所增加，並不一定就能協助弱勢者脫離困境。因此，對於績效考核表格的設計，除了採用標準化的考核表格，著重於輸入（input）、過程（process）之外，也必須兼顧其產出（output）、成果（outcome）。也就是要重視社會福利服務輸送的品質，以及服務對象需求滿足的程度。換言之，兼採量化與質性的考核標準，必然比偏重於其中一種標準，來得更為合理。

5. 在雙方合作下考核：考核委員與受考核單位的人員之間，必須開誠布公，坦誠以對。唯有在合作、公開的氣氛之下，考核工作才得以順利進行，而考核結果也才容易公平、公正。倘若考核委員百般挑剔，藉故找碴，或者受考核單位的人員刻意隱瞞，爾虞我詐，那就有違社福績效考核的初衷，也無法達成社福考核應有的目的。

質言之，社會福利績效考核工作，有賴考核者與受考核者的協力合作，共同完成，而且兩者之間應該體認他們有一個共同目的，都是為了提高社會福利的實施績效，進而提升服務對象的福祉。

第二節　社福考核的程序及準備

中央政府對縣市政府實施社會福利績效考核，每兩年辦理一次，這對於受考核單位而言，可謂年度重要政事。依照中央社福考核計畫之規定，縣市政府必須在實地考核之前，填報自我評量表，並按照排定的考核日期，接受中央政府考核委員的實地考核。以下僅就中央對地方的考核程序與準備工作略作說明。

一、社福考核的實施程序

目前，我國中央政府對地方政府執行社會福利績效考核實地考核，在時間配置上，是每縣市一日，其實施程序如表12-1：

表12-1　中央對縣市政府執行社會福利績效實地考核程序表

時間	辦理事項	備註
09:30-12:00	分組審查 1. 資料查閱 2. 訪談 3. 分組座談	得視當日交通或時間安排，酌予延後開始時間。

時間	辦理事項	備註
12:00-13:30	午餐	
13:30-15:30	綜合座談	1. 地方政府主持人與衛生福利部領隊長官致詞、介紹各分組委員、與會單位。 2. 各考核分組推派一委員代表發言，限時5分鐘；於分組座談已回應事項無須重複說明。 3. 地方政府推派一人整體回應。
15:30-	賦歸	結束時間配合實際狀況調整。

資料來源：110年度中央社福考核計畫之附件3。

由表12-1顯示，社會福利績效考核的重頭戲，是上午的資料查閱與訪談（現場詢問及回答，通常省略分組座談），總計資料查閱與訪談的時間約兩小時，時間相當有限。考核委員必須在短時間內消化大量資料，幾乎涵蓋兩個預算年度的施政成效，難免顧此失彼（王榮璋、黃琢嵩、高珮謹，2014：279）。

即使在實地考核之前，衛生福利部規定受考核縣市必須填報自我評量表，然而此項評量表以量化資料居多，質性資料較少，難以考核社會福利服務的產出及成果。況且，現行的中央社福考核計畫並未規定受評單位必須辦理自我考核，而是依據中央政府實地考核，即評定其福利績效的成績。因此，比較周延的績效考核程序，可延伸至實地考核之前的自我考核，以及實地考核之後的異議申復。調整之後的考核程序，如下：

1. 縣市先行辦理自我考核：在中央政府規定提交自我評量表的期限之前，縣市政府允宜先行辦理縣市社會福利績效考核，其考核項目、考核指標、分數配置、考核程序等，可參考中央社福考核計畫及其他相關規定辦理之。

2. 完成自我考核書面報告：將自我考核結果及相關資料，彙整

並編製縣市社會福利績效考核書面報告。這份書面報告至少有兩種用途：一是作爲填報「社會福利績效考核自我評量表」的依據；二是針對自我考核所聘委員的建議事項，及時改進缺失、補強佐證資料，以備中央社福考核。

3. 接受中央政府實地考核：受考核的縣市政府依照中央排定的考核日期，在實地考核的場所，備妥社會福利績效考核相關資料，接受中央政府實地考核委員分組審查，其考核程序如表12-1所列，不再贅述。

4. 對考核成績異議提出申復：中央政府完成全部縣市的績效考核之後，擇期召集各組考核委員確認考核成績（含各項考核指標得分與總分），然後將考核成績分送受考核縣市確認。如果各地方政府對於考核成績有異議之項目，可於規定時間內，提出佐證資料，向衛生福利部辦理申復。

然而，計畫比不上變化。有時候，因爲天候不佳，或者其他不可抗力因素，績效考核的程序可能臨時調整。例如，2018年預定赴連江縣實地考核前一日，因爲颱風警報已達停班停課標準，航班也被迫停飛，考核行程受阻，改採書面審查。要之，考核程序可能隨時生變，宜有備案，以防萬一。

二、社福考核的準備工作

就受考核單位而言，縣市政府無論接受中央政府的實地考核，抑或辦理自我考核，應該是平日就努力推展福利服務，累積成果，建檔儲存，避免考核前幾個週或前幾日「臨時抱佛腳」、「無暝無日趕工」。無論如何，在接受考核之前，總得做一些準備工作。

以2021年中央社福考核計畫爲例，其第13條有關各地方政府配合辦理事項，包括：(1)填報自我評量表；(2)預備分組考核及綜合座談場地，配合各分組委員訪談事項；(3)代辦考核當日所需茶水及便

當，並協助支援接送前往之考核委員及相關人員；(4)協助製作綜合座談紀錄。茲將上述受考核縣市配合辦理事項歸納為五個重點，略述地方政府對於績效考核的準備工作：

1. 資料的準備：為了因應考核委員查閱佐證資料及評分，受考核的縣市必須依照考核組別，準備相關資料，其中，書面資料必須按照考核項目及考核指標的順序，整理、編碼、分類、陳列。資料類別可能包括（王光旭、李衍儒、李天申，2018：27）：

(1)公務文書：與考核指標直接相關的公文書函、會議紀錄、勞務委外招標案相關文件等。

(2)預決算書：就自我評量報告表所填項目，準備年度預算書、決算書。

(3)資訊系統：事前彙整、儲存，或者準備資訊連結的方式。

(4)函報報告：定期函報中央政府的報表，需準備原始資料或傳輸紀錄。

(5)加工計算：量化資料，必須事先蒐集、統計，並進行分析、應用。

(6)質性資料：除了呈現原始資料，也能提出摘要，或者標示要點。

2. 實物的準備：有關宣導品、服務過程必要器材、服務對象製作的產品、服務團隊的旗幟、服務人員的制服或背心、服務使用的布條或其他物品，宜按照兩個考核年度分別展示。如為宣導品，必須標明與宣導內容有關的文字或圖案。

3. 場地的準備：開幕、分組審查、陳列資料、綜合座談、茶水供應等場地，宜事先安排、簡單布置。其中，分組審查宜集中安排於較大空間，如需分散各地審查，其距離綜合座談會場不宜太遠，且有專人引導。再者，分組審查的場地，除了足夠陳列資料之外，宜保留考核委員翻閱資料及書寫的空間，並注意照明及移動路線。

4. 設備的準備：開幕及綜合座談所需音響設備、投影設備、快打設備、照明設備、空調設備，查詢資訊系統資料所需的電腦、網路設備，以及茶水供應、洗手間（含指標）及其他必要設備或設施，至少於考核前一日完成準備，並檢查是否堪用，最好能有配套措施，例如，準備兩支麥克風、兩臺電腦，以資應變。

5. 人員的準備：開幕及綜合座談出席人員、分組審查現場備詢人員、交通接送及現場引導人員、志工或其他服務人員，宜事先安排妥當。其中，地方政府主持人宜由高階人員出席，相關局處長儘量參與，表示對於績效考核之重視。分組審查備詢人員必須對該項業務熟稔，且每組至少配置兩人，以便相互支援。綜合座談記錄人員宜安排有經驗的專業人員擔任，以便即時彙整發言要點，迅速提供專人整體回應。至於府內參與綜合座談的人數，宜與開幕時相當，以免場面過於冷清，予人不良印象。而且，服務人員也不要急於拆撤考核現場陳列的資料或物品，以示有始有終。

當然，我們也必須承認，績效考核的實施程序，可能隨時調整；績效考核的準備工作，千頭萬緒，難免不周。所幸，受過社會工作專業訓練的福利服務人員，對於人與環境的變化，具有高度敏感性，對於危機處理也有及時應變能力。只要多一分準備，必可減一分損失；凡事，豈能盡如人意，但求無愧我心。

📖 第三節　社福服務面的考核重點

以2021年中央社福考核計畫為例，中央政府將考核類別區分為十組進行。這十個考核分組所得分數占社福考核總分的權重為：(1)公益彩券盈餘運用及管理組，占7%；(2)社會救助業務組，占10%；(3)兒童及少年福利服務組，占13%；(4)婦女福利及家庭支持服務組，占12%；(5)老人福利服務組，占12%；(6)身心障礙福利服務

組，占12%；(7)社區發展工作組，占5%；(8)志願服務制度組，占5%；(9)社會工作專業制度組，占6%；(10)保護服務業務組，占18%。

　　就社會福利的功能而言，這十個考核分組，可再歸納為兩種面向。其中，(2)、(3)、(4)、(5)、(6)、(10)等六個分組，有四個分組係以「○○福利服務」命名，明顯著重於「服務」面向，而保護服務業務，有業務，也有服務。至於社會救助業務，雖以現金補助為主，但是在實務上也有相關服務，因此，我們將這六個分組歸納為「服務」面向，於本節先行探討。至於(1)、(7)、(8)、(9)等四個分組，相對上著重於「資源」面向，將在第四節探討。

　　然而，兒少福利服務、婦女及家庭支持服務、老人福利服務、障礙福利服務、保護服務業務、社會救助業務等分組，其考核項目及考核指標，涉及的範圍都相當廣泛，難以逐一敘述，僅能擇要探討。茲就2021年中央社福考核計畫有關這六個分組的考核指標，各選取配分排序前三名（如第三名同分，則增額錄取），作為各領域的考核重點，並彙整如表12-2：

表12-2　中央社福考核「服務面向」組別之考核指標排序

考核組別	考核指標	配分
兒童及少年福利服務	1. 脆弱家庭兒少服務辦理情形	6
	2. 家外安置資源佈建	5
	3. 結束家外安置後續追蹤輔導及自立生活	5
婦女福利及家庭支持服務	1. 服務對象及形式之多元性及方案評估	7
	2. 培力婦女團體及辦理婦女福利服務方案	7
	3. 脆弱家庭個案服務品質	6
	4. 辦理多元性的婦女福利及權益維護宣導	6

考核組別	考核指標	配分
老人福利服務	1. 公共安全輔導機制	9
	2. 縣市自選創新或具有特色之項目	5
	3. 對評鑑欠佳機構限期改善及輔導	5
身心障礙福利服務	1. 服務受益的成效	11.5
	2. 服務品質的管控	10.5
	3. 對服務提供單位的培力	8.5
保護業務服務	1. 兒少保護個案處遇的服務品質	12
	2. 兒少保護方案建構及評估工具的推動	8
	3. 兒少保護跨域合作的效能	7
社會救助業務	1. 急難紓困專案執行情形	14
	2. 兒少未來教育發展帳戶辦理情形	13
	3. 積極辦理相關就業服務及補助	9

資料來源：根據衛生福利部，2020年公布之「110年社福考核計畫及指標」整理而成。

　　茲就表12-2所示，據以分析「服務面向」六個分組的考核重點，其用意一方面藉此了解中央推展各組別社會福利服務或業務的重點工作，以利地方政府或民間團體有所因應並配合辦理；另一方面可體察中央社福考核有關服務或業務組別分數配置的權重，促使以後年度準備社福考核有較明確的方向。

一、兒少福利服務的考核重點

　　兒童及少年福利服務，是以兒童及少年為對象的福利服務。依2021年中央社福考核計畫與指標，這個組別的考核，包括：「兒童家外安置」等15個考核項目，並涵蓋33個考核指標。依其考核指標的配分排序，前三名為：

1. 脆弱家庭兒少服務辦理情形：對戶內有18歲以下兒少之脆弱家庭，提供個案服務的情形，以及對脆弱家庭案件（含6歲以下弱勢兒童主動關懷方案）、行方不明案件，進行列管及追蹤管考的情形。

2. 家外安置資源的佈建：提供多元性的安置資源（含司法安置、緊急安置、家庭化安置、其他特殊需求安置等資源），以及對特殊安置（精神疾病、身心障礙）的兒少，進行需求評估，提供所需支持性服務的情形。

3. 結束家外安置後續追蹤輔導及自立生活：對兒少家外安置案件的結案率、事前訂定個案結束安置輔導計畫之周延性及執行能力（含訪視頻率、資源運用、成效評估），以及協助結束家外安置兒少自立生活的成效。

據此可知，當前兒少福利服務的考核重點，一是弱勢家庭兒少的服務成效，二是家外安置兒少的服務及後續追蹤成效。未來，兒少福利服務可將這些兒少列為優先服務的對象，協助他們維護家庭生活的圓滿。

二、婦女及家庭支持服務的考核重點

婦女福利及家庭支持服務，是以婦女為服務對象、且以家庭為基礎的福利服務。在2021年中央社福考核計畫與指標之中，這個組別的考核，包括：「辦理婦女福利服務」等7個考核項目，總共32個考核指標。依其考核指標的配分排序，前四者為：

1. 服務對象及形式之多元性與方案評估：以不同類別婦女（例如，中高齡婦女、身心障礙婦女及其他類別婦女）為特定對象，進行需求評估，設計多元性的服務方案，實施連續性服務的情形。

2. 培力婦女團體及辦理婦女福利服務方案：根據婦女福利區域性供需落差分析結果，培力新的婦女團體，辦理婦女福利服務方案，或者培力原有的婦女轉型、擴展服務區域、創新婦女福利服務方案之

成效。

3. 脆弱家庭個案服務品質：依據脆弱家庭的主要問題，訂定個別家庭服務計畫（IFSP），並依其需求，結合公私部門的資源，在社工專業督導下，進行個案服務、後續評估、追蹤輔導或轉介，而能表現專業服務品質的情形。

4. 辦理多元性的婦女福利及權益維護宣導：對於婦女福利及權益維護相關觀念宣導，能依不同的宣導對象（例如，性別、年齡、族群），規劃多元性的主題及內容，並透過多元宣導管道及宣導方式（例如，DM、網路、社區媒體），進行宣導的情形。

執是以觀，近年婦女及家庭支持服務的考核重點，一方面對不同類別婦女、不同脆弱家庭，提供多元的支持性服務。另一方面培力婦女團體，開創更多元的婦女福利服務，以維護婦女權益。簡言之，多元是未來婦女福利服務的趨向。

三、老人福利服務的考核重點

老人福利服務，是對65歲以上老人提供的福利服務。在2021年中央社福考核計畫與指標中，這個組別的考核，包括：「機構輔導查核及評鑑」等14個考核項目，總共33個考核指標。依其考核指標的配分排序，前三名為：

1. 公共安全輔導機制：縣市政府針對轄內老人福利機構的安全設施，訂定公共安全輔導機制，並辦理災害防救（例如，淹水、土石流、地震、火災）相關宣導、教育，示範觀摩演練、聯繫會報、專家輔導的情形。

2. 縣市自選創新或具特色之項目：縣市政府為回應在地長者的需求，針對老人福利服務的議題，自選創新服務項目（例如，獨立倡導方案、自立支援方案、結合智慧科技運用於獨居老人服務），或具有特色的服務項目之情形。

3. 對評鑑欠佳機構限期改善及輔導：縣市政府對於老人福利機構評鑑丙等及丁等的機構，依規定裁處罰款、限期改善、如期複評的輔導機制及辦理情形。

就此而言，目前老人福利服務的考核重點，強調老人福利機構的管理機制，尤其是公共安全的輔導、機構評鑑結果的改善、服務項目的創新特色。這些，也是今後老人福利服務持續發展的課題。

四、障礙福利服務的考核重點

身心障礙者福利服務，是協助身心機能受損者的福利服務。根據2021年中央社福考核計畫與指標，這個組別的考核，包括：「個人照顧服務」等9個考核項目，以及33個考核指標。依其考核指標的配分排序，前三名為：

1. 服務受益的成效：對於身心障礙者的個人照顧服務，包含：社區日間作業設施服務、社區居住、日間照顧、家庭托顧、生活重建、自立生活支持服務等六項服務的建置情形，並分別計算其接受服務人數的成長情形。

2. 服務品質的管控：對於社區日間作業設施服務、社區居住、日間照顧、家庭托顧、生活重建、自立生活支持服務等六項服務的個案紀錄，審查其處理時效、評估能力、個別化服務計畫（ISP）、資源連結，以及滿意度調查、申訴管道、問題處理等情形。

3. 對服務提供單位的培力：縣市透過不同方式，培力民間單位以擴充服務資源據點的機制；建立提升服務提供單位能量的專業輔導機制；建立各項服務穩定人力的機制。

由此可見，當今身心障礙福利服務的考核重點，聚焦於個人照顧服務所含六項服務的受益人數與服務品質，並培力民間單位，以擴充障礙服務的據點。簡言之，政府結合民間資源，強化服務的受益人數及品質管控，是未來障礙福利服務的重要項目。

五、保護服務業務的考核重點

保護服務業務，是針對家庭暴力、目睹家暴兒少、身障者保護、老人保護、性侵害、性騷擾、兒少性剝削等保護案件，提供保護措施及相關服務。依2021年中央社福考核的計畫與指標，這個組別的考核，包括：「個案服務品質」等10個考核項目，計有33個考核指標。依其考核指標的配分排序，前三名為：

1. 兒少保護個案處遇的服務品質：兒少家內保護案件（通報第一類）之個案處遇情形，以及家庭維繫與家庭重整的服務中，各種評估、家庭處遇、親職教育、兒少參與的情形；非性侵害案件（通報第二類）之家庭處遇服務內容，或保護安置的處理情形。

2. 兒少保護方案建構及評估工具的推動：在兒少保護家庭處遇方案，提供個別化處遇內容及成效評估的情形；在強制性親職教育服務方案，具備多元性內容、服務可近性情形；以及執行成效評估時，對兒少保護評估工具的推動情形。

3. 兒少保護跨域合作的效能：社政、衛生醫療、司法及早介入平台等兒少保護相關領域，其間建置個案網絡窗口、辦理網絡會議、轉介、共案合作服務的辦理成效。

由此顯示，保護服務業務的考核重點，目前集中於兒童及少年保護案件的個案處遇、方案執行、跨域合作之成效。就此而言，未來保護服務業務的推展，允宜特別關注兒少保護的議題。當然，婦女、老人、障礙者等人口群的保護服務也不容忽視。

六、社會救助業務的考核重點

社會救助業務，是有關低收入、中低收入者的生活扶助、災害救助、急難救助等業務的處理及其相關服務。依2021年中央社福考核計畫與指標，這個組別的考核，包括：「脫離貧窮措施及轉介就業服

務」等10個考核項目、21個考核指標。依考核指標的配分排序，前三名為：

1. 急難紓困專案執行情形：包含辦理急難紓困宣導、訂定推動措施並舉辦業務研習、申請事由符合急難事由認定基準、依規定計算發給救助金、申請日至核發日天數、居住地及戶籍地公所相互通報及建立專檔之辦理情形。

2. 兒少未來教育發展帳戶辦理情形：包含考核年度申請開戶率、歷年累計開戶率、社工對於連續六個月以上未繳存款家戶的訪視率、訪視個案紀錄、處遇內容、服務品質，以及對於推動兒少帳戶者的獎勵措施。

3. 積極辦理相關就業服務及補助：依《社會救助法》第15條之規定，辦理相關就業服務及補助，包含轉介勞政單位提供就業服務、協助貧窮者排除就業障礙（例如，提供居家服務、托育服務、相關社福津貼），對其就業提供支持性服務，協助其參與競爭性就業等服務之成效。

據此可知，社會救助業務的考核重點，在於回應當前社會關注的議題，尤其是貧困家庭的急難救助（紓困專案）、貧窮家庭兒少的處境艱難（社會發展帳戶），以及積極性脫貧方案（協助就業）。未來，社會救助業務的發展，亦當重視緊急性、發展性的相關方案或者服務。

綜觀上述社福考核「服務面向」六個組別的考核重點，不難發現兩個共同的趨向：一是特別關注各該領域最弱勢者的服務，二是因應社會特別關注的新議題而推出前瞻性服務方案。有鑑於此，未來各福利服務組別的發展，亦當優先關懷弱勢中的弱勢者，並針對他們的緊急性需求，及時提供適切的福利服務。

📖 第四節　社福資源面的考核重點

在探討社會福利服務分組的「服務面向」之後，我們接著探討有關「資源面向」四個分組之考核重點。

這四個分組，包括：公益彩券盈餘運用及管理，社會工作專業制度、志願服務制度、社區發展工作，都與社會福利服務的資源運用息息相關。其中，公彩盈餘是支應福利服務的財源之一、社會工作人員是福利服務的專業人力、志願服務人員是福利服務輔助人力，至於社區發展組織及社區居民，也可為福利服務提供綜合性資源，甚至直接參與推動福利社區化相關服務。

如同前述「服務面向」的六個組別一樣，公彩盈餘、社工專業、志願服務、社區發展等組別的考核指標，也相當繁雜。茲援前例辦理，從這四個組別各自的考核指標之中，選取配分排序前三名或前四名，作為該領域的考核重點，並彙整如表12-3：

表12-3　中央社福考核「資源面向」組別之考核指標排序

考核組別	考核指標	配分
公彩盈餘運用及管理	1. 前年度創新及實驗項目辦理情形	12
	2. 公彩盈餘優先辦理弱勢福利服務情形	8
	3. 公彩盈餘補充法定事項支出情形	8
社會工作專業制度	1. 社工人員執業安全措施	20
	2. 社工人員專業訓練制度	10
	3. 社工人員專業服務品質	10
	4. 社工督導制度及執行品質之完整性	10

考核組別	考核指標	配分
志願服務制度	1. 鼓勵長者參與志願服務之成效	12
	2. 研發與創新志願服務措施及其成效	10
	3. 宣導成效；社會資源連結運用及管理	10
	4. 服務紀錄冊發放查核及志工資料建置情形	10
社區發展工作	1. 輔導社區發展協會辦理福利社區化之績效	20
	2. 辦理社區人力培訓及觀摩等績效	10
	3. 盤點社區協會運作與實施個別分級輔導	10
	4. 建立並更新社區協會資料與會務及財務輔導	10

資料來源：根據衛生福利部，2020年公布之「110年社福考核計畫及指標」整理而成。

　　以下根據12-2所示，略述「資源面向」四個組別的考核重點，一則了解中央對於社會福利服務相關資源運用及管理的重點，作爲地方政府或民間團體因應辦理之參據；二則體察中央社福考核資源運用領域分數配置的權重，以利未來準備社福考核有較明確的方向。

一、公彩盈餘運用及管理的考核重點

　　公益彩券盈餘，是各級政府的重要社會福利財源籌措方式之一（謝儒賢等，2010：12），必須妥適運用及管理。根據2021年中央社福考核計畫與指標，公彩盈餘運用及管理領域的考核項目，包括：「社會福利經費充抵情形」等10個考核項目（財政部主責者6個項目、衛福部主責者4個項目），總計32個考核指標。依衛福部主責項目的考核指標之配分排序，前三者爲：

　　1. 考核年度創新及實驗項目辦理情形：創新性項目，係爲回應在地新興社會議題或需求，採取積極性處置措施，以滿足服務對象需求之辦理成效；實驗性項目，係主動針對特定服務對象，提供新型服

務模式，並就試驗結果檢視成效，評估推廣可行性之辦理成效。

2. 公彩盈餘優先辦理弱勢福利服務情形：考核年度公彩盈餘支出分配，專款專用辦理中央各項社會福利政策、法規訂定屬於地方政府社政主管機關權責項目，其金額占總預算之比率。

3. 公彩盈餘補充法定事項支出情形：考核年度以公彩盈餘搭配公務預算辦理法定應辦事項（政府辦理社會保險、福利服務、社會救助、就業服務、醫療保健之業務）的金額所占比率。

據此可知，公彩盈餘運用及管理的考核重點，除了因應新興社會需求而創新或實驗新型服務之外，特別強調專款專用，以補充政府辦理弱勢福利服務及其他法定事項之經費支出。如此，將可避免公彩盈餘被挪為他用，俾以確保專款專用於支應福利服務所需財源。

二、社工專業制度的考核重點

社會工作專業人員是執行社會福利服務的主要人力，必須建立制度，以便有效運用。根據2021年中央社福考核計畫與指標，這個組別的考核項目，包括：「社會工作專業人員訓練制度」等6個考核項目、32個考核指標。依其考核指標的配分排序，前四者為：

1. 社工人員執業安全措施：含提供社工人員職場身心健康及安全配備；購置安全防護設施設備、落實社工人員執行職務之安全指引、辦理心理健康、情緒支持，以及遭受侵害之協助（例如，心理諮商輔導、舒壓課程、法律諮詢、訴訟協助、執業安全保險費）等措施之執行情形。

2. 社工人員專業訓練制度：參照衛生福利部訂頒之分級專業訓練課程，訂定社工人員年度分級專業訓練計畫，並依社工人員之職級、年資及工作內容而規劃辦理專業課程（含族群及性別議題課程）之成效。

3. 社工人員專業服務品質：從事直接服務的社工人員，定期彙

整個案量報表，確實完成個案、團體及社區等服務紀錄的情形。其中，個案紀錄應具備專業服務內涵、提供服務應符合法定時效。

4. 社工督導制度及執行品質之完整性：社工督導紀錄應含督導目的、督導過程、受督者回饋等內容；督導者的回饋意見，應具體可行；督導紀錄應具完整性，含有行政性、教育性、支持性、調解性等功能。

由此顯示，社工專業制度的考核重點，強調社工人員的職場安全，以及專業訓練制度、專業服務品質、專業督導功能。這些重點工作的確實執行，對於福利服務所需的專業人力，將具有正向的促進作用。

三、志願服務制度的考核重點

政府經費有限，民間資源無窮。志工是政府單位與民間組織辦理各種福利服務的輔助性人力，也必須建立制度，妥善運用。根據2021年中央社福考核計畫與指標，這個組別的考核項目，包括：「志願服務之宣導及資源運用管理」等11個考核項目、32個考核指標。依其考核指標的配分排序，前四者為：

1. 鼓勵長者參與志願服務之成效：訂定鼓勵長者參與志願服務的推動計畫，規劃具體可行的服務項目，執行的成效；成立高齡志工團隊占縣市志工隊的比率；高齡志工人數的成長情形。

2. 研發與創新志願服務措施及其成效：發展多元志願服務（例如，青年志工、企業志工、家庭志工）的成效；以志願服務業務為主體，進行調查、研究及評估等研發工作的情形；對志願服務工作提出創新工作項目及作為的情形。

3. 宣導成效與社會資源連結運用及管理情形：訂定宣導目標及行銷策略的情形；印製宣導資料或透過網路、電子書，並配合節慶（例如，國際志工日）進行宣導的情形；結合民間人力、物力、財力

等資源，推動業務的情形；成立志願服務推廣中心，連結相關單位或地方政府，推動志願服務業務的情形。

4. 服務紀錄冊發放及查核與志工資料建置情形：志工領有紀錄冊的人數，占志工總人數的比率；於全國志願服務資訊系統，建置志工基本資料的比率；查核志願服務運用單位對於志工服務紀錄冊之管理（實地查核或書面查核）的情形。

執是以觀，志願服務制度的考核重點，聚焦於強化志工人力資源的運用及管理，從發放服務紀錄冊，建置資料，連結資源，成立高齡志工隊，逐步形成制度。這種積極培力民間人力，是協助政府推動福利服務等業務的重要資源。

四、社區發展工作的考核重點

社區發展是一種綜合性的福利工作，由社區居民發起成立社區發展協會（簡稱社區協會），為社區內弱勢居民提供相關服務，不僅可彌補政府資源之不足，而且有助於落實福利社區化。根據2021年中央社福考核計畫與指標，這個組別的考核項目，包括：「社區發展協會輔導之執行及績效」等6個考核項目，總計32個考核指標。依其考核指標的配分排序，前四者為：

1. 輔導社區協會辦理福利社區化之績效：以社區發展協會為主體，辦理各類（例如，兒童、青少年、婦女、老人、身心障礙者）福利服務、社會救助、志願服務、社區防災、社區防暴宣導等相關福利社區化之績效。

2. 辦理社區人力培訓及觀摩等績效：針對不同訓練對象（例如，區公所人員、社區理事長、總幹事、幹部、社區志工），並依其實務經驗，規劃社區資源開發、培訓、講習、觀摩等多元類型的訓練方式，並且有效執行之情形。

3. 盤點社區協會運作與實施個別分級輔導：每年定期盤點社區

發展協會的會務、運作情形及發展程度，進行社區分類；並依停滯型（會務停滯）、潛力型（運作情況良好）、發展型（已有方案執行能力，且具前瞻性）等各類社區，實施個別化、分級化之輔導策略；以及停滯型的社區數量減少比率、潛力型與發展型的社區數量增長比率之情形。

4. 建立並更新社區協會資料與會務及財務輔導：建立並更新轄內社區發展協會有關資料；輔導社區發展協會有關會務、財務、訂定年度工作計畫之情形；轄內社區發展協會定期函報會員大會紀錄（含年度計畫及預決算）之達成率。

就此而言，當前社區發展工作的考核重點有二：其一是積極培訓社區人力，以促進社區協會會務、財務的正常發展；其二是強化社區協會的業務，辦理各類福利社區化相關服務。簡言之，輔導社區協會健全其會務及財務的發展，將有助於促進社區協會業務的推動，進而有效辦理福利社區化相關服務。

縱合上述四個組別的考核重點，可以發現它們有一個共同的趨向，就是健全資源的運用及管理，協助辦理福利服務。其中，公彩盈餘提供財力資源，專款專用於福利服務；社工人員提供福利服務的專業人力；志工是福利服務的輔助性人力；社區發展協會不但提供福利服務志工人力，本身也辦理福利社區化相關服務。

一言以蔽之，這四個「資源」面向的組別，與前節所述「服務」面向的六個組別之間，具有連動關係，服務需要資源，資源促進服務，兩者之間相輔相成，可收相得益彰之效。

第五節　社福考核機制改革之倡導

我國中央政府自從2001年因應社會福利補助設算制度，對地方政府實施社會福利績效考核以來，已具一定的成效及影響。然而，在

社會福利考核機制改革方面，仍有一些亟需倡導之處。僅就動態倡導模式的四個面向，略述之。

一、經濟與社會正義方面

中央社福考核是定額設算制度的配套措施，社福考核成績的等第評比，直接關聯各縣市政府獲得中央一般補助款的額度，間接影響各縣市民眾福利需求的滿足情況。

在社會福利政策經常論及的價值，包括：需求、公民權利、社會排除、平等及社會正義等五項，是主導政策與影響人民福祉的原則（李衍儒等，2018：109）。如果以「平等」與「社會正義」兩項價值，來衡量中央社福考核的機制，仍然有不能盡如人意之處，而需要儘速改革。

1. 就經濟正義而言：現行社福績效考核機制，採取同一套考核項目及考核指標，用以考核所有縣市執行社會福利的績效，而未考慮受考核縣市的政府規模、財力及人力資源等基本條件互異。在這種「不公平競賽」之下，績效考核結果被扣減補助款的縣市，大多數是原本財源分配上較為弱勢的縣市，反而加深城鄉之間的不平等。有鑑於此，社福考核應該考慮城鄉差距，依據縣市的性質（六個直轄市、西部縣市、花東離島各縣），「分組」實施考核，或者依各縣市社會福利的發展層次（例如，社福年度預算數、專業社工人數），在考核指標的配分機制，賦予不同的權重。

2. 就社會正義而言：以「公益盈餘運用」為例，公彩盈餘分配款是地方政府的重要財源之一，也是一種稀有的資源（scarce resource）。依據國外相關研究發現，彩券分配效果經常發生嚴重的累退性（regressive）現象，也就是說，彩券的購買，如同稅捐一般，具有「隱含稅」（implicit tax）的意涵，然而，彩券的購買行為通常呈現「購買彩券者的比例以窮人居多，而公彩盈餘的分配卻流入

富人區域較多」（謝儒賢等，2012：56）。爲了藉由公彩盈餘分配來實踐社會正義，未來公彩盈餘分配的公式，應增加「非市場性且能激勵地方政府積極辦理社會福利業務」的相關誘因。例如，保留部分盈餘分配款，作爲考核激勵獎金，促使稀有資源的重分配效果極大化（謝儒賢等，2012：6）。

　　事實上，中央社福考核含有：發現問題或需求、履行政府責信的目的。一旦察覺考核指標對原本財政弱勢的縣市不利，即應改革考核指標配分的權重；如果發現公彩盈餘分配對窮人區域（縣市）不公，即應改革盈餘分配的公式。

二、支持的環境方面

　　中央社福考核的實施，涉及中央辦理考核的相關單位、實地考核的委員、接受考核的縣市政府，以及其他利害關係人（例如，民間團體、社區發展協會、志願服務人員），並需獲得他們的支持，考核工作始能順利完成。

　　1. 就辦理考核的單位而言：在公彩盈餘運用的考核領域（分組），係由財政部（國庫署）與衛福部共同主責。至於其他九個考核領域（分組），則由衛福部主責，其所屬單位與考核工作有關者，包括：社家署、社救司、保護司、心口腔健司。另外，教育部、勞動部、內政部警政署，也依其職責，參與相關領域的考核工作。其中，衛福部所屬單位，合作無間，溝通無礙，已爲社福考核提供良好的支持環境。至於教育、勞動、警政等相關部門，對社福考核相關措施，較爲陌生，可能影響其支持情況，必須從行前會議，著手改革，以強化共識。

　　2. 就實地考核的委員而言：原則上，中央社福考核委員的組成，每一分組有內部委員與外聘委員兩類。內聘委員係由熟悉該領域業務人員選任，其對考核工作的支持沒有問題，但需儘量由層級較高

者出任，以提高被信服度。至於外聘委員，係由衛福部洽請該領域的學界專家或／及實務界代表擔任。然而，實地考核時間一整天，且於溽暑期間長途奔波，且需閱讀兩個年度的考核資料，而所獲評審費有限，參與意願不高，必須增加誘因，例如，酌增資料審查費。至於來自實務界的委員，尤其NPO的代表，常是代表他的領域，比較沒有辦法具有全面性公義的視野（李衍儒等，2018：204）。如果來自NPO的考核委員只從他所屬團體的觀點及經驗，進行考核及建議，容易失去客觀性，也有改革的必要，例如，增訂遴選基準、簽署倫理規範、強化共識會議。

3. 就接受考核的縣市而言：社福考核的項目，除了直接有關社會處局的業務之外，也涉及地方政府其他單位。例如，保護業務涉及教育、警政；公彩盈餘運用涉及主計單位。社會處局對於考核工作的支持應無問題，但有時難免抱怨準備考核資料的負荷過重，兩年一次的考核壓力過大，應逐年簡化考核項目、提高考核績優縣市相關人員的獎勵（含記功、嘉獎、核發獎勵金），藉以提高他們對社福考核的支持度。

4. 就其他利害關係人而言：社福考核的分組，多半與民間團體及志願服務人員有關。例如，兒少、婦女及家庭支持、老人、障礙者、保護業務、公共救助等福利服務，以及社區發展工作，都有一部分業務，透過契約外包，委託相關的民間團體辦理，其辦理的成果，也列入該領域的考核績效。至於志願服務人員，也是各考核領域運用於協助相關服務的輔助人力。這些民間團體、志願服務人員對於考核工作的支持，大致上沒有問題，但是委辦的民間團體，仍需加強督導，而志願服務人員也需要激勵，並依《志願服務法》之規定，從招募、訓練、服務紀錄冊、服務倫理、考評、獎勵等項目加強督導及管理，進而導引他們對考核工作的支持。

平心而論，中央社福考核工作，歷經多年的改進，已營造不錯

的支持環境，但是有關考核委員遴聘機制、相關單位及人員的共識機制，仍需持續改革，不斷精進，以提高其對考核工作的支持度，使考核過程更加順暢。

三、人類權利與需求方面

中央社福考核是一種行政上必要的過程，而增進弱勢者的權利保障及需求滿足，是最終的目的。然而，目前的考核機制，側重行政管理面向，至於人類權利與需求，相對上有所不足，仍有改革的空間。

1. 就人類權利而言：目前，社福考核領域之中，兒童及少年、婦女與家庭支持、老人、障礙者等福利服務，以及保護服務業務、社會救助業務的相關服務，其有關人類基本權利的考核項目之設計，多數屬於法定項目，也是縣市政府社會處局應辦業務，而且是行之有年的業務，各縣市的辦理過程大同小異，社福績效也相差無幾，以此作為考核項目，缺乏鑑別度。對此，應該改弦更張，不列入考核項目，至少應減少法定項目在該考核領域整體考核項目中的比重，或者強化法定項目之考核指標的設計，著重該項福利服務實施之後，對於服務對象基本權利改善的情形。

2. 就人類需求而言：國內一項有關社福考核指標優化的實證研究，曾邀請考核領域各組參與考核的專家學者24人，針對2019年社福考核指標的四種類型：輸入型指標（input indication）—— 投入相關資源；過程型指標（process indication）—— 組織運作過程；產出型指標（output indication）—— 考核項目所欲達到目的的量化結果；成效型指標（outcome indication）—— 服務對象接受服務之後的改善成長情形，進行複選，研究統計結果：考核指標屬於輸入型與過程型，占65%；屬於產出型與成效型，占35%（王光旭、李衍儒、李天申，2018：27-28）。可見，2018年社福考核的整體指標，側重於資源輸入與行政管理，較不重視服務對象的需求及其成長的情形。

未來有關考核指標的改革，應置入更多產出型與成效型指標，以降低輸入型與過程型指標的比重，使考核結果更能反映社會福利服務的品質，以及實際滿足人民需求的成果。

四、政治的接近方面

無可否認，中央政府搭配設算制度而辦理社福考核，是基於政治的考量，因而考核機制的運作，可能受到決策者或政治人物的影響，是無法避免的事實，但可設法改革，以降低其不當影響的程度。例如：

1. 就民選首長對福利資源的配置而言：我國地方政府對於社會福利資源的配置，深受民選首長個人價值、施政理念的影響。當民選首長重視社會福利，必願意投入預算、人力，將其辦好，民眾便能受益。反之，當首長不重視，在資源的配置上，便容易與社會福利中保障弱勢權益、促進社會公義的理念相悖（李衍儒等，2018：207-208）。據此申言，古有明訓：「得人者昌，失人者亡」，地方政府社會福利業務的興衰，繫乎縣市長是否選出關心人民福利的人。因此，在民主時代，倡導選賢與能，可能是我們影響民選首長的重要途逕之一。

2. 就主政者對落實社福考核政策而言：一個好的政策，需要有決心的主政者予以落實，否則再精良的考核設計與補助制度，都無法弭平政治人物濫發現金給付所造成的負面影響（王榮璋、黃琢嵩、高珮謹，2014：286）。為了杜漸防微，避免主政者曲解社福考核所撥補助款的正確用途，因而排擠社會福利相關服務，造成服務能量停滯不前。除了改革考核機制之外，尚可透過倡導管道，建議行政院主計總處，在設算社福考核結果核撥補助款時，附帶規定補助款必須專款專用，以辦理社會福利業務為限。

據此可知，社福考核的前置作業，如何配置充裕的資源，以及社

福考核的後續發展，如何將所獲補助款合理的運用，都與決策者息息相關，甚至是社福考核成績優劣的關鍵性因素。因此，如何接近負責福利政策決定的政治人物，並促使他們支持社會福利工作，可能是中央社福考核改革，不容忽視的一個議題。

　　總結本章探討的重點，可知中央社福考核的十個分組，涵蓋「服務面向」的各類福利服務，以及「資源面向」的各種資源運用。我們正可藉由兩年辦理一次的社福考核，協助社政單位及其實務工作者檢視社福績效，發現問題或需求，以便不斷精進服務項目與服務輸送，從而增進弱勢者的權益及福祉。

第十三章

社會福利服務的未來走向

　　近年來，我國透過中央對地方政府實施社福考核，已顯示地方政府執行社會福利及相關服務獲有一定的成效，但也有一些不足之處，未來必須持續努力。

　　同時，根據本書前面各章的探討，以及相關文獻的論述，也預期未來福利服務將有一些新的走向。茲將福利服務輸送及倡導的相關議題，歸納為「對象」、「領域」、「問題」、「議題」等四個面向，略述其未來走向。

📖 第一節　福利服務新對象的擴展

　　在福利服務的「對象」方面，如眾所知，服務對象是福利服務輸送的主要標的，因此在提供福利服務之前，必先確定或選定服務對象，以便於評估其福利服務需求，提供符合所需的福利服務。

　　在本書之中，我們根據行政院於2012年修正核定的《社會福利政策綱領》有關福利服務的實施對象，以及《住宅法》第2條所指的經濟或社會弱勢者身分，界定福利服務的對象為弱勢者，包括：兒童及少年、婦女、老人、身心障礙者、原住民、婚姻移民（新住民）、退伍軍人及其他弱勢者（含貧窮者、特殊境遇者、災民、遊民）。

　　然而，在風險社會之中，弱勢者可能隨時發生變化。而且，隨著社會變遷加速，弱勢者通常趨向於增多，而不是減少。一份有關弱勢者界定的文獻指出：所謂社會弱勢者，是基於先天性的殘疾、基於男女性別角色、體力氣力的不足、較低的教育程度、經濟市場的排除等因素，造成某些國民在就業、就學、其他生活機會上的不足，甚至在各種基本權利（特別是公民權、政治權、社會權）上都遭受排除（謝儒賢等，2010：12）。根據這份文獻對弱勢者的界定，進行延伸性思考及觀察，未來的福利服務對象，可能逐步擴展到下列四種人，並且需要相關的福利服務項目：

一、失業勞工

失業勞工，是遭受經濟市場排除，而失去就業機會的勞動者。一般而言，失業（unemployment）的原因，非常複雜，常見的失業型態有三種：一是摩擦性失業（frictional unemployment），通常是就業資訊的不適當交換，雇主沒有發現可用的勞工，而可用的勞工也沒有發覺雇主釋出的工作機會。二是結構性失業（structural unemployment），通常是潛在受雇者，缺乏雇主所需要的工作技術。三是循環性失業（cyclical unemployment），通常是景氣循環波動所造成的失業（Cox, Tice, & Long, 2016: 311-313）。

實務工作者評估勞工的失業原因、失業型態及其個人需求之後，除了依《就業保險法》的規定，協助失業勞工申請失業給付之外，可提供的服務項目，包括：

1. 失業補助：對於低收入及中低收入的失業勞工，提供失業補助金；對於工作上受傷的失業勞工，協助申請勞保發給工作者補償金（worker's compensation）。

2. 職業訓練：對於結構性失業型態，也就是缺乏就業所需工作技術的失業勞工，轉介勞工單位接受相關職業訓練。

3. 就業協助：對於循環性失業型態，也就是景氣下滑而失業的勞工，以及受畢職業訓練的潛在受雇者，提供就業協助或就業輔導。

4. 諮詢服務：對於摩擦性失業型態的失業勞工，提供就業諮詢服務，或者提供就業市場訊息，協助失業勞工迅速找到就業機會。

上述這些就業服務項目，大部分屬於勞工單位的職責。因此，福利服務工作者的任務，是接納失業勞工為服務對象，並視實際需求而轉介勞工單位，或與勞工單位合作提供服務。

二、外籍移工

外籍移工（foreign workers），是由外國暫時移至本國工作的勞工，可能被認為妨礙本國人的工作機會，而遭受就業市場排除。

我國於1992年開放外籍移工來臺工作。依據勞動部的統計，截至2019年3月，在臺的外籍移工人數為706,850人，其中產業移工448,153人，占63.5%；社福（家庭幫傭及看護）25,800人，占36.5%。依據臺北市勞工局對於外籍移工提供的服務項目，包括：

1. 外籍看護工補充訓練：對於沒有經驗的外籍看護工，提供身體照顧等訓練。

2. 就醫服務：定期提供健康檢查，協助受傷、生病的移工就醫。至於未參加保險的移工所需醫療費用，可協助其尋求宗教或慈善團體給予補助。

3. 諮詢服務：提供法律諮詢、在臺工作期限及辦理相關手續之諮詢服務。

4. 文化休閒服務：提供文康、休閒、同鄉聯誼等活動，以慰思鄉之情，並調劑身心，紓解壓力。

5. 保護服務：對於遭受虐待、非法遣送回國或其他不當對待的外籍移工，提供必要的保護性服務。

上述服務項目，有關社福移工的部分，需要社政與勞政共同提供，至於產業移工的部分，則可轉介勞政單位提供服務。

三、同性戀者

同性戀者（lesbian women and / or gay men），是基於社會對男女角色的傳統價值，而在生活機會上遭到排除的人。同性戀（homosexuality），本來是醫學名詞，後來成為不同於一般性傾向（sexual orientation）的概括性用語，包括：女同性戀

（lesbian，音譯：蕾絲邊）、男同性戀（gay，音譯：蓋依）、雙性（bisexuals）、轉性或變性（transgender），有時候也包括性傾向不明確（queer，音譯：酷兒）或性傾向試探中（questioning），合稱為同性戀者或同性戀族群（LGBTQ），現在也使用中性名詞，稱為「同志」。

在比較保守的社會氛圍中，同性戀者經常被汙名化、被邊緣化、被漠視，而在揭露自己的性傾向時也常猶豫不決。而且，當他／她們尋求支持服務時，也害怕遭到家人或朋友的拒絕。因此，同性戀者需要福利服務工作者提供一些特定的協助，包括：

1. 健康及醫療服務：臨床醫學已經證實，同性戀者在健康的風險增加。例如，年輕的男同性戀或雙性戀男性，有較高比率的HIV、梅毒（syphilis）及其他性傳染病；青春期的女同性戀者與雙性戀女性，比她們異性同儕，更加可能懷孕（Centers for Disease Control and Prevention, 2012; cited in Cox, Tice, & Long, 2016: 150）。因此，這類年輕的男、女同性戀者，肯定需要健康及醫療服務。

2. 就業協助：競爭性就業市場對於同性戀者求職，仍然有一些差別待遇，或者不友善的工作環境，有時需要就業協助或職場輔導。至於符合支持性就業或庇護性就業資格的同性戀者，也需要媒合就業的服務。

3. 居住協助：居無定所的貧窮者如有租屋的需求，房東知道他／她是同性戀者，通常不願意租給他／她，而需福利工作者介入協助。即使是社會住宅，依規定不得因性傾向而拒絕申請進住，但是進住之後，也可能遭到鄰居排斥，或者發生糾紛，而需要福利工作者介入協調。

4. 保護性服務：同性戀者面對各種不同形式的歧視，在心理健康方面，容易產生壓力、憂鬱、自殺，同時也容易遭到暴力（含親密關係暴力），或者其他不當對待，而需要相關單位提供保護性服務。

5. 支持性服務：當前有些福利服務措施，對於「同志」並不友善。部分實務工作者無法給予同志伴侶奠基於婚姻關係上的制度式福利。例如，社會救助或保險給付、社會服務使用資格、勞動上職務之請調或請假、外籍配偶入籍等（陳昭如，2010；引自鍾道詮、郭俊廷，2015：183）。就此而言，福利工作者基於多元文化的敏感性，至少要為使用福利服務的同性戀者，提供情緒上的支持性服務。

　　無論如何，多數從事福利服務的工作者，也是社會工作者，必須恪遵社會工作倫理守則，提供適當服務給有需要的案主，不能因為案主的性傾向而給予差別或不平等待遇。

四、更生人

　　更生人，是服刑期滿出獄或受過司法處分而企圖改過遷善、自力更生的人。依據前引弱勢者文獻的界定（謝儒賢，2010：6），更生人不僅在經濟市場上遭到排除，而且是沒有經濟能力接受法律扶助者。

　　依據法務部2018年5月修正公布的「更生保護主要服務項目」，共有七項，茲摘錄其有關福利服務的項目，彙整如下：

　　1. 收容安置：對於有戒癮需求的更生人，暫時安置於更生保護會的會所，或委託宗教、慈善團體予以暫時收容，並實施輔導。對於年老體衰、身心障礙、行動不便且無家可歸的更生人，送救濟院或醫療機構安置。

　　2. 就業服務：對於有工作能力及工作意願的更生人，依其意願轉介公私立就業服務機構，提供就業服務；對於未具工作能力的更生人，結合各地職業訓練機構，給予各種職業訓練，協助更生人習得一技之長，並輔導其就業。

　　3. 協助就醫：對於患有疾病且因家境貧困而無力就醫的更生人，由更生保護會協助洽定公私立醫療院所治療，其未參加全民健康保險者、尋求社會救助無效者，由法務部依規定予以部分補助。

社會福利服務─輸送及倡導

4. 急難救助：對於更生人及配偶，或更生人本人之直系血親，遭受重大災害或突發性重大事故，且家境貧困所無法解決者，由更生保護會給予資助，並洽請社政機構、民間福利團體予以必要救助。

由此可知，受刑期滿出獄的更生人，重返社會過正常生活，如有安置、就醫、就業、救助的需求，且其因家境貧困，不但法務部門應予持續照顧及服務，必要時，福利機構基於協助弱勢國民的職責，亦應提供相關服務。

總體而言，福利服務以弱勢者為主要服務對象，而且隨著社會的快速變遷，引發更複雜的社會問題，也衍生更多樣的弱勢者，成為福利服務的對象。因此，未來的福利服務，必須回應新服務對象的需求，及時提供所需服務項目，以便有效協助他們脫離弱勢情境，轉化為社會／經濟的強勢者。

📖 第二節　福利服務跨領域的合作

在福利服務的「領域」方面，本書前面各章曾針對各種服務對象的福利服務需求，提出相關的福利服務項目。這些福利服務項目，大多數屬於社會福利的領域，因為福利服務原本屬於社會福利領域的一環，這是理所當然的事。

然而，福利服務對象的需求非常多元，連帶福利服務項目也相當廣泛。除了社會福利領域的服務之外，也經常涉及健康及醫療服務、就業服務、住宅服務、親職教育服務、法律諮詢服務等相關領域。

過往，我們對相關領域服務項目的處理，通常僅由社福單位「連結」相關單位的資源，或者「轉介」相關單位協助辦理。有時候，好像轉介出去就沒有事了，很少再追問相關單位是否真心接受轉介？是否確實配合辦理？因而轉介之後的結果也無法掌握。有鑑於此，未來對於涉及非社福領域的服務項目，必須強化社福單位與相關

單位的跨域合作，俾以提高福利服務輸送的效益。以下僅就社福領域
之外，涉及其他相關領域服務項目較多的單位，略述其跨域合作的必
要性。

一、社福單位與衛生單位之跨域合作

我國中央政府的組織體系中，社福單位與衛生單位，在行政上雖
然共同隸屬於衛生福利部，但是業務上是分立的。至於地方政府，社
福單位與衛生單位是各自獨立的單位。無論如何，社福單位與衛生單
位之間的合作關係，仍有待強化。

討論這兩個單位必須跨域合作的福利服務項目，是以「健康及醫
療服務」為主。事實上，本書前面各章有關服務對象所需的服務項目之
中，大多數涉及「健康及醫療服務」之類的項目，茲彙整如表13-1：

表13-1 各類福利服務涉及「健康及醫療服務」項目的情況

各類對象的福利服務		健康及醫療服務項目
1. 兒童及少年福利服務		健康照顧
2. 婦女福利服務		（婦女生活調適方案）健康與醫療相關服務
3. 老人福利服務		臨終關懷與安寧照顧
4. 身心障礙者福利服務		健康及醫療服務
5. 原住民福利服務		醫療保健服務方案
6. 新住民福利服務		醫療生育保健
7. 退伍軍人福利服務		就醫服務
8. 其他弱勢者福利服務	貧窮者	健康及醫療服務
	特境者	
	災民	（救援階段）受傷災民就醫
	遊民	（緊急服務措施）衛生保健服務

資料來源：依據本書第5-11章的服務項目整理而成。

　　由表13-1可知，在各類服務對象所需的服務項目中，除了特殊境遇者的福利服務未涉及健康及醫療服務之外，其餘的服務對象都需要健康及醫療服務之類的服務項目，即使老人福利服務項目「臨終關懷與安寧照顧」，多數末期病人（含老人）被安置於醫院的安寧病房，由醫護人員及其他相關人員提供安寧照顧服務，實際上也是醫療服務的一部分。

　　這些有關健康及醫療服務的項目，本質上是衛生醫療單位的專長項目，應該優先由衛政單位提供服務，殆無疑義。但是，健康及醫療服務，攸關人民的生存權，而社福單位基於保障人民的生存權，對於弱勢者的健康及醫療服務，必須介入、關注其服務對象得到服務的情況，也是職責所在。因此，未來有關健康及醫療服務這類服務，社福單位與衛生單位之間必須進行跨領域合作，始能提高此項福利服務的績效。

二、社福單位與勞政單位之跨域合作

　　早期，我國中央政府的組織體系中，在內政部之下，設有社會司與勞工司，後來，勞工司改制為行政院勞工委員會，目前為勞動部；而社會司目前亦併入衛生福利部。至於地方政府，有些縣市分別設立勞工處局、社會處局；有些縣市在社會處局之下，設勞工科。一般而言，社福單位與勞政單位之間的合作關係，也有待強化。

　　討論這兩個單位必須跨域合作的福利服務項目，是以「就業服務」為主。檢視本書前面各章有關服務對象所需的服務項目之中，全部列有「就業服務」之類的項目，茲彙整如表13-2：

表13-2　各類福利服務涉及「就業服務」項目的情況

各類對象的福利服務		就業服務項目
1. 兒童及少年福利服務		（補充性服務）少年就業服務
2. 婦女福利服務		就業服務方案
3. 老人福利服務		（初老階段）老人就業服務
4. 身心障礙者福利服務		就業安置服務
5. 原住民福利服務		就業服務方案
6. 新住民福利服務		保障就業權益
7. 退伍軍人福利服務		就業服務
8. 其他弱勢者福利服務	貧窮者	就業服務
	特境者	創業貸款補助及就業服務
	災民	（救援階段）轉介災民臨時工作 （重建階段）就業服務
	遊民	（穩定服務措施）就業服務

資料來源：依據本書第5-11章的服務項目整理而成。

　　由表13-2可知，在各種服務對象所需的服務項目中，都有就業服務或其相關措施。在實務上，廣義的就業服務，包括：職業訓練、職業性向測驗、職業生涯輔導、就業市場訊息提供，以及創業輔導、創業貸款。這些服務項目，都是由勞政單位及其所屬職業訓練中心、就業輔導處主司其事，他們也具有這方面的專業，是優先提供就業服務的單位。

　　然而，就業服務攸關人民工作權的保障，也是人們獲得收入，以維持生計的主要途徑。因此，社福單位基於維護服務對象的工作權，協助他們維持基本生活，未來必須主動尋求勞政單位的合作，也就是透過跨域合作，共同協助有需要的服務對象，找到適合的工作。

　　此外，社福單位對於身心障礙者的支持性就業、庇護性就業，尤

其需要勞政單位的支持及協助，而其最佳實務，可能也是跨域合作。

三、社福單位與營建單位之跨域合作

居住，是人類基本需求之一。我國政府為了協助低收入者解決居住問題，曾經頒定《國民住宅條例》，採取政府自行興建國宅、優惠貸款鼓勵民間興建國宅，出售、出租或出借符合條件的國民入住。當時，中央政府主管國宅業務的單位是內政部。2011年2月，政府制定《住宅法》，並經立法院通過實施，其主管機關仍為內政部，業務單位為營建署。至於地方政府，主管住宅業務的單位，多數是都市發展局。通常，社福單位對於營建單位或都發單位的業務，相當陌生，合作的機會更少。

討論這兩個單位必須跨域合作的福利服務項目，是以「住宅服務」為主。檢視本書前面各章有關服務對象所需的服務項目之中，列有「住宅服務」之類的項目者並不多，茲彙整如表13-3：

表13-3　各類福利服務涉及「住宅服務」項目的情況

各類對象的福利服務		住宅服務項目
1. 兒童及少年福利服務		
2. 婦女福利服務		
3. 老人福利服務		（共同服務項目）老人住宅方案
4. 身心障礙者福利服務		
5. 原住民福利服務		住宅福利服務方案
6. 新住民福利服務		
7. 退伍軍人福利服務		
8. 其他弱勢者福利服務	貧窮者	住宅改善措施
	特境者	

各類對象的福利服務		住宅服務項目
	災民	（救援階段）臨時安置場所 （重建階段）中繼屋或永久屋的配置
	遊民	

資料來源：依據本書第5-11章的服務項目整理而成。

　　由表13-3顯示，需要提供住宅服務的對象，只有老人、原住民，以及其他弱勢者之中的貧窮者與災民，在數量上似乎不多。推究這種現象的背後因素，可能是：(1)有些失能的老人及障礙者，已被安置於養護機構，沒有住宅服務的需求；(2)有一部分退伍軍人，入住於榮民之家，不需住宅服務；(3)少數弱勢者無家可歸或其他原因，成為遊民，四處無家，處處家；(4)住宅是一種昂貴的商品，部分貧窮者，都市居，大不易，租屋居住，或者住於「貧民區」，沒有覺察住宅服務的需求；(5)家徒四壁，勉強遮風避雨，不知修繕，也無力修繕，過一天，算一天。如果廣義地說，住宅服務可包括：協助租屋、整修住處、申請社會住宅、改善居住環境，則所有弱勢者幾乎都需要政府提供住宅服務的項目。

　　無論如何，住宅服務需要營建單位或都發單位的支持，而社福單位為了保障服務對象的居住權益，促進居住正義，未來對於住宅服務項目，必須強化社福單位與營建／都發單位之間的跨域合作。

　　綜合言之，住宅服務、就業服務、健康及醫療服務三個服務項目，彼此之間有一種連動的關係。安居，有助於樂業；工作，有益於健康。反之，透過醫療服務，可促進身體健康，恢復體力，重新就業，以增加收入，又有助於「德潤身，富潤屋」，改善居住品質。再者，健康及醫療服務在於保障人民的生存權，就業服務在於保障人民的工作權，住宅服務在保障人民的居住權（甚至衍生財產權）。因

此，社福單位爲了落實中華民國憲法第15條賦予人民（尤其是弱勢者）生存權、工作權、財產權（含住宅所有權）的保障，未來在相關服務項目方面，必須主動與衛政、勞政、營建等相關單位，進行跨域合作。

至於跨域合作的實施，可歸納爲四個基本原則：(1)合作辦理，由社福單位評估服務對象的需求，並洽商具該服務項目專長及經驗的單位，共同提供服務；(2)轉介服務，由社福單位視服務對象的需要，轉介相關單位提供適切的服務；(3)專業諮詢，由社福單位審視服務對象的需要，向該服務項目的專業單位諮詢，作爲社福單位精進相關服務的依據；(4)加強溝通協調，由社福單位與該服務項目相關單位進行溝通協調，以爭取相關單位的支持及支援，轉而爲服務對象提供更佳服務。

📖 第三節　福利服務老問題的重現

在福利服務的「問題」方面，我國政府是福利服務的主要輸送單位，除了本於服務職責輸送相關服務之外，爲了因應時空環境的快速變遷，以及人民對於福利服務需求的推陳出新，也透過民間單位協助福利服務輸送，而且先後推動福利服務社區化（community-oriented welfare service）、實施福利服務契約外包（contracting out）或福利民營化（welfare privatization），並且配合福利多元主義的發展，接受福利服務商業化（welfare commercialization）的參與。

但是，這些福利服務相關措施行諸多年之後，有一些老問題仍然存在，甚至以新的面貌重新出現。未來福利服務輸送的走向，對於這些老問題的重新出現，必須有新的詮釋，或者新的因應策略，以下略述之。

一、有關福利社區化的問題

1996年12月，內政部訂頒《推動福利社區化實施要點》，目的在於結合社會福利體系與社區發展工作，為社區內的兒童、少年、婦女、老人、身心障礙者及低收入者，提供有效的照顧及服務。並且，揭示推動原則與實施要領。推動原則包括：福利需求優先化、福利規劃整體化、福利資源效率化、福利參與普及化、福利工作團隊化。實施要領，一是加強福利服務，辦理社區現有的福利工作，進而充實其工作內涵；二是落實社區照顧，推展福利機構小型化、社區化，並開拓外展服務。

後來，經過1990年代中央與地方試辦福利社區化，2005年行政院提出「臺灣健康社區六星計畫」（含產業發展、社福醫療、社區治安、人文教育、環境景觀、環保生態），並在「社福醫療」項下，普遍設置「社區照顧關懷據點」（至2020年9月，4,152個據點），以提供老人福利服務為主。2007年，政府實施「長期照顧十年計畫」（簡稱長照1.0），將服務對象從老人擴及低收入者。2016年，實施「長期照顧十年計畫2.0」（簡稱長照2.0），除了延續長照1.0的服務對象之外，納入：50歲以上失智症患者、55-64歲失能原住民、49歲以下失能障礙者、65歲以上衰弱（frailty）老人。

觀察福利社區化實施以來，對於擴大福利服務的對象及項目，以及增進福利服務輸送的效率，已有一定成效。然而，經費不足、人力缺乏的老問題，始終存在，未獲解決，而「福利規劃整體化」的基本原則，「加強福利服務」的實施要領，也被忽略或淡化。從福利服務的立場，歸納福利社區化未來可能面對的問題，約有四項：

1. 服務對象有限：以長照2.0為例，其服務對象側重於：失能的老人、部分身心障礙者（失智症患者）、部分原住民（失能原住民）。至於兒童及少年、婦女、一般的老人、身心障礙者、原住民，

並未納入福利社區化整體規劃範圍，或者有另外的方案爲這些弱勢者提供福利社區化服務，遑論新住民、退伍軍人及其他弱勢者的服務。針對這個問題，如果從「福利需求優先化」詮釋，少子女化已涉及「國安問題」，兒童及少年、婦女的福利服務，其需求的優先性，並不亞於老人福利服務，未來允宜優先納爲福利社區化服務的對象。

2. 服務項目片斷：以社區關懷照顧據點爲例，其服務項目著重於：電話問安、關懷訪視（含轉介服務）、健康促進、餐食服務（四選三），至於老人共同的保護服務、住宅服務，初老的就業服務、老老的臨終關懷，則付諸闕如，並未能照顧老人的全面需求。針對這個問題，可以考慮新的因應策略，是未來加強評估服務對象的需求，而提供對應的服務項目，以減少疏漏或重複。

3. 服務經費不足：以社區發展協會辦理福利社區化工作爲例，多數社區尚無推動社區產業，自籌財源有限，必須仰賴政府的補助，有多少錢（補助），辦多少事，沒有錢（補助），怎能辦事？針對這個問題，可以考慮新的因應策略，在未來漸進採取服務使用者部分付費方式，以減少福利依賴及資源浪費。

4. 服務人力缺乏：這是所有承辦福利社區化服務的機關（例如，鄉鎮市區公所）、機構（例如，承辦老人日間照顧的護理之家）、團體（例如，承辦社區照顧據點的社區協會、村里辦公處、宗教團體），共同面對的問題。不僅在人力的數量短缺，而且在人力的素質不齊。針對這個問題，新的詮釋，不只是人力數量的不足，而是具有社區認同感及使命感的人力不足，未來允宜有計畫地挖掘草根的年輕人力（含志工），有步驟地從實務參與之中，培力接班人力，使後繼有人，減少斷層。

簡言之，福利社區化將會持續推動，也可能出現一些問題。因此，對於老問題必須儘速解決，以便未來有時間和心力接受新問題的挑戰。

二、有關服務契約外包問題

大約在1970年代，政府就以經費補助方式，將一部分福利服務項目委託民間團體辦理。1999年公布《政府採購法》，政府將福利服務項目委託民間單位辦理時，必須按照政府採購的程序，公開招標，進行「契約外包」（contracting out）。這種契約外包的實施，是政府單位與民間單位簽訂契約關係，由政府依約提供經費及相關協助，由民間單位履行契約所規定的服務對象、服務項目，並接受委託單位的管理、督導及考核。

1995年《公益彩券發行條例》實施之後，中央衛生福利部與各縣市政府社福單位在原有的公務預算之外，增加了一筆為數可觀的公彩盈餘分配款。於是，依公彩發行條例之規定，將公彩盈餘分配款使用於福利服務契約外包的案件大幅度增加，幾乎各類服務對象的服務項目，都有契約外包的情形。例如，兒童及少年寄養服務、婦女成長教育訓練、低收入獨居老人居家服務、身心障礙者庇護工廠、原住民文化健康站（原日照中心）、新住民生活成長班、退伍軍人職業訓練，經常透過招標，委外辦理。

政府單位將日常的、非核心的福利服務項目，釋出一部分，契約外包給民間團體執行，可以減輕行政負荷、擴大服務能量、促進民間力量成長。然而，從福利服務的立場，加以觀察及思考，福利服務契約外包本來就有一些老問題，契約外包的件數增多，問題可能更嚴重，未來必須有新的因應策略。這些問題包括：

1. 缺乏可委託的團體：有些縣市轄區內的民間團體本來就少，有能力承接福利服務委託案者更少，政府單位招標時，投標的民間團體有限，選擇的機會不多，甚至發生無適當團體可託的問題。針對這個問題，未來政府必須與學術單位或社福專業團體建立策略聯盟，及早培力在地民間團體，使其具備承接委託案的能力，讓福利服務有適

當的團體可以委託，否則老問題不會自然消失，還可能惡化。

2. 政府缺乏督導人力：民間團體承接政府單位的委託案，依契約規定必須定期接受政府人員的督導，一個老問題是政府缺乏專業督導的人力，尤其缺乏勝任督導工作的人力。例如，督導者本身缺乏居家服務的知能及經驗，如何督導受託單位的居家服務人員？針對這個問題，未來的因應策略，允宜加強督導人員在職訓練，並建立社工督導制度，落實受託單位及人員的督導。

3. 服務缺乏連貫性：福利服務契約外包，通常為期一年，如經評鑑前年度績優，可續約一年。然而，福利服務的對象是弱勢者，問題較為複雜，往往需要較長時間的協助，始能看到改變或改善。一旦契約到期，經費無著，服務中斷，功虧一簣，有損服務對象的權益。針對這個問題，未來的因應策略，應建立轉案制度，使未能如期結案者，得以連續服務，無縫接軌，直到結案或轉介為止。

4. 服務品質難以確保：當前的契約外包，盛行計量，以利行政管理及經費核銷。然而，福利服務的性質特殊，服務品質更勝於服務數量。例如，契約要求每月家訪兩次，有些服務對象經過兩次家訪，問題仍未完全解決。針對這個問題，新的詮釋，關鍵性問題在於經費核銷的要求，未來的因應策略，可能要倡導修正政府採購法，請其考量福利服務的特殊需求，得以其他經費勻支必要增加的數量（例如，增加必要的家訪次數），俾以確保服務品質。

簡言之，福利服務有契約外包的需求，但是「缺乏可委託的團體」等老問題，必須劍及履及，因應解決，以免這些問題故態復萌，舊疾復發，阻礙福利服務的有效輸送。

三、有關服務商業化的問題

在1986年，強生（Johnson）首先提出福利多元主義（welfare pluralism）的概念之後，參與福利服務輸送的單位，除了政府單位

（第一部門）、接受政府委託的民間團體（第二部門）之外，又增加
企業單位（第二部門）的參與，各國如此，臺灣亦然。

這些企業部門投入福利服務工作，經常美其名是爲善盡企業的
社會責任，回饋社會，服務弱勢。事實上，企業組織的主要目的是將
本求利，追求最大的利潤。因此，他們常以社團法人基金會（營利組
織），或者財團法人基金會（非營利組織）的方式，參與提供各種福
利服務工作。

福利服務商業化，是一種自由市場競爭的機制，有利於服務使
用者增加選擇的機會，也可促使政府單位與受託團體強化競爭力。然
而，福利服務商業化仍有一些問題存在。有一份文獻曾指出，商業部
門在提供福利服務的過程中，也會產生四個問題：過濾受服務者、政
府部門的照顧負擔將更沉重、低價惡性競爭致服務品質難保、商業利
益與社會公益的兩難（賴兩陽，2007：83-84）。從福利服務的立場
觀察及思考，上述四個問題之中，商業利益與社會公益的兩難是商業
部門本身的問題，而且還有其他的老問題又再度出現。茲彙整爲四個
問題，並申言其因應策略：

1. 罔顧社會正義：企業組織介入福利服務，爲了節省成本，經
常過濾服務對象，將經濟能力較差或身心狀況欠佳者，以各種理由加
以排除。有些服務對象因此中斷服務，甚至成爲「人球」，最後又回
到政府單位的服務系統。針對這種不顧正義的問題，未來的因應策
略，恐怕只好祭出機構評鑑，發現民眾申訴屬實，即依規定處分，甚
至勒令限期改善，否則勒令歇業。

2. 品質難以確保：企業組織參與福利服務，爲了招徠服務對
象，可能降低服務收費，因而影響服務品質。針對這個問題，政府部
門未來必須加強監督，一旦發覺弊端，或服務對象的滿意度偏低，即
應查明原因，提出糾正。

3. 忽視基本人權：有些商業化的福利服務措施，勵行新管理主

義，不顧服務對象的個別差異或個別需求，而以一套規範用於所有對象。例如，某養護機構，由企業負責經營，竟然為管理方便，將院民全部理光頭，忽視人權，莫此為甚。針對這個問題，未來的因應策略，還是加強機構評鑑及後續追蹤輔導。

4. 規避政府監管：有些辦理福利服務的企業組織或基金會，在不同縣市，以不同的機構名稱經營，形成連鎖企業，應聘用的社工專業人員不足，而以人頭在分支機構掛名，以規避政府監管及評鑑的要求。如被評鑑丁等，即更換招牌，或者將服務對象移置分支機構。針對這種狡兔三窟，刻意規避評鑑的老問題，未來的因應策略，可能還是要從改革機構評鑑的機制著手，務必破除一切障礙，還給服務對象應有的權益。

綜言之，無論福利服務的社區化、契約外包、商業化，都有助於分擔政府單位福利服務輸送的負荷，而且這是福利服務輸送多元化，是世界共同趨勢，沛然莫之能禦。民間單位或商業部門願意參與福利服務，應予肯定，出現問題在所難免。政府單位的職責，無非是加強管理、督導、評鑑及追蹤輔導，使問題的影響程度極小化，使服務對象的權益極大化。

📖 第四節　福利服務新議題的倡導

在福利服務的「議題」方面，跟著時代在變，環境在變，最近有一些新的議題經常被提出討論，且與福利服務有關。例如，強化社會安全網（簡稱社安網）、資訊科技在福利服務的運用，社會投資與社會福利的創新作為，都是值得倡導的新議題。以下擇要說明。

一、結合社會安全網

2018年2月，行政院核定「強化社會安全網計畫」，目的在因應

最近幾年隨興殺人事件頻傳，造成社會不安，進而規劃普設社會福利服務中心，提供脆弱家庭的支持性服務，並逐步整合高風險家庭等防治機制，形成綿密的社會安全網。

在性質上，社安網不是社會福利領域的「社會安全」（social security），而是一種安全防護網，以致其指涉甚廣，內容龐雜。其中，與福利服務密切相關者，包括：

1. 脆弱家庭的指標：未來，福利服務工作者連結社會福利服務中心，或在該中心服務，有一項任務是辨識脆弱家庭的福利需求，提供家庭支持性服務，以確保脆弱家庭成員的安全。所謂「脆弱家庭」（vulnerable families），是指社會的弱勢（socially weak），正處在風險中（at risk），有協助的需求（in need），因而處於不利位置（disadvantaged）的家庭（林萬億，2019：24）。脆弱家庭有一些指標，其與高風險家庭的指標略有不同。例如，在歸因項目，兩者大同小異，但脆弱家庭涵蓋家庭全員的情況，高風險家庭專指兒少情況；脆弱家庭為概括性歸因，較高風險家庭更廣；脆弱家庭強調福利需求，較高風險家庭具體。脆弱家庭指標與高風險家庭指標之比較，如表13-4：

表13-4　脆弱家庭指標與高風險家庭指標之比較

脆弱家庭指標	高風險家庭指標	異同之比較
1. 家庭經濟陷困致有福利需求。	4. 因貧困、單親、隔代教養或其他不利原因，致影響兒少日常生活照顧功能者。	均因貧困，但高風險增加單親、隔代教養。
2. 家庭遭逢變故致家庭功能受損致有福利需求。	6. 負擔家計者死亡、出走、重病、入獄服刑。	均為重大變故，但高風險具體列出事由。

脆弱家庭指標	高風險家庭指標	異同之比較
3. 家庭關係衝突或複雜致有福利需求。	1. 家庭成員關係紊亂或家庭衝突。	相同。
4. 兒少發展不利處境致有照顧或福利需求。	3. 家中兒童及少年父母或主要照顧者有自殺風險。	均聚焦於兒少處境不利，但高風險直指主要照顧者有自殺風險。
5. 家庭成員身心障礙、重病、失能致有特殊照顧或福利需求。	2. 家中兒童及少年父母或主要照顧者罹患精神疾病、酒癮、藥癮，未就醫或未持續就醫。	均歸因於障礙、重病，但脆弱家庭含家庭成員，高風險家庭限兒少之父母或主要照顧者。
6. 個人生活適應困難致有福利需求。	5. 非自願性失業或持續失業者。	脆弱家庭概括為個人適應困難，高風險家庭限於失業情況。

資料來源：筆者整理（高風險家庭指標之標號，按原標號，以利對照）。

2. 脆弱家庭服務的要點：結合社安網的對策，脆弱家庭的支持性服務可歸納為六個要點（林萬億，2019：23）：

(1)建立以家庭為中心，以社區為基礎的服務模式，扭轉個人為中心的服務思維。換言之，福利服務對象是個人，服務方式是家庭支持服務。

(2)服務延伸到預防階段，提早辨識脆弱家庭的可能風險，及時預防。

(3)重新建立公私部門的協力關係，公部門執行需要公權力的服務，私部門執行多元的家庭支持服務方案。

(4)強調跨部門、跨機構的服務，修正過去各自為政的弊病。

(5)簡化通報或求助受理窗口，提供連續性服務，避免轉介過程中，服務對象流失，或者只通報未服務之弊病。

(6)普及社會福利服務體系（由2018年124個社福中心，增為154

個），充實人力（補足各社福中心所需1,154位社工人力），減輕工作負荷。

　　簡言之，未來的福利服務必須配合政府社會政策的轉變，結合社會安全網的強化，著重脆弱家庭的辨識，事前就預防風險，並以跨部門、跨機構的方式，為服務對象提供整合性服務。

二、運用資訊科技

　　時至今日，電腦、網路及數位科技已成為人們生活中不可或缺的基本配備。對於福利服務而言，運用資訊科技，不僅有助於福利資源的配置及服務輸送的效率，而且可紓解福利服務短缺的壓力。衛生福利部已開發多種資訊整合系統，例如，弱勢e關懷——全國社會福利資源整合系統（社會救助及社會工作司）、關懷e起來通報系統（保護服務司），但是這些資訊系統著重於申請或通報、媒合、核發及後續追蹤。

　　至於運用資訊科技於福利服務的輸送，通常需由福利組織依其實際需求，自行研發及設計其所適用的系統。例如，臺北市的福利地圖系統（GIS）、高雄市的社會福利地圖、彰化縣的福利小幫手。以下特引介國外建構的數位平台，提供社福單位未來開發及運用資訊科技之參考（引自黃寶中，2018：239-240）：

　　1. 線上雜誌（Flashgiovorni）：源自義大利一群年輕人建構的網路平台，提供公開的線上工作坊及意見交流空間，並透過平台與其他年輕人互動、交換訊息及建議，均含健康與社會福利、志願服務、旅遊及其他特殊需求，如工作機會、訓練等資訊。

　　2. 手機應用程式（Blue Assist）：係由比利時一間非營利組織所設計，專為日間照顧機構中的智能障礙者而規劃，藉由智慧型手機的書寫功能，協助障礙者與其他人（含福利服務人員）溝通或提出服務需求。

3. 手機健康服務（Mobil Health Service）：係由丹麥政府反人口販運中心（Centre Against Trafficking in Human Life）開發設計的平台，用以追蹤管理與提供訊息給合法或非法移民賣淫婦女及性侵害被害人，其功能包括：健康照顧、教育及觀察服務。

簡言之，未來福利服務的實施，必須強化資訊科技的運用，期以降低傳統福利服務輸送過程中，空間、時間、區域及管理上的限制與障礙。但是，運用資訊科技於福利服務，仍然要注意保護服務使用者的隱私等倫理原則。

三、採取投資策略

我們經常聽到「投資兒童，就是投資自己的未來」，這是鼓勵父母重視孩子的教育，屬於個人投資。至於社會投資（social investment），是指強化人力資本，帶來社會的經濟效益。就此而言，社會福利的投資，強調生產性福利（productive welfare）、工作福利（welfare through work），常見的策略是透過就業服務、教育服務、資產累積，協助服務對象自立自強，脫離困境。

在社會福利的投資方面，我國的起步，晚於亞洲的日本、韓國、新加坡。大約在2007年，臺北市開始針對低收入戶，推出家庭帳戶脫貧方案，算是較早的一種社會投資。後來，2016年，政府實施幼兒教育津貼，對於5歲以下兒童進入公私立幼兒園，其父母一人就業者，發給2,000元補助；其父母均就業者，發給3,000元補助，這是鼓勵就業的一種社會投資。2018年6月，《兒童及少年未來教育及發展帳戶條例》公布施行，協助18歲以下兒童及少年透過資產累積，準備未來發展的基金。

這些社會投資的策略，都以現金給付（補助）為主。事實上，歐美國家社會投資的政策已有一些轉變，主要在三個相互關聯的面向上（引自施世駿，2020：210-212），茲摘述如下：

1. 舊社會風險轉向新社會風險：傳統的社會安全制度處理的是工業社會的傳統風顯，例如，老年、就業等。新的社會風險則關聯到結構性失業的問題、高風險就業及工作貧窮，必須透過新型態的社會服務來解決。

2. 從現金轉向社會服務：針對傳統社會風險的政策，往往依賴現金補助。例如，以年金彌補老年階段的工作損失、以失業給付彌補失去工作收入的損失。由於新社會風險型態多元，這些傳統現金給付的方法，無法對應，必須透過新政策來解決，例如，結構性失業，必須透過更多的職業訓練或工作媒合，才能有效因應。

3. 從事後修補轉向事前預防：預防勝於治療，與其等到結構性失業，不如一開始就透過積極性勞動市場政策，預防他們落入失業的陷阱。

從上述三個面向的轉變，暗含社會投資政策，必須由現金補助或資產累積的方式，轉向積極性就業或生產性就業，以及其他積極性的福利服務措施。然而，投資必有風險，尤其福利服務的對象是弱勢者，協助他們的社會投資，風險更大。因此，未來在福利服務方面採用投資策略，允宜先行小規模試辦，有成效再推廣，以免服務對象未得其利，先受其害。

綜觀上述新議題的倡導，在結合社會安全網方面，普設社會福利服務中心，可視為經濟正義，對脆弱家庭提供家庭支持服務，可視為社會正義。在運用資訊科技方面，可視為提供支持的環境，使福利服務的輸送更具近便性、可得性。在採取投資策略方面，可視為保障人類權利與需求，因為福利服務的對象是弱勢者，其最大的需求是自立，最期待的權利是自主。當然，這些倡導必須獲得政治人物的認同，並且在相關決策上給予支持，始能落實，所以政治人物的接近，更是必要的倡導。

總而言之，在本書最後這一章，我們分別從福利服務的新「對

象」、服務項目的跨「領域」、服務輸送單位的老「問題」、福利服務新「議題」，進行探討，藉此回顧過去，並瞻望福利服務的未來走向。微言大義，無非是期待我國社會福利服務輸送更有可近性、近便性、可得性及統整性，讓服務對象獲得更大的福祉，也就是讓弱勢國民的生活過得更好。

參考文獻

王光旭、李衍儒、李天申（2018）。「社會福利績效評核指標優化探討」期末報告書。蘇彩足（主持），衛生福利部社會及家庭署107年度「社會福利科技計畫趨勢研討專案」（第三子計畫）。臺北：衛生福利部社家署。

王美玉、尹祚芊、仉桂美、蔡培村、劉德勳（2018）。新住民融入台灣社會所衍生之相關權益探討通案性案件調查報告。臺北：監察院。

王泰文、林藍萍、徐育爲、林金定（2015）。「特殊境遇婦女歷年利用家庭扶助狀況與長期發展趨勢分析」。身心障礙研究，13(2)，119-131。

王榮璋、黃琢嵩、高珮謹（2014）。「我國社會福利補助經費設算制度及社會福利施政績效考核修正芻議」。社區發展季刊，145，266-287。

王慧玲（2020）。「檢視原住民族社會福利政策實踐與反思：一位女性原住民事務官的敘說」，社區發展季刊，169，37-62。

王增勇（2011）。「原住民社會工作與福利服務」。呂寶靜（編），社會工作與台灣社會（309-348頁）。臺北：巨流。

王德祥（2010）。退輔會榮民就養政策演變對榮民照顧的影響：以臺東地區榮民之家爲例。臺東：臺東大學區域政策與發展研究所公共事務管理在職專班碩士論文。

尤哈尼·伊斯卡卡夫特（2005）。「原住民的貧窮與匱乏」，新使者雜誌（87頁）。

李明政（2020）。「原住民族社會工作實務架構之探討：從相關法制規範談起」。社區發展季刊，169，63-74。

李易駿（2019）。社會福利概論。臺北：洪葉。

李美珍、李璧如（2015）。「我國社會救助之推動與展望」。社區發展季刊，151，4-27。

李衍倫、李天申、劉燕萍、王光旭（2018）。「科技時代評鑑新思維──我國中央對地方政府社會福利考核的現況與前瞻」。社區發展季刊，161，198-209。

李淑容（2016）。臺北市遊民生活狀況調查報告。臺北市政府社會局105年度委託辦理。

呂寶靜（2005）。「支持家庭照顧者的成期照護政策之構思」。國家政策季刊，24(4)，25-40。

呂寶靜（2012）。老人福利服務。臺北：五南。

邱汝娜（2002）。「縮短原漢差距──台灣原住民族社會福利規劃導向」。中國文化大學（編），社會福利策略與管理（179-215頁）。臺北：揚智。

官有垣（譯）（2002）。社會福利：結構與實務（Macarow原著）。臺北：雙葉。

金浩鑫（2018）。推動長照3.0刻不容緩。https://www.tacebook,com/notes11%E4%138%AD%E8%81.檢索日期：2020/5/22

林妡君、李淑容（2007）。「緣木求魚：特殊境遇婦女創業貸款補助之過程評估」。社會政策與社會工作學刊，11，101-152。

林敏慧、柯平順、朱貽莊、曾家琪、王綵喬、郭世明（2014）。「身心障礙者的需求評估」，林萬億、劉燦宏（編），臺灣身心障礙者權益與福利（213-283）。臺北：五南。

林勝義（2014）。「莫拉克颱風災區的重建、培力與永續發展之探討」。社區發展季刊，145，365-380。

林勝義（2019）。學校社會工作概論。臺北：洪葉。

林萬億（2010）。社會福利。臺北：五南。

林萬億（編）（2011）。災難管理與社會工作實務手冊。高雄：巨流圖書公司。

林萬億（2014）。「身心障礙者的福利」，林萬億、劉燦宏（編），臺灣身心障礙者權益與福利（329-359）。臺北：五南。

林萬億（2016）。當代社會工作理論與方法。臺北：五南。

林鉅鋃、尹祚芊、李炳南（2014）。國軍志願役退伍官兵就業安置成效之檢討：專案調查研究報告。臺北：監察院。

祝健芳、余依靜、黃千芬、陳綸（2020）。「原住民族地區長期照顧資源配置與展望」。社區發展季刊，169，201-208。

洪鴻智（2007）。自然災害後政府重建資源分配之決策因素分析：以921地震爲例。公共行政學報，23，95-124。

郭可盼（2017）。「如何讓我們的差異成爲一種豐富，而非彼此掣肘？/《身心障礙者權利公約》國際審查會議手記」。https://npost.tw/archives/38572.檢索日期：2020/4/30。

郭俊巖、黃明玉（2010）。「原住民在都市謀生的艱辛歷程之研究：以三個受助個案爲例」。弘光學報，59，60-77。

郭俊巖、賴秦瑩（2019）。「原住民族家庭服務中心的專業功能：一個實務上的觀察」。台灣社區工作與社區研究學刊，9(1)，165-180。

郭靜晃（2017）。「友善新移民家庭福利服務輸送：以社會排除觀點分析」。社區發展季刊，159，336-354。

夏曉娟（2018）。從「外籍新娘」到「新住民」走了多遠。取自：http://opinon.cw.com.tw/blog/profile/65/article/6575.檢索日期：2020/3/7。

張世雄、王篤強、鄭清霞、黃志隆（編）（2010）。社會福利概論。新北市：國立空中大學。

張菁芬、林孟君（2018）。桃園市107年度婦女生活需求調查研究報告。桃園：桃園市政府社會局。

張錦弘（2016）。「阿薩不魯哥」惹議口訣作者回應了。聯合影音2016/10/11報導，http://video.udn.com/news/575532.檢索日期：2020/5/20。

梁麗清、陳錦華（編）（2006）。性別與社會工作—— 理論與實踐。香港：中文大學出版社。

莫慶聯（2006）。「香港的性別服務」。梁麗清、陳錦華（編），性別與社會工作——理論與實踐（頁99-124）。香港：中文大學出版社。

莊曉霞、曹宜蓁（2015）。花蓮縣未成年懷孕處遇服務策略之研究報告。未出版。

陳正芬（2013）。「我國長期照顧體系欠缺的一角：照顧者支持服務。社區發展季刊，141，203-213。

陳雅美、陳品元、游曉微（2016）。「創造三贏之長照體系：家庭照顧者支持服務」。社區發展季刊，153，199-213。

許文堂、張書銘（2006）。「我國婚姻移民現象與政府政策：以越南新娘為觀察對象」。夏誠華（編）。新世紀移民的變遷（141-174頁）。新竹市：玄奘大學海外華人研究中心。

許俊才、林宏陽、王仕圖（2018）。「撥開雲霧——初探屏東縣原住民族老人生活狀況與福利需求分析」。臺灣社區工作與社區研究學刊，8(1)，35-84。

許俊才（Kui Kasirisir）、Ciwang Teyra（李美儀）（2020）。第五屆國際原住民族社會工作學術暨實務研討會側記。社區發展季刊，169，324-333。

陳勁甫（2015）。美國退輔優待政策發展與理念對我國之啟示。國家菁英，41(11)，1-24。

陳翠臻（2011）。「從部落經驗建構原鄉社工人員應有的文化能力與認知」。社區發展季刊，134，433-479。

陳錦華（2006）。「平等與差異：性別社會工作的挑戰」。梁麗清、陳錦華（編）性別與社會工作——理論與實踐（頁3-22）。香港：中文大學出版社。

張石柱、盧又民、鄧勇誌（2013）。「榮民之家與公民營安養機構的經營效率分析」。東吳大學會計學報，5(1)，27-59。

張麗珠（2010）。「災變社會工作者的培訓與服務效率提升」。社區發展季刊，131，84-99。

黃志成、王麗美（2015）。身心障礙者的福利服務。臺北：亞太。

黃松林、吳玉琴、楊秋燕、郭佳寧（2016）。「獨立倡導服務與長期照顧品質」。社區發展季刊，153，143-153。

黃朝盟、許立一、曾介宏、夏道維（譯）（2010）。公共行政（Denhardt & Grubbs 原著）。臺北：五南。

黃源協（2014）。原住民族社會福利：問題分析與體系建構。臺北：雙葉書廊。

黃源協（2020）。「國際原住民族社會福利發展趨勢：對臺灣的啟示」。社區發展季刊，169，19-36。

黃寶中（2018）。「科技社會中社會福利組織執行服務輸送應有的認識及挑戰」。社區發展季刊，161，237-245。

黃耀榮（2014）。「無障礙環境」，林萬億、劉燦宏（編），臺灣身心障礙者權益與福利（445-476）。臺北：五南。

楊培珊、鄭讚源、黃松林（2009）。「榮譽國民之家組織文化革新：由慈善安置到專業服務」。社區發展季刊，125，162-176。

潘淑滿、張秀鴛、潘英美（2016）。「我國婦女遭受親密關係暴力之調查研究」。社區發展季刊，156，193-211。

潘淑滿、游美貴（2012）。親密關係暴力問題之研究。內政部委託研究報告。

劉燦宏（2014）。「身心障礙的病因與流行病學」，林萬億、劉燦宏（編），臺灣身心障礙者權益與福利（85-107）。臺北：五南。

鄭麗珍（2010）。「社會工作人員在災變事件中的角色」。社區發展季刊，131，72-83。

鄭麗珍（2013）。遊民生活狀況調查研究。內政部社會司委託研究報告。

鄭麗珍（2004）。遊民問題調查、分析與對策研究。內政部社會司委託研究報告。

蔡英文（2019）。全齡照顧政策──長照2.0升級計畫。https://ling.tw/post/1000。檢索日期：2020/5/22。

戴世玫、歐雅雯（編）（2017）。新住民社會工作。臺北：洪葉。

鍾道詮、郭俊廷（2015）。「從同性婚姻爭議談社工員可提供同志伴侶之服務」。社區發展季刊，149，183-199。

謝儒賢、劉邦富、張英陣、廖鮫諮（2012）。公益彩券盈餘運用監督機制及績效評估之檢討與改進。財政部國庫署101年度委託研究計畫。

韓敬富（2003）。我國榮民福利之剖析。社區發展季刊，101，487-503。

顧美俐、劉一龍（2014）。新北市婦女需求調查。新北：新北市政府社會局。

衛生福利部（2019a）。108年度社會福利績效考核報告。https://dep.mohw/gov.tw/Dos/cp.1771-43369-113htm.檢索日期：2010年4月21日。

衛生福利部（2019b）。107年兒童及少年生活狀況調查（兒童

篇）。https://dep.mohw/gov.tw/Dos/cp.1771-43369-113htm.檢索
日期：2010年4月21日。

衛生福利部（2019c）。107年兒童及少年生活狀況調查（少年
篇）。https://dep.mohw/gov.tw/Dos/cp.1771-43369-113htm.檢索
日期：2010年4月21日。

Adams, R. (1996). The personal social services: Clients, consumers or
citizens? London: Longman.

Alexander, S. (2004). Intervention with families. in C. R. Brittain
& D. E. Hunt (eds.). Helping in child protective services: A
competency-based casework handbook (pp.393-446). New York:
Oxford University Press.

Ambrosino, R., Ambrosino, R., Heffernan, J., & Shuttelesworth, G.
(2016). Social work and social welfare: An introduction. Boston,
MA: Cengage Learning.

Barker, R. I. (2014). The social work dictionary (6th ed.). Washington,
DC: NASW Press.

Caro, F., Bass, S., & Chen, Y. P. (2006). Introduction: Achieving a
productive aging society. in S. Bass, F. Caro, & Y. P. Chen (eds.).
Achieving a productive aging society (1-25). Westoprt, CT: Abun.

Chang-Muy, F. & Cangress E. P. (ed.) (2016). Social work with
immigrants and refugees: Legal issues, clinical skills, and
advocacy. (2nd ed). New York: Springer Publishing Company.

Chisolm, M. (2001). Independent advocacy: A guide for commissioners.
Edinbrough: Scottish Health Boards.

Cialdini, R. (2000). Influence: Science and practice (4th ed.). Boston,
MA: Pearson.

Colby, I. C., Dulmus, C. N., & Sowers, K. M. (2013). Connecting social welfare policy to field of practice. San Francisco: Encounter Books.

Cox, L. E., Tice, C. J., & Long, D. D. (2016). Introduction to social work: An advocacy-based profession. Los Angeles: SAGE.

Crosson-Tower, C. (2018). Exploring child welfare: A practice perspective (7th ed.). New York: Pearson.

Dodds, S., & Nuehring, E. (1996). A primer for social work research on disaster, Journal of Social Service Research, 22(1/2), 27-56.

Dwyer, P. & Shaw, S. (2013). An introduction to social policy. Los Angeles: SAGE.

Evers, A., Haverinan, R., Leichsenring, K., & Wistow, G. (1997). Developing quality in personal service: Concepts, class and comments. England: Ashgage.

Ezell, M. (1993). The political activity of social workers: A post-Reagan update. Journal of Sociology and Social Welfare, 20(4), 81-97.

Fix, M. E. (ed.)(2009). Immigrants and welfare: The impact of welfare on America's newcomers. Washington, DC.: Migration Policy Institute.

Foefer, R. (2016). Advocacy practice for social justice (3rd ed.). Chicago, IL: Lyceum.

Fraser, N. (2013). Fortunes of Feminism: From State-Managed Capitalism to Neoliberal Crisis. New York: Brooklyn.

George, J. (1997). Global graying. In M.C. Hokenstad & J. Midgley (eds.), Essues in international social work: Global challenges in a new century (pp.57-73). Washington, DC: NASW Press.

Hattery, A. J. (2009). Intimate partner violence. UK: Rowman &

Littlefield Publishers, Inc.

Henslin, J. M. (2011). Social problems: A down-to-earth approach (10th ed.). Baston: Allyn & Bacon.

Hillier, S. M. & Barrow, G. M. (2010). Aging, the individual, and society (9th ed.). Belmont, Ca: Wadsworth.

Jansson,S. B. (2010). Becoming an effective policy advocacy: From policy practice to social justice. (6th ed). Belmont, CA: Cengage.

Jansson, S. B. (2014). Becoming an effective policy advocacy: From policy practice to social justice (7th ed.). Belmont, CA: Cengage.

Karger, H. G. & Stoesz, D. (2014). American social welfare policy: A pluralist approach (7th ed.). Boston: Pearson.

Kirst-Ashman, K. & Hull, G. (2011). Generalist practice with communities and organizations (5th ed.). Belmont, CA: Brooks / Cole.

Kornblum, W. & Julian, J. (2012). Social problems (14th ed.). Boston: Pearson.

Kudushin, A. & Martin, J. (1988). Child welfare services. New York: Macmillan.

Lewis, J. A., Packard, T. R., & Lewes, M. D. (2012). Management of human service program (5th eds). Belmont CA: Brooks / Drive.

Marshall, T. H. (1964). Class, citizenship, and social development: Essays by T. H. Marshall, New York: Doubleday and Company, Inc.

Mathbor, G. M. & Bourassa, J. A. (2012). 'Disaster management and humanitarian.': in K. Lyon, T. Hokensted, M. Pawar, N. Huegler., & N. Hall. (eds). The SAGE Handbook of International Social Work (pp.294-310). London: SAGE Publication Led.

McClennen, J. C., Key, A. M., & Dugan-Day. (2017). Social work and family violence: Theories, assessment, and intervention. (2nd ed.) New York: Springer Publishing Company.

McNutt, J. G. & Foefer, R. (2016). Social welfare policy: Responding to a changing world. Chicago, IL: Lyceum.

Miller-Perrin, C. L. & Perrin, R. C. (2013). Child maltreatment: An introduction (3rd ed.).Thousand Oaks, CA: Sage.

Pierson, P. (2008). Social policy: Themes and approaches. Bristol: Policy Press.

Proch, K. & Taber, M. A. (1987). Alienated adolescents in foster care. Social Work Research & Abstracts, 23(2): 9-13.

Prochaska, J., Norcross. J., & DiClemente (1994). Change for good. New York: William Morrow.

Rac, A. & Nicholas-Wolosuk, W. (2003). Changing agency policy: An incremental approach. Boston, MA: Allyn and Bacon.

Rank, M. R. (2008). 'poverty.' in T. Mizrahi & L. E. Davis (editors-in-chief). Encyclopedia of social work (vol.3, pp.381-395). Washington. DC: NASW Press.

Richan, W. (1996). Lobbying for social change (2^{ed} rd.). New York: Haworth Press.

Rogge, M. E. (2003). The future is now；Social work, disaster management, and traumatic stress in the 21st century. Journal of Social Service Research, 30(2), 1-6.

Ronning, R. & Knutagard, M. (2015). Innovation in social welfare and human services. Great Brition, Padstow, Cornwell: T. J. International Led.

Rosenwald, M. & Riley, B. N. (2010). Advocating for children foster and kinship care: A guide to getting the best out of the system for caregivers and practitioners. New York: Columbia University Press.

Rowe, J. W. & Kahn, R. L. (1997). Successful aging. New York: Dell Publishing.

Schneider, R. L. & Lecter, C. (2001). Social work advocacy: A new framework for action. Belement, CA: Wadsworth.

Sidhu, J. K. (2016). Social work and immigrant advocacy: in F. Chang-Muy & E. P. Cangress. (ed.) Social work with immigrants and refugees: Legal issues, clinical skills, and advocacy. (2nd ed). (pp.323-357) New York: Springer Publishing Company.

Sonnert, G. & Holton, G. (eds)(2010). Helping young refugees and immigrants succeed: Public policy, aid, and education. New York: Palgrave Macmillan.

Valtonen. K. (2008). Social work and migration: Immigrant and refugee settlement and integration. UK: Ashgate.

Vogel, D, & Triandafyllidou, A. (2005). Civic activation of immigrants: An introduction to conceptual and theoretical issues. University of Oldenburg, POLITIS Working Paper No.1.

Walsh, D. (2019). Working with domestic violence: Contexts and frameworks for practice. New York: Routledge.

Wolfteich, P. & Loggins, M. S. (2007). Evaluation of the Children's Advocacy Center: Efficiency, legal and revictimizaion outcome. Child and Adolescent Social Work Journal, 24(4) , 333-352.

Zufferey, C. (2017). Homelessness and social work: An international approach. Abingdon, Oxon: Routledge.

Zufferey, C. & Yu, N. (2018). Faces of homelessness in the Asia Pacific. Abingdon, Oxon: Routledge.

國家圖書館出版品預行編目資料

社會福利服務：輸送及倡導／林勝義著. --
初版. -- 臺北市：五南圖書出版股份有限
公司, 2021.1
　面；　公分
　ISBN 978-986-522-354-0（平裝）

1.社會福利　2.社會服務

547　　　　　　　　　109018093

1JOK

社會福利服務—輸送及倡導

作　　　者 ― 林勝義（136）

發 行 人 ― 楊榮川

總 經 理 ― 楊士清

總 編 輯 ― 楊秀麗

副總編輯 ― 陳念祖

責任編輯 ― 劉芸蓁、李敏華

封面設計 ― 王麗娟

出 版 者 ― 五南圖書出版股份有限公司

地　　　址：106台北市大安區和平東路二段339號4樓

電　　　話：(02)2705-5066　　傳　　真：(02)2706-6100

網　　　址：https://www.wunan.com.tw

電子郵件：wunan@wunan.com.tw

劃撥帳號：01068953

戶　　　名：五南圖書出版股份有限公司

法律顧問　林勝安律師事務所　林勝安律師

出版日期　2021年1月初版一刷

定　　　價　新臺幣480元

經典永恆・名著常在

五十週年的獻禮——經典名著文庫

五南，五十年了，半個世紀，人生旅程的一大半，走過來了。

思索著，邁向百年的未來歷程，能為知識界、文化學術界作些什麼？

在速食文化的生態下，有什麼值得讓人雋永品味的？

歷代經典・當今名著，經過時間的洗禮，千錘百鍊，流傳至今，光芒耀人；

不僅使我們能領悟前人的智慧，同時也增深加廣我們思考的深度與視野。

我們決心投入巨資，有計畫的系統梳選，成立「經典名著文庫」，

希望收入古今中外思想性的、充滿睿智與獨見的經典、名著。

這是一項理想性的、永續性的巨大出版工程。

不在意讀者的眾寡，只考慮它的學術價值，力求完整展現先哲思想的軌跡；

為知識界開啟一片智慧之窗，營造一座百花綻放的世界文明公園，

任君遨遊、取菁吸蜜、嘉惠學子！